"博学而笃志,切问而近思。"
(《论语》)

博晓古今,可立一家之说;
学贯中西,或成经国之才。

复旦博学·复旦博学·复旦博学·复旦博学·复旦博学·复旦博学

主编简介

钟天朗,男,1956年8月生,复旦大学经济系1983年本科毕业。中国体育科学学会体育产业分会学术处主任,上海体育学院经济管理学院教授、教学名师、硕士研究生导师。主要研究方向:体育经济、体育产业经营管理。曾在各类学术刊物及全国性学术会议上公开发表学术论文80余篇,其中在核心期刊发表论文20多篇。参与研究的各类课题有近50个,其中主持研究的课题有30个左右。公开出版的教材或专著有20多本,其中独著或主编的教材或专著有9本。代表作有:《体育经济学概论》《体育经营管理——理论与实务》《体育服务业导论》《体育产业学科发展研究报告(2008—2011)》《体育消费研究》等。

主编　钟天朗

体育经济学概论

（第三版）

复旦大学出版社

内容提要

本书是一本内容新、观念新的体育经济管理教材，主要内容包括：绪论、体育与经济的关系、体育产业与体育服务生产、体育服务商品、体育消费、体育资金的来源及效益分析、体育部门的劳动和劳动报酬等7章。

本次再版在总体框架不变的前提下，对部分理论或观点进行了修正或发展，对绝大部分信息资料进行了更新或充实，并增加了本章案例、案例思考题等内容。

本书适用对象：高等院校体育经济管理专业、社会体育专业、体育MBA学生，各级各类体育管理机构、体育组织、体育产业领域干部培训班。

总　　序

　　体育产业是在20世纪60年代随着世界经济和社会的发展、人们生活水平的提高、闲暇时间的增加而发展起来的。20世纪70年代以后,由于现代高科技的发展,进一步推动了体育产业的发展,从而增强了体育产业发展的活力。到了20世纪80年代,体育产业的发展进入了一个前所未有的高峰期,其影响扩展到全球。也就在这个时期,随着我国改革开放的推行、经济和社会的飞速发展和人民生活水平的迅速提高,体育产业也得到了相应的发展。国务院1985年颁布的《国民生产总值计算方案》开始运用三次产业分类法,将体育部门列入第三产业;此后,理论界特别是体育经济理论研究中普遍出现了"体育产业"这一提法。1992年6月,中共中央、国务院发布了《关于加快发展第三产业的决定》后,体育界也掀起了对体育产业、体育经济的研究热潮。体育经济是比体育产业外延更广的一个概念,它不仅包括体育产业的经济活动,还包括体育与经济的关系,以及与体育关系密切的一些经济活动。所以,参加体育经济研究的人员更多、更广泛,包括一些著名的经济学家,使这方面的研究取得了不少的成果。这些研究成果对体育产业的实践以及体育经济的发展都是十分有益的。

　　理论研究的发展和体育产业的实践,使相关人才的需求得到重视。许多体育院校、师范大学内的体育系科,甚至一些著名的综合性大学也办起了体育管理、体育市场营销等等有关的专业,使人才培养工作跟上了发展的需要。

　　但当我们冷静地分析自己所面临的现实时又发现,在目前的相关教育中,系统性的教材仍显不足。许多教学工作者编写了不少相应的教材,但往往都是为了满足某一门课程的需要,而作为一个专业来说,还应该有自己的系列专业教材,即使一时还不成熟也不要紧,可以在今后的实践中逐步丰富、完善。

我们就是出于这样的初衷,编写了这一套有关体育管理与体育经济的系列教材,可能很不完善,但我们愿意听取大家的意见,再作努力,逐步使它完善、成熟起来。

我们的每位作者在具体编写时,除了利用自己长期积累的资料和研究成果外(因为有些书的选题就是来自作者自己的博士论文),还大量引用了许多其他学者的研究结论和教学成果。如果没有这些教学、研究的成果,我们这套系列教材也就难以完成。所以这套书能够编写出来首先要对他们表示感谢。

在这套书的选题上,我们就自己理解的方方面面的内容,确定了13本书,对于目前体育管理与体育经济所包含的内容都尽量涉及。也许不准确,肯定还不全面,可是我们的目标是明确的,即建立一套适合中国体育产业发展实践的理论教学用书。

这套书是从教学需要出发而编写的。为了增强它的实用性和可操作性,在写法上不但增加了不少练习题,还引用了大量的案例,使阅读者不仅可以从理论上进行思考,还可从实践上作更深一步的探索。因此,它对在体育管理岗位上开展体育经济活动的所有人员也都有参考价值。

希望大家多提意见!愿我们共同努力,尽快地把我国体育管理与体育经济方面的教学用书编得完善、系统、科学!

上海体育学院教授　　胡爱本
博士生导师

目 录

第一章 绪论 ··· 1
  第一节 体育经济学的产生和发展 ··· 2
    一、体育经济学的研究概况 ··· 2
    二、体育经济学的建立是现代社会体育发展的需要 ··· 7
  第二节 体育经济学的研究对象 ··· 9
    一、有关的几个概念 ··· 9
    二、体育经济学的研究对象与研究任务 ··· 12
    三、体育经济学与其他科学的关系 ··· 14
    四、学习研究体育经济学的意义 ··· 16
  第三节 体育经济学研究的内容和方法 ··· 18
    一、体育经济学研究的主要内容 ··· 18
    二、研究体育经济学的原则和方法 ··· 19
  [本章思考题] ··· 24
  [本章练习题] ··· 25
  [本章案例] 体育经济学的学科属性辨析 ··· 25
  [案例思考题] ··· 27

第二章 体育与经济的关系 ··· 28
  第一节 经济是体育发展的基础 ··· 29
    一、经济决定社会对体育的需要 ··· 29
    二、经济制约体育运动的规模和水平 ··· 37
    三、现阶段我国体育的经济特征 ··· 46
  第二节 体育的经济功能 ··· 48
    一、体育经济功能的内涵 ··· 48
    二、体育经济功能的主要表现 ··· 49
  [本章思考题] ··· 56

  [本章练习题] ……………………………………………………… 57
  [本章案例] 北京冬奥会 小投入大产出 …………………………… 57
  [案例思考题] ……………………………………………………… 59

第三章 体育产业与体育服务生产 …………………………………… 60
第一节 体育是一个产业部门 …………………………………… 61
  一、体育部门的生产性质 …………………………………… 61
  二、体育事业属于第三产业 ………………………………… 63
第二节 体育产业的内涵、形成及其构成 ……………………… 67
  一、体育产业的内涵 ………………………………………… 67
  二、体育产业的形成 ………………………………………… 70
  三、我国体育产业的构成、现状及发展规划 ……………… 71
第三节 体育服务产品和体育服务的劳动过程 ………………… 80
  一、体育部门的劳动产品是体育服务 ……………………… 80
  二、体育服务产品的特点 …………………………………… 81
  三、体育服务劳动过程的要素 ……………………………… 83
  四、体育服务劳动过程的特点 ……………………………… 84
  [本章思考题] ……………………………………………………… 86
  [本章练习题] ……………………………………………………… 86
  [本章案例] 中国体育产业已经迎来春天 ………………………… 86
  [案例思考题] ……………………………………………………… 88

第四章 体育服务商品 ………………………………………………… 89
第一节 体育服务成为商品的原因和条件 ……………………… 90
  一、体育服务成为商品的原因 ……………………………… 90
  二、体育服务成为商品的作用 ……………………………… 92
  三、体育服务成为商品的条件 ……………………………… 93
第二节 体育服务商品的范围、特点和发展途径 ……………… 94
  一、体育服务商品的范围 …………………………………… 94
  二、体育服务商品的特点 …………………………………… 94
  三、发展体育服务商品的途径 ……………………………… 97
第三节 价格与体育服务商品供求的关系 ……………………… 100
  一、体育服务商品的价格 …………………………………… 100
  二、价格及价格变动与体育服务商品供需的关系 ………… 104
第四节 体育商业化趋势及利弊分析 …………………………… 122

一、体育商业化的含义及表现 ……………………………………… 122
                二、体育商业化的利弊分析 ………………………………………… 123
        [本章思考题] ……………………………………………………………… 124
        [本章练习题] ……………………………………………………………… 125
        [本章案例] 体育商业化运作模式的典范——尤伯罗斯模式 ……… 125
        [案例思考题] ……………………………………………………………… 127

第五章 体育消费 …………………………………………………………… 128
    第一节 体育消费及其特点 ………………………………………………… 129
                一、体育消费的含义 ………………………………………………… 129
                二、体育消费在社会消费结构中的地位 …………………………… 130
                三、体育消费的性质和特点 ………………………………………… 132
    第二节 体育消费的类型及效益 …………………………………………… 135
                一、体育消费的类型 ………………………………………………… 135
                二、体育消费的效益 ………………………………………………… 136
    第三节 体育消费水平的衡量 ……………………………………………… 137
                一、体育消费水平的含义 …………………………………………… 137
                二、决定体育消费水平的主要因素 ………………………………… 138
                三、我国体育消费水平分析 ………………………………………… 140
                四、衡量体育消费水平的指标体系 ………………………………… 145
    第四节 体育消费需求的增长趋势 ………………………………………… 147
                一、体育消费需求增长的原因 ……………………………………… 147
                二、我国居民体育消费需求增长的主要趋势 ……………………… 151
                三、满足我国居民体育消费需求不断增长的前提条件 …………… 153
                四、满足我国居民体育消费需求不断增长的途径 ………………… 155
        [本章思考题] ……………………………………………………………… 156
        [本章练习题] ……………………………………………………………… 157
        [本章案例] 健身消费潜力巨大 带动体育资源流动和市场繁荣 …… 157
        [案例思考题] ……………………………………………………………… 160

第六章 体育资金的来源及效益分析 ……………………………………… 161
    第一节 体育资金的来源 …………………………………………………… 162
                一、体育资金的含义及其来源 ……………………………………… 162
                二、我国体育经费的来源 …………………………………………… 164
    第二节 体育投资的经济效益分析 ………………………………………… 176

　　　　一、体育投资经济效益的含义及特点 …………………… 176
　　　　二、体育投资经济效益的评价指标 ………………………… 180
　　　　三、提高体育投资经济效益的意义和途径 ………………… 184
　　[本章思考题] …………………………………………………… 185
　　[本章练习题] …………………………………………………… 185
　　[本章案例]　资本＋体育，中国体育产业新格局 ……………… 186
　　[案例思考题] …………………………………………………… 189

第七章　体育部门的劳动和劳动报酬 ………………………………… 190
　　第一节　体育部门劳动资源的开发 ……………………………… 191
　　　　一、体育部门劳动资源的结构 …………………………… 191
　　　　二、体育部门劳动者的素质 ……………………………… 192
　　　　三、体育部门的劳动效率 ………………………………… 194
　　第二节　体育部门工作者的劳动报酬 …………………………… 198
　　　　一、教练员和运动员的劳动特点 ………………………… 198
　　　　二、正确评价教练员和运动员的劳动贡献 ……………… 204
　　　　三、体育部门工作者个人收入的分配方式 ……………… 205
　　　　四、教练员和运动员劳动报酬的具体形式 ……………… 207
　　[本章思考题] …………………………………………………… 214
　　[本章练习题] …………………………………………………… 214
　　[本章案例]　奥运冠军至少获奖500万　相当于工薪基层
　　　　　　　　年收入200倍 ……………………………………… 215
　　[案例思考题] …………………………………………………… 217

编后寄语 ……………………………………………………………… 218
再版后记 ……………………………………………………………… 219
第三版后记 …………………………………………………………… 220
参考文献 ……………………………………………………………… 221

第一章 绪 论

本章学习要点

- 体育经济学的产生和发展
- 体育经济学的研究对象
- 体育经济学研究的任务
- 体育经济学研究的主要内容
- 体育经济学的理论基础
- 体育经济学当前需要研究的主要课题

改革开放以来,随着我国社会主义市场经济体制的逐步建立,体育事业也取得了令人瞩目的巨大成就。投入体育领域的经济资源不断增加,体育事业的规模日益庞大,体育是我国社会发展的一项重要事业,也成为我国国民经济中的一个产业。在满足社会需要、增强人民体质、提高生活质量、促进经济增长中发挥出日益显著的作用。随着以建立社会主义市场经济为目标的经济体制改革的进展,体育事业的发展和体育体制改革的深化,正面临着日益增多的经济问题需要研究和解决。深入地、系统地总结我国体育事业经济活动的经验,探讨体育领域经济关系、经济活动的规律和特点,建立和发展具有中国特色的体育经济学,已成为加快我国体育事业的发展、深化体育改革的需要。

第一节 体育经济学的产生和发展

一、体育经济学的研究概况

(一) 国外体育经济学的产生和发展

人类历史上出现的各种社会现象和活动,都有一个产生和发展的过程。体育在市场经济体制下运行已有几百年的历史。体育作为一项产业活动是随着资本主义制度的产生和确立而相继萌芽和演进的。但是体育经济学作为一门独立的学科出现,则是在20世纪60年代以后。

第二次世界大战以后,整个世界经历了一个和平与发展时期,国际形势从对抗走向对话,从紧张趋向缓和。与此同时,由于科学技术的进步,社会生产力水平有了极大的提高,劳动时间日趋缩短,生活水平也有了明显提高,特别是20世纪60年代以来,体育运动的蓬勃发展以及社会对体育需求的不断增加,促进并推动了体育经济学的产生和发展。

1. 社会经济的发展,生产力水平的提高

二战后由于科学技术的迅速发展和机械化、自动化生产的普遍实行,给社会生活带来两个直接的影响:一是工作日缩短,一般实行5天40小时工作制;二是非体力劳动者(白领)人数不断增长,在发达国家已经超过就业人口的50%。与此同时,这些非体力劳动者却因为"运动不足"而出现体质下降的现象,产生了一种"现代生活方式病"。

你知道吗？

生活方式病

生活方式病是发达国家在对一些慢性非传染性疾病进行了大量的流行病调查研究后得出的结论。这些慢性非传染性疾病的主要病因就是人们的不良生活方式。包括：肥胖、高血压、冠心病等心血管疾病，脑中风等脑血管疾病，糖尿病和一部分恶性肿瘤。这些疾病都是现代医学还难以治愈，并严重地危害人们的生命和健康。

"生活方式病"很可怕，因为它已经融入了现代生活的方方面面。开私家车上下班、坐电脑前完成一天的工作、餐桌上推杯换盏、在灯红酒绿的夜生活里度过夜晚时光……这曾是许多人追求的幸福生活，而今我们享受到了，"生活方式病"却已经开始缠身了。在过去的一个世纪里，不良生活方式导致的慢性非传染性疾病取代传染疾病，成为"头号杀手"。现代人类所患疾病中有45%与生活方式有关，而死亡的因素中有60%与生活方式有关。

不健康的生活方式直接或间接与多种慢性非传染性疾病有关，如高血压、冠心病、肥胖、糖尿病、恶性肿瘤等。原来以老年患者为主的慢性疾病，现在已经有"年轻化"的趋势。

当今社会，与生活方式密切相关的疾病已构成了威胁人们健康的主要问题。在农业型生产为主的国家和社会里，生产水平低，物质生活极其贫乏，人们的健康主要受传染病、寄生虫病和营养缺乏症等疾病的危害；而在工业型生产为主的国家和社会，生产水平高，物质生活富裕，人们的健康则主要受心血管疾病、恶性肿瘤、营养过剩和遗传性疾病等疾病的威胁。这就是"穷有穷病，富有富病"。在这两类不同条件下，疾病的发生，虽然受各种因素的影响，但有一个共性就是与人们缺乏必要的卫生保健知识，以及生活方式存在不健康、不科学的因素有很大关系。根据世界卫生组织的估计，发达国家75%的成年人处于患一种以上非传染病的危险之中。而发展中国家既有传染病的威胁，又有"人为疾病"即非传染病的蔓延，这是因为它源于生活方式的选择，主要是由于食物太咸、脂肪过多、缺乏锻炼和污染的空气引起。

资料来源：新浪健康论坛，"哪些因素易诱发生活方式病"，http://health.sina.com.cn/d/2012-01-05/073823748977.shtml。

为此，许多专家致力于防治现代生活方式病的研究，不少专家的研究结果表明：适度的健身运动可以防治心脏病、高血压、糖尿病、骨质疏松症、肥胖、焦虑、癌症等疾病等。因此，体育活动、体育锻炼作为克服体质下降、弥补运动不足、防治现代生活方式病的一种积极而有效的方法和手段，越来越受到人们的重视。

人们主动参与健身活动导致了体育人口不断增加。20世纪60年代以来，特别是70年代以后，在发达国家大众参加体育活动的人数一般占总人口的比重在50%以上，甚至个别国家超过70%。体育人口的增加又带动了体育消费的同步增加。

对体育运动需求的不断增长以及体育运动所表现出来的对经济的作用，导致了社会对体育运动投资的增加，投资增加就需要对投资的效益进行研究，从而促进并推动了体育经济学的产生和发展。

2. 竞技体育运动向高水平化、商业化、国际化和竞争激烈化的方向发展

当代体育运动、特别是竞技体育运动有三个显著特点：一是出成绩越来越困难，因为人类竞技水平已经逼近生理极限，要创造新的世界纪录的可能性微乎其微；二是为了创造好的成绩，攀登世界竞技体育的高峰，需要投入的资金是越来越多；三是体育商业化趋势越来越浓。这些均涉及一系列的经济问题。由于对体育投资的增加以及体育运动本身所具有的巨大商业价值，促使人们去研究体育运动中不断出现的各种经济问题，从而促进并推动了体育经济学的产生和发展。

你知道吗？

男子百米世界纪录43年一览表

成绩	选手	日期	地点
9秒95	吉姆·海恩斯(美国)	1968年10月14日	墨西哥
9秒93	史密斯(美国)	1983年7月3日	美国
9秒92	刘易斯(美国)	1988年9月24日	汉城
9秒90	布勒尔(美国)	1991年6月14日	纽约
9秒86	刘易斯(美国)	1991年8月25日	东京
9秒85	伯勒尔(美国)	1994年7月6日	瑞士
9秒84	贝利(加拿大)	1996年7月27日	亚特兰大
9秒79	格林(美国)	1999年6月16日	雅典
9秒78	蒙哥马利(美国)	2002年9月14日	巴黎
9秒77	鲍威尔(牙买加)	2005年6月14日	雅典

成绩	选手	日期	地点
9秒74	鲍威尔(牙买加)	2007年9月7日	意大利
9秒72	博尔特(牙买加)	2008年6月1日	美国
9秒69	博尔特(牙买加)	2008年8月16日	北京
9秒58	博尔特(牙买加)	2009年8月17日	柏林

资料来源：编者根据相关报刊及网站资料整理。

相关链接

科学家称人类竞技水平逼近生理极限

"更快、更高、更强"的口号一直激励着无数运动健儿向新的目标发起冲击，但半个世纪后，这也许将变为我们只能仰望的理想。法国科学家经过多年研究后宣称，人类竞技水平已经逼近生理极限，2060年后再创造世界纪录的可能性微乎其微。

据英国《每日电讯报》12月18日报道，法国生物运动医学和流行病学研究所的专家们对1896年现代奥林匹克运动诞生以来所创造的3260项世界纪录进行了整理和分析。结果发现，人体潜能在100多年前只发挥了75%，但到今天已被激发到99%。

该研究报告认为，到2027年，一半运动项目的纪录将到达人体极限，到2060年，百米赛跑的纪录将跨入以千分之一秒作为尺度的时代，马拉松速度将以减少百分之一秒为目标，而举重比赛的增重也精确到"克"了。即便如此，每次微小的纪录突破也可能要间隔50年的时间。到那时，破纪录在竞技运动的重要性将降低，而竞技的方式和比赛的质量将成为关键指标。

资料来源：康娟，"科学家称人类竞技逼近生理极限 世界纪录50年后止步"，《中国日报》，2007年12月19日。

3. 体育产业的拓展，体育消费需求的不断增加

随着社会生产力的不断提高，自动化生产使工作日缩短，余暇时间延长，以及体育运动的不断发展，从而为人们提供了参与体育消费活动的可能性。体育意识的不断增强，体育人口的不断增加，使社会对体育消费的需求急剧增加，包括各种运动器材、运动服装、运动鞋等体育实物消费品，也包括各种体育健身、健

美、休闲、娱乐、咨询、辅导等体育服务消费品,从而加快了各国体育产业的拓展。

在西方一些发达国家,由于市场经济有着几百年的发展历史,以及体育高度的职业化、商业化和社会化,这些国家的体育产业发育较早且较成熟,其体育市场的规模和效益也较显著。20世纪90年代中期,全世界体育市场年产值在4 000亿美元左右;目前,全世界体育市场年产值约在10 000亿美元以上,并每年以20%左右的速度增长,这远远高于世界经济的平均增长速度。如此巨大的体育产业及其效益已经引起世人的高度重视,从而促进和推动了体育经济学的产生和发展。

由于西方国家市场经济有几百年的发展历史,体育在市场经济环境下运行也有近百年的历程,因此有关体育经济学方面的研究成果在20世纪50年代就已经出现。其中,美国学者Rottenberg1956年6月在《政治经济学》杂志上发表的《棒球运动员的劳务市场》一文,被当今学术界认为是开创体育经济学研究的先河之作。

在苏联,对体育运动中经济问题和体育经济学的研究在20世纪70年代就开始了。苏联体育运动委员会和全苏体育科学研究所于1975年在莫斯科召开了第一届全苏体育运动经济问题科学会议,并讨论了为体育学院制定的"体育经济学"教学大纲。1976年由苏联"体育与运动"出版社出版了由库兹马克和奥辛采夫合著的《体育与运动的社会经济问题》一书,比较系统地论述了与体育运动有关的经济问题。

(二) 我国体育经济学研究的产生和发展

1. 我国体育经济学创立概况

我国对体育经济学的研究是在20世纪80年代才开始的。在这之前,我国的体育部门是计划经济体制下面的事业单位,实行的是统收统支的财政政策,因此基本上没有体育经济问题,也不需要研究体育经济问题。在党的十一届三中全会路线、方针的指引下,在经济体制改革浪潮的推动下,我国体育部门的管理体制也步入改革的行列。随着我国体育部门改革的推进与深化,出现了大量的经济问题需要研究与解答。因此,我国高等体育院校理论工作者和体育部门的实际工作者率先开始研究我国体育部门改革中出现的各种经济问题。1984年在福建省泉州市召开的全国体育哲学社会科学论文报告会上,专家学者交流了20多篇有关体育经济学的学术论文,并首次提出了创建我国体育经济学学科的倡议。1988年,四川教育出版社公开出版了由张岩、张尚权、曹缔训教授编著的《体育经济学》一书,这是我国第一本以"体育经济学"命名的专著,这一专著的出版也标志了体育经济学作为一门独立的学科在我国正式创立。

2. 我国体育经济学研究进展概况

经过30多年的发展,在我国体育部门改革实践的推动下,体育经济学学科的研究已取得了可喜的进展,主要表现在以下三个方面:

(1)体育经济学的学科体系已初步建立。1998年发布的由国家科委和国家技术监督局制定的《中华人民共和国国家标准学科分类与代码》已将体育经济学列为体育科学所属的12个子学科之一。在国家教委的专家人才库,也已存入体育经济学的专家教授名录。在2003年颁布的《国家社会科学基金项目的分类法》中,已经可以找到体育经济学的学科分类代码。这些情况均表明体育经济学作为独立的学科已经得到国家权威部门的确认。

(2)出现了一大批体育经济学研究的成果。截止到2016年2月底,通过上海图书馆官网数据库查询,该馆馆藏的公开出版的国内外专家学者撰写的以"体育经济学"命名的图书有近20本。通过中国智网数据库查询结果表明:已公开发表的以体育经济、体育产业、体育市场、体育消费等主题词为篇名的体育经济学方面的论文有4万多篇。

(3)体育经济学已进入相关院校的教学计划。20世纪80年代末,体育经济学开始以必修课程或选修课程的形式列入我国高等院校的教学计划。目前,我国有许多体育类、师范类、财经类高等院校的体育经济与管理、体育市场营销、社会体育、休闲体育等本科专业或相关研究生专业的学位课程均开设"体育经济学"及相关的课程。

综上所述,尽管我国对体育经济学的研究起步较晚,但发展还是比较快的。随着社会主义市场经济体制的逐步建立及体育产业化的发展,我国体育经济学的研究正处于方兴未艾的发展时期。

二、体育经济学的建立是现代社会体育发展的需要

体育经济学是现代社会体育运动发展及体育与经济相结合的产物。现代体育的发展不仅提出了建立体育经济学的需要,也为体育经济学的产生提供了客观条件。具体表现以下四个方面。

(一)体育部门已成为国民经济中的一个产业部门

随着社会经济的发展和消费水平的提高,人们对体育的需求不断增长,体育逐渐从军事、文化、娱乐、保健等活动中分化出来,成为一种独立的社会活动。为了适应这种需要,在社会分工中出现了体育这个行业,向社会提供体育服务这种特殊消费品。随着体育部门的扩大,其已经成为国民经济中具有特殊职能的一个产业部门,成为一个拥有相当可观的投入与产出并对国民经济的影响日益增强的一项产业。为了维持体育部门的正常运作,国家和社会对体育部门投入的人、财、物是越来越多,体育作为一个产业部门,同样也存在生产、交换、分配、消费等经济问题,也存在人与人之间的经济关系,还存在合理组织并有效使用人、财、物的效益问题,这些问题就需要从理论与实践的结合上进行研究。

(二) 体育与经济的联系日益密切

随着经济的发展和体育事业规模的扩大,体育作为社会的文化事业与经济的联系越来越密切。一方面,体育越来越明显地依赖于经济,受经济发展水平的制约。无论是举办大型运动竞赛或培养优秀运动员及其后备力量,都需要巨大的财力支持。这不仅需要依靠国家的巨额财政拨款,而且也需要社会上商家、企业、财团的鼎力相助。此外,体育部门还通过提供有偿体育服务及多种经营的途径增加收入,扩大体育经费来源。另一方面,体育对经济增长的影响作用也在增强。体育对经济的影响大体可分为以下三个层次:第一个层次是体育作为一个产业部门自身创造的产值;第二个层次是体育运动促进社会生产力提高可以间接创造产值;第三个层次是体育事业的发展可以刺激和促进与体育有关的产业的发展。体育与经济在上述两个方面联系的加强,促使体育部门与社会经济生活密切联系、融会贯通,这就产生了研究体育经济学的必要。

(三) 体育改革的深化和观念的转变

早在20世纪90年代中叶,我国体育主管部门就明确了我国体育"六化六转变"的改革思路与发展方向。我国体育部门的改革随着以市场经济为目标的经济体制改革的进展和体育部门改革的深化,体育部门的许多劳动产品——体育服务以商品形式进入流通领域,一个社会主义的体育市场正在形成,体育领域出现了和其他经济领域一样的多种所有制和多种经营方式。体育部门改革和发展的新形势要求体育部门组织机构的管理者,不仅要遵循体育运动的规律,还要探索在体育领域如何运用经济规律来组织、推动体育事业的发展。经济改革、体育改革的深化,不仅使我国体育事业稳定发展、蒸蒸日上,而且使体育工作者普遍增强了经济意识、效益观念和价值观念。经济意识、经济观念已渗透到体育管理和运行过程中的一切环节,成为体育部门决策者考虑体育事业发展的一个依据,也成为体育部门及各体育机构管理人员经常思考和讨论的热门话题。体育工作者的这些思考研究,为体育经济学的建立提供了条件。

(四) 体育事业面临的经济问题日益突出

1. 资金问题

体育事业的发展需要投入巨大的财力。中国及世界各国的情况表明,仅靠国家财政拨款远不能满足体育事业发展的需要,必须实现体育经费来源的多元化。在我国的国情条件下,如何扩大体育经费的来源,采取什么方法、通过什么路径来实现体育经费来源的多元化,这些理论问题和实际问题都需要进行研究与探讨。

2. 效益问题

效益问题是一切经济活动的核心,如何提高体育投资的效益,花较少的钱办更多的事;体育事业既要讲社会效益,又要讲经济效益,如何处理两者的关系;如何评价体育部门的经济效益,如何提高体育投资的经济效益,这些都是实践迫切需要回答的问题。

3. 体育与市场的关系

市场经济对体育事业有什么影响,体育事业如何适应市场经济的要求;体育如何进入市场、纳入市场运行机制;如何认识体育市场的特点、规律等,都是市场经济条件下体育的改革与发展必须回答的问题,而要回答这些问题就不能不研究体育经济学。

相关链接

"六化六转变"

1995年8月,国家体委主任伍绍祖在北京体育大学宣讲《体育法》时指出,有了《体育法》后,过去体育工作的"五化五转变"应该再加上"一化一转变",这就是体育要法制化,体育工作要从"人治"向"法治"转变。另外的"五化五转变"是:体育要生活化,费用要从福利型向消费型转变;体育要普遍化,体育活动要由一家办向大家办转变;体育要科学化,干部素质要从经验型向科学型转变;体育要社会化,体育活动组织形式要从行政型向社会型转化;体育要产业化,体育场馆和有关体育设施要从事业型向经营型转变。

资料来源:《体育之春》,1995年第11期。

第二节 体育经济学的研究对象

一、有关的几个概念

一门学科的研究对象关系到该学科的发展方向、学科性质和基本内容,正确地确定研究对象对一门学科有重要意义。体育经济学作为一门新兴的独立学科必须有明确的、特定的研究对象,它才有存在的必要和理由,才能与其他学科区别开来。正确地确定体育经济学的研究对象,这门学科才有明确的研究方向、恰当的研究范围及适合的研究方法,才能健康地发展。要确定体育经济学研究的对象,首先要明确与其有关的几个概念。

(一)什么是体育

无论在国内或国外,学者们对体育这一概念目前尚无一致的看法,世界各国学者对体育一词下的定义有上百个之多。有的人认为体育一词是指身体教育,即以身体活动为手段的教育;有的认为体育是指通过身体活动来提高人的生物学潜力和精神潜力的活动;有的认为体育是增强体质、促进身体发展的教育;有的认为体育与运动是并列的两个概念,两者不是一回事;有的则认为体育包括了竞技运动;还有人认为竞技运动不但属于体育,而且是体育的核心。尽管对体育的解释众说纷纭,但为了本书论述的需要,不能不对体育寻找一个较恰当的解释。

目前我国体育界较多的专家学者认为,体育一词有狭义与广义之分。狭义的体育即作为学校教育一部分的体育(有人称为身体教育),与德育、智育、美育等相配合,构成完整的教育。广义的体育与体育运动的含义相同,包括身体教育(狭义的体育)、身体锻炼、竞技运动三个部分。身体教育是有目的、有组织、有计划地传授锻炼身体的知识和技能促进身体全面发展,培养高尚品德和优良意识品质的一个教育过程;身体锻炼是以健身、强身、娱乐、休闲、医疗保健为目的的身体活动;竞技运动是为了最大限度地发展和挖掘个人、集体在体格、体能、心理及运动能力方面的潜力,以取得优异成绩而进行的科学的、系统的训练和竞赛。这三个方面因目的、任务、活动方式不同而有所区别,但又有某种共性而相互联系:它们都有教育和教学的因素,都以身体练习和运动为手段,都有提高运动能力和运动技术水平的因素。因此,要看到作为健身手段、教育手段的体育与竞技运动的区别,把两者完全混同是不对的,更不能以竞技运动代替整个体育;但也不能因竞技运动有某些特点而把它与体育截然分开,把竞技运动从体育这个大系统中驱逐出去。本书在确定体育经济学的研究对象时,是从广义上去理解体育这一概念的,把体育概念界定为:体育是以增强人的体质,提高身体活动能力和运动能力,促进人的全面发展,满足人的健身和精神文化需要为目的,以身体练习和运动为手段的活动。

(二)什么是经济

经济一词的含义,也有多种理解,通常有以下几种:一是指经济运动,包含物质资料的生产、分配、交换、消费过程在内的广义的生产过程,也就是经济过程。生产活动以及与其相适应的分配、交换、消费活动,统称经济活动。二是指经济关系,即与一定社会生产力相适应的社会生产关系的总和,也就是社会经济制度。三是指经济部门或各经济部门的总和,如工业经济、农业经济,有时指一个国家国民经济各部门的总和。四是指生产或一切经济活动的节约,以较少的消耗取得最大的效果,也指个人及家庭精打细算,以较少的支出来满足生活上的需要。在体育经济学的研究中,主要是从第一种含义上来理解经济一词的。

(三) 体育与经济的联系与内容

1. 体育与经济的联系

体育与经济都是现代社会这个大系统的要素,两者之间,既有外部联系,又有相互交叉渗透而形成的内部联系。体育与经济的外部联系表现为:一方面,经济是体育产生和发展的基础,体育是社会经济发展到一定阶段才产生的,经济的发展制约着体育的发展。一般来说,体育是随着经济的发展而发展,体育运动的规模和水平,反映了社会经济发展的状况和水平。另一方面,体育也反作用于经济,是影响经济发展的一个因素。体育与经济的内部联系,就是指体育与经济之间互相交叉、重叠和渗透的关系,或者是指体育部门内部的各种经济关系和经济问题。

2. 体育经济的基本内容

体育与经济之间的联系,以及由两者交叉、渗透而产生的体育领域内的经济活动,构成了体育经济的内容。体育经济包括以下两个方面:

(1) 体育与经济的关系。体育这种特殊的文化现象与社会经济现象之间是相互联系、相互作用的。经济是体育产生和发展的基础,经济的发展制约着体育的发展。这是因为:社会对体育的需求是体育发展的动力,经济的发展创造出社会对体育的新需求,推动体育的发展;同时,社会经济的发展也为体育事业提供了追加的经济资源,为体育的发展提供条件。一般说来,体育是随着经济的发展而发展,体育运动的规模和水平反映着经济发展的状况和水平。体育也反作用于经济,是影响经济发展的一个因素。体育运动可以强身健体,促进劳动者体力与智力的协调发展,丰富劳动者的生活,提高劳动者的素质,从多方面有利于生产的增长和经济的发展。经济的增长与体育的发展,两者是相互促进的。体育与经济之间的关系,实际上也是一种经济关系。

(2) 体育领域的经济活动和经济过程。体育与经济之间还存在内部联系,即体育与经济之间相互交叉、渗透的关系,由此在体育领域产生了一系列经济活动和经济过程。体育事业作为国民经济的一个产业部门,向社会提供体育服务这种特殊消费品。从经济学角度看,体育领域包含体育服务产品的生产、分配、交换、消费等环节。体育部门的工作人员组织、指导人们参加体育活动,从事体育教学、训练工作,提供体育场馆设施的服务,提供具有观赏价值的高水平的运动竞赛,实际上就是体育服务产品的生产过程。人们参加各种体育学习班、培训班,参加由体育场馆工作人员提供服务的各种健身、娱乐等体育活动,观赏高水平的运动竞赛表演等,都是体育服务产品的消费过程。联系体育服务产品生产和消费的则是交换、分配环节。劳动力是生产过程的重要因素,体育运动能提高劳动力的素质,也参与了劳动力再生产的过程,从这个意义上也可以说体育运动是劳动力再生产的一个环节。

体育经济是比体育产业外延更广的一个概念,它不仅包括体育产业的经济活动,还包括体育与经济的关系,以及与体育关系密切的一些经济活动。例如,为了支持体育事业,国家批准特许发行体育彩票;为了补体助体,各类体育机构开展体育产业以外的多种经营;一些产业的经济活动延伸到体育领域,这些产业的发展要借助于体育,体育运动的发展也能促进这些产业,如运动服装、运动器材、体育场馆设施建筑等产业的发展。这些经济活动虽不是体育服务产品的经营,但这些产业与体育的关系也属于体育经济的范畴。因此,可以说体育经济是指发展体育产业为主体的经济活动,或者说体育经济是指以发展体育事业为目的,直接围绕体育事业而发生的各种经济活动,包括生财、聚财、理财、用财等活动。

二、体育经济学的研究对象与研究任务

(一) 体育经济学的研究对象

根据上面讨论的体育与经济的关系,体育经济学的研究对象就是体育与经济的关系及体育领域的经济现象、经济活动的本质、特点和规律。具体来说,包括体育与经济的关系和体育领域的经济活动两个方面。

体育经济学研究对象的上述两个方面不是孤立的。作为国民经济组成部分的体育必然和整个社会的经济活动具有整体性、统一性。体育领域的经济关系是由社会物质生产过程中占统治地位的经济关系决定的,离开社会经济这个大环境,离开经济对体育的制约关系,就不能理解体育领域经济现象和经济活动的本质,不可能揭示体育领域经济活动的特点和规律。同样,离开对体育领域经济现象和经济活动的分析,就不可能全面、深入地把握体育与经济的联系,不能深刻理解经济对体育的制约,也不能充分认识体育在经济发展中的作用。如果不去研究体育领域的经济活动、经济现象,不去研究体育运动本身的经济问题,只是一般地研究体育与经济的关系,那就不需要建立体育经济学这门学科了。

(二) 体育经济学研究的任务

1. 研究体育与经济的关系,阐明体育的社会经济价值

体育经济学在研究体育与经济的关系时,既要研究经济对体育的制约、决定

作用,体育如何适应经济的发展,更应着重研究体育对经济增长的促进作用,研究体育的经济功能和社会经济价值。体育的经济功能和体育的社会经济价值,两者既有联系又有区别。体育的经济功能是指体育运动在经济增长中的作用和对国民经济的影响,这是体育运动固有的本质功能所派生出的一种社会功能。体育的经济价值则反映了体育与人这一社会主体的关系,反映了体育在经济方面给社会主体——人带来的好处。离开了体育的经济功能当然谈不上体育的经济价值。揭示体育的经济功能,充分认识体育在经济增长中的作用,才能摆正体育在国民经济中的地位。

2. 揭示体育领域经济活动的本质、特点和规律

体育事业是一项文化事业,体育部门是非物质生产领域的一个产业部门,其经济活动、经济关系有不同于其他物质生产部门的特点。体育经济学既要研究体育部门与其他部门经济活动过程的共性,更应研究体育部门经济活动的特殊性。体育领域的经济活动和经济关系也是有规律的。经济规律是经济活动、经济现象内在的本质的联系,是经济过程固有的、稳定的必然联系。体育经济学研究体育领域的经济活动,就是要揭露体育领域经济过程的本质、特点和经济规律的作用和表现。

体育领域起作用的经济规律大体上有两类。一类是在整个国民经济中起作用的经济规律,如社会主义基本经济规律、供求规律、价值规律、按劳分配规律等。既然这些经济规律在整个国民经济中起作用,当然也在体育领域起作用。由于体育部门不是物质产品生产部门,因而这些规律在体育领域的作用必然会表现出若干特点。另一类经济规律是在体育领域起作用的特殊规律,它们反映体育领域经济现象的内在联系、本质特点和发展趋势。这一类规律过去尚未被探讨过,随着体育领域内经济活动的日益频繁,人们可以通过大量的体育经济现象去揭示隐藏在其后面的经济规律。例如,体育受经济的制约,体育的发展必须与国民经济的发展相适应;体育事业内部各部分(主要是竞技运动与群众体育)必须协调发展;体育在经济增长中的作用逐渐增大;体育部门资金来源多元化的路径;体育事业实行市场化、半市场化、非市场化三者并存的原则;体育服务生产社会效益与经济效益的辩证统一等,均需要透过这些体育领域内的经济现象来研究揭示其运行发展的客观规律。

3. 阐明提高体育部门经济效益的途径

研究体育领域的经济现象、经济活动,揭示体育领域经济规律的目的,就是要提高体育部门的经济效益和社会效益。无论干什么事都要讲求效益,体育部门为了向社会提供有用的业务成果,提供体育服务产品,也需要消耗活劳动和物

化劳动。体育经济学就是要研究如何以较小的消耗,获得更大的有用成果,这是发展我国体育事业的核心问题,也是体育经济学要研究的核心问题。只有深入探索体育领域的这些经济规律及其作用的特点,并自觉运用这些规律,正确处理体育领域的各种经济关系,改进体育事业的管理,改革体育体制和运行机制,充分发挥人、财、物的作用,才能有效地提高体育部门的经济效益和社会效益,促进体育事业更好地发展和繁荣。

4. 探讨社会主义市场经济条件下我国体育部门改革之路

随着我国经济体制改革的不断深化,我国体育部门的改革也在不断地深化。体育部门的改革究竟应该朝什么方向发展与推进,应该通过什么方法、什么途径,制定什么政策与措施来进一步推进我国体育部门的改革实践并降低改革的成本,这一切均需要我们从理论上进行探讨并指导改革的实践。

三、体育经济学与其他科学的关系

体育经济学是在体育与经济交叉和边缘的地带生长起来的一门新学科,是体育知识与经济学知识相互渗透的结果,是综合体育学知识与经济学知识的产物。

(一) 体育经济学在经济科学中的地位

1. 体育经济学是属于部门经济学或专业经济学的一门学科

体育经济学具有经济科学的属性,是经济科学的一个分支。经济学包括的学科很多,大体可概括为理论经济学与应用经济学两个层次。理论经济学是论述经济学的基本概念、基本原理,以及经济运行和发展的一般规律,为各个经济学科提供基础理论。在西方经济学中,理论经济学包括宏观经济学和微观经济学两个分支。马克思主义理论经济学就是政治经济学,是以人类社会生产关系及其发展规律为研究对象。应用经济学主要是将理论经济学的基本原理用来研究国民经济各部门、各个专业领域的经济活动,或对非经济活动领域进行经济效益、社会效益的分析而建立的各个经济学科,主要是部门经济学和专业经济学。以国民经济某一部门的经济关系、经济活动及其特殊的经济规律为研究对象,阐明社会经济规律在该部门中作用的特点,如工业经济学、农业经济学、商业经济学等均属于部门经济学。国民经济运行中又有不同的领域,包括社会再生产过程中各个领域、要素、环节和侧面,也各有不同的经济问题,以这些问题为研究对象就形成了若干专业经济学,如人口经济学、劳动经济学、生态经济学等。这些部门经济学和专业经济学都是以理论经济学的一般原理为基础的,是经济科学体系中的分支学科。如果将体育视为一个特殊的文化部门,那么研究作为一种特殊文化领域内经济活动和经济现象的体育经济学,就是一门专业经济学;如果从产业分类角度来看,体育事业作为第三产业中的一个部门,研究体育部门经济活动的体育经济学可视为属于部门经济学的一门学科。

2. 体育经济学的基本学科特点

(1) 交叉性或边缘性。体育经济学研究体育与经济的关系及体育领域的经济活动与经济关系,不仅需要经济学知识,也需要体育科学知识,这就必然使经济学知识、体育科学知识以及其他社会科学知识相互交叉和综合,因而体育经济学带有交叉性和边缘性。

(2) 应用性。体育经济学属于应用经济学层次,是理论经济学与经济活动实践之间的桥梁。在理论经济学指导之下,体育经济学从体育部门经济活动的实际出发,通过研究概括,使感性认识上升到理性认识,再用以指导实践,应用于实际工作,为制定体育事业的发展战略、方针、政策服务,为改革体育管理体制和改善经营管理服务。在体育经济学的研究中既有理论的探索,又有应用的研究,两者不能完全分开。体育经济学是体育领域经济活动的理论概括,既要研究体育领域的一些基本经济理论问题,又要用这些理论来分析接近实践层次的经济问题。在体育经济学初创时期,更应注重对体育领域经济活动一些基本理论问题的研究。

(二) 体育经济学在体育科学中的地位

1. 体育经济学是属于体育社会科学

体育经济学作为一门交叉学科、边缘学科,又具有体育科学的属性,是体育科学的一个分支学科。正在成长的体育科学体系包括众多的学科,可以有不同的分类标准和分类方案,如果粗略划分,大体上可以分为三类或三个学科群。第一类是体育自然科学,即运动人体科学,如运动生理学、运动解剖学、运动生物力学等,这些学科都是自然科学在体育领域衍生、分化的结果。第二类是体育社会科学,如体育社会学、体育伦理学、体育管理学、体育经济学等,这些学科是体育科学与不同的社会科学杂交的结果,也是社会科学在体育领域内衍生、分化的结果。第三类是运动竞技科学,如运动训练学、运动竞赛学及其他分项运动技术学科。在这些分支学科中,体育经济学与其他体育社会科学,主要是体育管理学、体育社会学关系较密切。

2. 体育经济学与相关学科的联系与区别

(1) 体育经济学与体育管理学的联系与区别。体育经济学研究的是体育领域的经济问题,体育管理学也要研究体育事业的经济管理问题。例如,苏联等国家在相当长时间内体育经济学与体育管理学是结合在一起的,对体育运动中经济问题的研究是体育管理学的一部分。这两门学科研究的内容虽有交叉和重叠,但各自研究的角度不同。体育管理学是从管理学的角度来研究经济问题的,着重于探讨体育事业优化的最佳的管理方式和方法,着重于应用研究和具体经济问题的对策研究;体育经济学则着重于理论上的研究,从较深的层次上探讨体育领域当事者的经济关系、经济活动的本质、特点和规律。例如,对体育投资问题的研究,体育管理学从管理方法的角度着重研究体育资金如何筹集、管理、分配和使用等对策问题;体育经济学则除了研究体育资金的筹集、管理、分配和使用等对策问题外,还应从理论上探讨体育投资的性质、体育投资与国民经济的比例、体育投资增长变化的趋势以及体育投资的效益。体育管理学是管理科学的分支,体育经济学是经济科学的分支,两者各有其重要意义,不能彼此取代。

(2) 体育经济学与体育社会学的联系与区别。体育运动中的经济问题是西方一些体育社会学著作研究的重要内容,但这两者也有明显的区别。体育社会学是从社会学角度来研究体育,它要研究体育与社会诸现象的联系,体育与经济的联系只是其中之一。体育经济学则从经济学角度来研究体育,专门研究体育与经济的联系及体育运动中的各种经济问题,对体育领域的经济现象和经济活动进行全面的、系统的研究。因此,无论就广度、深度来看,体育社会学对体育运动中经济问题的研究远不如体育经济学。

四、学习研究体育经济学的意义

研究体育经济学是现代体育运动发展的需要,对我国体育事业的发展和深化体育改革有重要意义。

(一) 可以认识体育在国民经济中的地位和作用

体育不但有健身、教育、娱乐的功能,可以满足人们身体的、精神的、交往的需要,还可以直接或间接地促进经济的增长。体育促进经济增长的作用是现代体育派生出的一种重要功能,是否有利于生产力的发展是衡量一切工作的根本标准。研究体育经济学,充分揭示体育对国民经济的影响和促进经济增长的作用,有助于正确认识体育在国民经济中的地位,改变那种认为体育部门是没有产出的纯消费事业的观念,纠正轻视体育和体育工作的思想。

(二) 可以掌握经济规律在体育工作中的运用,有助于体育工作的宏观决策

体育事业的发展目标和发展战略,体育经费的来源、管理、分配和使用,体育经费在国民收入和国家财政支出中的比例,体育投资的效益等,都属于体育事业宏观管理上需要正确处理的问题。要处理好这些问题,正确作出宏观决策,不但要依体育规律办事,也要依经济规律办事。研究体育经济学,揭示体育领域内的经济规律,结合我国体育运动的实际情况和所处的经济环境,制定体育事业的有关经济政策,科学地处理体育工作宏观决策上的重大问题,可以防止体育工作的

盲目性、随意性,加快体育事业的发展。

体育要发展,就必须改革我国原有的体育体制和运行机制。我国体育事业的原有体制的弊端,一是过多地集中于体总系统,没有充分发挥社会各方面办体育的积极性;二是与市场割断了联系,没有发挥市场机制的作用;三是体育系统仍存在"大锅饭""铁饭碗",没有形成把国家利益与个人利益紧密结合起来、充分调动体育部门劳动者个人和单位的积极性的体制。改革体育事业的体制和运行机制,就是建立与社会主义市场经济相适应的体育体制和运行机制,要调动体育部门工作人员和社会各方面的积极性,妥善处理各方面的经济利益。为此,就必须研究体育经济学。

(三) 可以使体育部门工作人员增强经济观念,重视经济问题

体育事业与教育、文化、卫生等事业一样,都应该把社会效益放在首位,但并不意味着这些事业不必关心自身的经济效益,或其向社会提供的有用成果的数量及其人力、财力、物力的耗费。体育部门不但要讲求社会效益,也要讲求经济效益,要努力提高投入与产出之比,向社会提供质量更好、数量更多的体育服务。只有不断提高体育部门的经济效益,才能更好地发挥体育投资的社会效益。研究体育经济学有助于克服那种不算经济账、不讲效益、不计消耗、不注意节约的思想,牢固树立产业意识、市场意识、经营意识,增强经济观念、效益观念,使体育部门工作人员在业务工作中注重经济分析,改善经营管理,厉行节约,反对浪费,提高人、财、物的使用效率,以等量的投入获得更大的产出。

(四) 可以繁荣我国经济科学和体育科学

研究体育经济学还有其理论上的意义。党的十一届三中全会以来,我国经济科学空前繁荣,新的分支学科不断出现。在经济科学与其他科学接壤的边缘地带,一些新学科不断地生长出来,如教育经济学、卫生经济学、文化经济学等一系列新学科先后问世。有几亿人口参加活动,每年投入大量人力、物力和财力的体育事业,其经济问题的研究也不能是一个空白。从体育科学来看,在体育科学与有关的社会科学、人文科学相交叉的边缘地带的研究正在加强,运用哲学、社会学、历史学、管理学、法学、美学等理论和知识研究体育领域问题已成为一股潮流,体育史学、体育社会学、体育管理学、体育哲学等新学科已经破土而出。体育经济学的创立无论对于经济科学还是体育科学,都将填补这方面的空白。研究体育经济学,将从经济学的角度对体育这个文化现象及体育事业进行剖析,探讨体育的属性和功能、体育的社会经济价值、体育发展的动力、经济对体育的制约及体育对经济发展的影响。对这些问题的探讨和研究,可以为体育社会科学其他学科的研究提供思想材料,有助于体育社会科学的发展和体育科学体系的建立。

第三节　体育经济学研究的内容和方法

一、体育经济学研究的主要内容

体育经济学的研究对象是研究内容的概括和抽象,体育经济学研究的内容则是研究对象的展开和具体化。从一定意义上可以说两者是同一问题的两个层次,只是概括抽象的程度不同。从我国体育经济的实践和研究的进展来看,体育经济学研究的主要内容有以下6个方面。

(一) 体育与经济的关系

主要从宏观上探讨体育与经济的相互关系。一方面阐明经济是体育发展的基础,经济在生产力与生产关系两个方面对体育的制约作用,体育的发展无论其规模、水平、体制和运行机制如何,必须与经济相适应;另一方面要研究体育对国民经济多方面的影响,揭示体育的经济功能和社会经济价值,以及体育在促进经济增长中的作用。

(二) 体育产业与体育服务产品

主要研究体育部门是否具有生产性质,体育部门为什么是一个服务产品的生产部门,是一项产业;体育产业形成的条件和标志为何,体育产业为什么属于第三产业,肯定体育部门是一项产业有什么意义,体育产业提供的产品及其特点为何等。

(三) 体育服务商品与体育商业化

主要研究体育服务成为商品的原因和条件、体育服务商品的范围和途径、价格与体育服务商品供求的关系以及体育商业化趋势及利弊等。

(四) 体育消费

主要研究体育消费的含义、体育消费在社会消费结构中的地位、体育消费的性质和特点、体育消费的分类、体育消费的效益、体育消费水平、衡量体育消费水平的指标体系、影响体育消费水平的因素、我国体育消费增长变化的趋势等。

(五) 体育资金的来源及效益分析

主要研究世界各国体育资金的来源,社会主义市场经济条件下我国体育资金的筹措、分配和使用,体育投资经济效益的含义、特点及评价指标,提高体育投资经济效益的意义和途径等。

(六) 体育工作者劳动的特点及报酬形式

主要研究体育部门工作者劳动的特点,体育部门劳动者的结构和素质要求,体育部门劳动效率的评价及提高劳动效率的途径,体育部门工作者个人消费品分配的形式,如何评价教练员、运动员的劳动贡献及劳动特点等。

二、研究体育经济学的原则和方法

体育经济学是一门社会科学,离不开马克思主义、辩证唯物主义与历史唯物主义的指导。辩证唯物主义与历史唯物主义是研究经济科学和体育科学的基本方法,也是研究体育经济学的基本方法。坚持辩证唯物主义与历史唯物主义就必须坚持以下原则和方法。

(一) 研究体育经济学的原则

1. 客观性原则

辩证唯物主义要求研究问题时应坚持客观性原则,就是要从实际出发,实事求是,这是研究体育经济学必须遵循的一条辩证唯物主义原则。研究问题必须充分地占有资料,分析它的各种发展形式,探寻这些形式的内在联系。只有当这项工作完成以后,现实运动才能适当地叙述出来。调查研究是实现理论与实践相结合的重要途径,是连接理论与实践的中间环节。研究体育经济学必须从客观事实出发,注重调查研究,详细占有资料。这些资料可分为两类,一类是客观事实和量化的数据;另一类是思想材料,即前人或别人研究体育经济问题的理论和观点,包括经济学界和体育学界的学术理论观点。

理论研究过程就是对占有的资料进行分析、整理、判断、思考的过程,这就要求运用科学的抽象方法,去粗取精,去伪存真,舍掉现象中次要的、表面的因素,揭示经济现象的本质特点和内在规律。在研究过程中坚持客观性原则就是要不唯上、不唯书,排除主观偏见。坚持以客观存在的事实为依据,坚持以实践为检验真理的唯一标准,不断以经过实践检验和科学论证的新观点来充实体育经济学这门新学科。

2. 系统性原则

辩证唯物主义认为,自然界和社会都是由无数相互依存的因素构成的系统,系统性原则要求在研究工作中采取系统的方法。系统方法的特征就在于从系统的整体性出发,把分析与综合、分析与协调、定性与定量结合起来,精确地处理部分与整体的关系,科学地把握系统。体育经济学从整体出发,就是要把体育看成社会大系统中的一个子系统,体育自身也是由多种元素组成的具有整体性、结构性、层次性的系统。由于系统内各个元素不是互不相关的独立存在,因此要分析系统内各个元素之间的联系和相互作用。例如,研究我国体育运动发展的速度、规模和战略目标,就不能离开我国社会经济发展的大环境,不能离开对社会主义初级阶段经济、政治、文化等现状的分析。由于系统和构成系统的元素是不断运动变化的,因此在研究体育领域经济问题时,还要注意系统内部因素和外部环境的变化,要研究新情况,分析新问题。

3. 一般与个别辩证统一的原则

唯物辩证法认为,任何事物和现象都具有个性,这种个性、特殊性使事物和现象彼此区别开来。一切事物或同类事物中又贯穿着一般的共同属性,这种共性、一般性使事物相互联结,并具有共同的规律性。无论是认识事物的共性或特殊性,无论是同中求异或异中求同,都需要进行比较。比较方法是唯物辩证法的具体运用,是理论研究的基本方法之一。比较可以是纵向比较,即同一国家和地区的不同时期或不同发展阶段的比较;也可以是横向比较,即同一时期或同一发展阶段内不同国家或不同地区之间的比较。无论哪种比较,都要顾及事物存在的具体时间、地点、条件,对它们的情况、经验、理论、制度进行具体分析,才能作出判断和分析。要区分哪些因素是可比的、哪些因素是不可比的,在比较研究中对国外一切科学的、有用的经验和观点应当实事求是地肯定,认真借鉴和吸取。但由于各国国情不同,对西方的理论观点和做法不能照抄照搬。既要有批判扬弃,又要有借鉴吸收。要着重关注西方在体育运动经济问题研究领域中对我们有用的成果。对于西方体育产业的内涵、体育经费在国家财政支出中的比重、体育产业的投入与产出等资料数据,也应认真分析。由于各国国情不同,许多指标、数据的含义,统计口径和统计方法不尽相同,在比较分析时应予以注意。

(二) 研究体育经济学的方法

研究体育经济学除运用社会科学的一般研究方法外,应注意以下四个结合。

1. 规范方法和实证方法相结合

采用规范方法主要是从给定的前提中逻辑推演出结论,把注意力集中在"应该怎样"上。例如,在社会主义市场经济条件下体育与经济的关系"应该怎样",而对体育与经济关系的现实状况研究不够,缺乏描述。这种严格基于理论的逻辑推导的研究方法当然是必要的,但也是不够的。为了完成改革的历史任务,研究方法应逐步实证化。实证方法要求首先弄清现在的实际状况"是什么",对客观存在的事实及其内在的联系如实地加以描述和说明。没有这种描述和分析,不弄清现实状况"是什么",对客观存在的实际事实和关系就没有清晰的概念,因此应注意更广泛地运用实证方法。规范方法往往着眼于社会主义经济内部的和谐,着力于论证社会主义经济制度、社会主义体育的优越性,以及其可能性与必然性,但有时可能会误把可能性当成现实性。而实证方法则更多地注意客观地分析现实,揭露矛盾,分析利弊,寻求救治之道。马克思曾指出:"只有当抛开相互矛盾的教条,去观察构成这些教条的隐蔽背景的各种互相矛盾的事实和实际的对抗,才能把政治经济学变成一种实证科学。"①这段话对体育经济学的研究也是完全适用的。因此,体育经济学的研究要重视运用实证方法,将规范方法和实证方法更好地结合起来。

2. 定性分析与定量分析相结合

任何经济现象都有质和量两个方面,都是质和量的统一。因此,在体育经济学的研究中既要研究经济现象的质,进行定性分析;又要研究事物的量,进行定量分析。定性分析是定量分析的前提,没有正确的定性分析,定量分析就会迷失方向;定量分析为定性分析提供材料和依据,使定性分析更加准确,深化对事物性质的认识。定量分析就是要用数学方法研究数量关系、数量变化,以分析事物的发展趋势和规律性。"一种科学只有在成功地运用数学时,才算真正达到了完善的地步。"②实证方法的运用必然要求加强对量的分析,以往那种偏重本质规定的逻辑演绎方法就不够了,需要更多地运用偏重数量统计的归纳方法。经济学的规律很多是统计规律,很大程度上表现为数量关系的变动。体育经济学的正确结论应当是对经济现象数量关系的准确概括。因此,应当学会并广泛运用数量分析的方法,把定性分析与定量分析很好地结合起来。

3. 宏观分析与微观分析相结合

对体育运动中经济问题的分析,从范围上划分大体可分为两个层次,即宏观分析和微观分析。宏观分析就是从全社会,或从体育事业的总体来分析体育经济问题。例如,从总体上研究体育与经济的关系,体育在国民经济中的地位和作用,国民经济对体育发展的制约,社会经济发展对体育需求的变化,社会主义市场经济条件下体育运行机制的特点等,都属于宏观层次研究的问题。微观分析是以某一个或某一类体育机构,如体育场馆、体校、运动队、体育俱乐部、体育企业为单位,或以家庭、个人为单位,分析体育运动中的经济问题,如个人和家庭对体育需求的变化,体校、体育场馆、运动队、体育俱乐部的投入与产出,经费的来源、管理、分配与使用等。宏观分析与微观分析的对象是一致的,只是两者研究的范围与角度有所不同。把宏观分析与微观分析结合起来才能深入把握体育运动中经济活动的规律性。

4. 经济分析方法与体育分析方法相结合

体育经济学的研究对象是体育运动中的经济活动、经济关系,这里既有体育现象又有经济现象,两者是相互联系、相互交叉的。研究对象的这一特点决定了体育经济学是一门"两栖"的"跨学科"的学科。因此,在研究方法上既要采用经

---

① 《马克斯、恩格斯〈资本论〉通信集》,人民出版社,1976年,第285页。
② 《回忆马克思恩格斯》,人民出版社,1973年,第73页。

济科学的研究方法，又要采用体育科学的研究方法，要学会在体育经济学的研究中把这两种方法结合起来。与此同时，还应当吸收社会学等社会科学的一般研究方法，逐渐形成一个体育经济学研究方法的体系。

（三）体育经济学的理论基础

研究体育经济学需要多方面的知识，既需要经济科学知识，又需要体育科学知识；既需要马克思主义政治经济学、生产力经济学，也需要借鉴和吸收西方经济学中有益的部分。其中最重要的可以被称作体育经济学的理论基础的是马克思主义政治经济学。

体育领域的经济关系是从属于整个国民经济的，与整个社会的经济关系是一致的。我们要研究的是社会主义社会中体育领域的经济活动和经济关系，我们要建立的是社会主义体育经济学。"社会主义"一词表明我们要建立的体育经济学是社会主义性质的，是为社会主义服务的，是社会主义社会里体育领域经济现象、经济活动的理论概括，是以马克思主义政治经济学为理论基础的。政治经济学为体育经济学的研究指明了方向，提供了理论依据，体育经济学的基本理论问题及实践问题，都可以在马克思主义政治经济学的指导下获得正确的解决。离开马克思主义政治经济学，体育经济学的研究就会迷失方向，体育领域的经济问题就无法得到解释，社会主义体育经济学也就无从建立。

研究体育经济学所依据的政治经济学原理主要有以下五种。

1. 社会再生产理论

体育的经济功能是什么？体育在经济增长中有什么作用？回答这些问题离不开马克思的社会再生产理论。马克思主义政治经济学认为，物质资料的再生产是人类社会存在和发展的基础，"不管生产过程的社会形式怎样，它必须是连续不断的，或者说，必须周而复始地经过同样一些阶段。一个社会不能停止消费，同样，它也不能停止生产。因此，每一个社会生产过程，从它的经常联系和它的不断更新来看，同时也就是再生产过程。"[①]社会再生产不仅是物质资料的再生产，也是劳动力和生产关系的再生产。依据社会再生产理论可以揭示体育在社会再生产过程中的作用。体育不但是提高劳动者素质，实现劳动力再生产的手段，而且体育与社会再生产过程中的生产、交换、分配、消费均有联系，体育的众多功能都直接或间接有利于生产的增长和经济的发展。对一般社会成员来说，体育无疑是一种消费，但从再生产过程来看，它有利于劳动力素质的提高和生产的增长，是一种"潜在的生产""未来的生产"，而且是"扩大再生产"。

---

① 《马克斯恩格斯全集》第23卷，人民出版社，2006年，第621页。

2. 关于生产劳动的理论

体育事业为什么被划归第三产业？体育部门的劳动是否生产产品？这些产品有什么特点？马克思关于生产劳动与非生产劳动的理论为回答上述问题提供了理论依据和方法。马克思在《剩余价值理论》一书中，深入研究了关于生产劳动与非生产劳动的理论及服务产品问题。尽管当时第三产业在资本主义生产中的比重还是"微不足道"的，但马克思已敏锐地把劳动产品分为实物产品和服务产品。他认为服务这种非实物形式、"运动形式"的使用价值是"服务形式上存在的消费品"，与"物品形式上存在的消费品"一道，构成社会消费品。马克思还从一般劳动过程和资本主义劳动过程的分析中，明确划分了生产劳动与非生产劳动，对生产劳动下了明确的定义。根据这一理论来分析社会主义社会的体育部门，就不能不承认体育部门工作人员的劳动提供的是体育服务这种特殊产品，体育服务也具有使用价值，如果进入交换环节转化为商品，就具有价值。既然体育服务可以满足社会的需要，体育部门工作人员的劳动也是生产劳动。

3. 关于社会生产目的和实质的理论

在社会主义社会里，体育作为一种产业，其生产的目的和实质是什么？马克思关于社会生产目的和实质的理论为研究这个问题指明了方向。政治经济学认为，社会生产的目的和实质不是由个人或某些人的主观意志来决定的，而是由社会经济条件，首先是由生产资料所有制决定的。体育部门无论是作为从属于社会生产的一种文化事业还是作为第三产业的一部分，它的目的与该社会物质生产的目的是一致的。在以公有制为基础的社会主义社会里，体育部门的根本目的不是利润，而是为满足人民的健身需要和精神文化需要，实现人的全面发展服务的。

4. 社会主义商品经济、市场经济的理论

在社会主义社会里，体育与市场的关系如何，体育能不能进入市场，体育事业应采取什么样的运行机制，体育是否可以商业化、商品化？政治经济学关于商品经济、市场经济的理论为回答这些问题提供了理论基础。中共十二届三中全会关于经济体制改革的决定确认：社会主义经济是有计划的商品经济。中共十四大进一步明确规定，我国经济体制改革的目标是建立社会主义市场经济体制。在社会主义市场经济的大环境下，我国体育部门不能远离市场、排斥市场，市场经济必然延伸、渗透到体育领域中来，体育部门必然与市场发生直接或间接的联系，一部分体育机构和活动必然纳入市场经济体系，体育部门的运行机制必然由单一的计划机制向市场经济的运行机制转变。

5. 关于社会主义物质利益原则的理论

正确处理体育部门内部个人、集体及国家之间的利益关系，对于体育的改革和发展，调动各方面的积极性，都有重大意义。政治经济学关于物质利益原则的理论认为，在社会主义社会里，人们的物质利益关系集中表现为国家、集体、个人三者之间的利益关系。这种利益关系是在社会主义公有制基础上形成的，三者的根本利益是一致的。人民的利益是社会主义体育事业的终极目的，是国家利益和集体利益的基础和归宿；国家的利益和需要又代表着劳动者的长远利益。不过，国家、集体、个人又存在着具体的利益矛盾。正确处理这三方面的关系，兼顾三者的利益，使之正确结合，这是社会主义现代化建设的需要，也是体育事业发展的需要。在体育部门内部，无论是运动竞赛、运动训练、人才的培养和输送，以及体育场馆的建设和管理，都必须坚持"三兼顾"原则。贯彻物质利益原则体现在分配制度上，必须实行以按劳分配为主的分配原则，又要体现体育部门的特点，这是研究体育部门工作者工资待遇、奖金福利等问题的理论依据。

研究体育经济学，还必须注意马克思主义政治经济学的新发展，注意吸收政治经济学及有关学科研究的新成果，博采市场经营管理方面的新知识和新观念，以丰富体育经济学的知识体系，使体育经济学随着时代的发展不断前进。

（四）体育经济学当前需要研究的主要课题

随着我国社会经济的发展和体育部门改革的不断深化，需要研究的体育经济问题也越来越多。从当前体育部门改革的实际来看，以下这些问题是迫切需要进行研究的：

体育投融资研究，体育消费需求研究，体育产业跨界融合研究，体育产业发展与政府职能的转变，体育产业统计与监测研究，体育产业与区域经济发展研究，体育产业财政税收政策研究，体育产业风险管理研究，我国体育产业结构升级优化研究，我国体育产业园区研究，我国体育产业链关系研究，体育主管部门在发展体育产业、规范体育市场中的职能研究，体育类上市公司现状及发展对策研究，体育与文化、旅游等产业融合发展研究，我国体育旅游业的发展战略研究，我国体育用品国际竞争力研究，国外体育产业发展动态研究等。

[本章思考题]

1. 概述体育经济学的产生和发展。
2. 体育经济学的研究对象是什么？
3. 概述学习研究体育经济学的意义。
4. 体育经济学研究的主要内容有哪些？
5. 研究体育经济学有哪些方法？
6. 体育经济学的主要理论基础是什么？

[本章练习题]
1. 概述体育经济学的研究对象。
2. 当前有哪些体育经济问题需要研究？

[本章案例]

体育经济学的学科属性辨析

体育经济学从一诞生就面临着一个重要的问题，即该学科的学科属性问题，因为学科属性制约着体育经济学科的发展方向。如果体育经济学科包含内容过多、过杂，容易造成学术研究的泛化，使体育经济学科丧失它的学科属性；反之，也不利于学科的繁荣发展。所以，如何界定体育经济学的学科属性就成了该学科的首要问题。只有确立了科学、合理的学科属性，才能使该学科的研究方向和研究内容具有充足的理论依据。

1. 体育经济学学科属性的三种意见

1.1 具有经济学科的属性

经济学包括的学科很多，大体可分为理论经济学和应用经济学两个层次。理论经济学是论述经济学的基本概念、基本原理，以及经济运行和发展的一般规律，为各个经济学科提供基础理论。应用经济学主要是将理论经济学的基本原理用来研究国民经济各部门、各个专业领域的经济活动，或对非经济活动领域进行经济效益、社会效益的分析而建立的各个经济学科，主要是部门经济学和专业经济学，如工业经济学、教育经济学、农业经济学等属于部门经济学，人口经济学、劳动经济学、生态经济学等属于专业经济学，这些部门经济学和专业经济学都是以理论经济学的一般原理为基础的，是经济科学体系中的分支学科。

体育经济学学科属于经济学的分支学科，持这种理论的人认为体育经济学和农业经济学、教育经济学一样，属于应用经济学中的部门经济学，随着体育经济学学科的发展，这种经济学的属性变得也更加明显。

1.2 具有体育学科的属性

1992年中华人民共和国国家标准——学科分类与代码将体育学作为一级学科列入人文社会科学中，其中体育经济学作为体育科学的十二个二级学科之一纳入体育科学的范围内，归属于体育人文社会学。

在实践和实际教学中，人们也经常把体育经济学列入体育科学的范畴内，这与体育经济学最初萌芽在体育领域内有关。最先研究体育经济问题的学者诞生于体育领域内，研究体育经济学的学者群在体育院校和相关体育科研人员中形成了学术团体，并且组织产生了研究体育经济学的行业学会，由此人们普遍认为其具有体育科学的属性。

1.3 具有交叉学科的属性

这种观点认为体育经济学是体育学和经济学等学科综合的产物，是一门边缘学科，或称为交叉学科，主张目前不要急于把它隶属于某一特定的学科，这样有利于吸收多学科的研究成果，多方面对体育经济学科进行研究，有利于体育经济学学科在初期的成长。

2. 体育经济学科的属性

那么，体育经济学的学科属性是什么呢？笔者认为，要正确的回答这个问题，首先必须搞清楚按什么标准对学科进行分类，以及每种分类之间的关系。划分学科性质的标准很多，但主要有两种：一是按科学研究的对象进行分类，另一种分类是按照科学研究的方法进行分类。体育经济学作为一门新兴学科应该按什么标准来划分它的学科属性呢？显然，用研究对象作为划分学科属性的标准来划分体育经济学的学科属性是科学的，因为它是以客观事物的类别和层次为依据的，以它为标准，有利于明确体育经济学在科学体系的位置和层次。

2.1 体育经济学属性问题之一

认为体育经济学是体育科学的一个分支，或是经济科学的一个分支都有失笼统，不能够从本质上揭示体育经济学的学科属性，体育经济学的学科属性还有必要根据学科的发展和学科的内部特点进行深入的探讨。

2.2 体育经济学属性问题之二

体育经济学是一种交叉学科，这可以从两个方面理解：

第一，体育经济学主要从经济学的角度来研究体育经济，为了认识体育经济的本质，我们必须研究和掌握体育科学的有关知识，如：体育俱乐部、运动训练学、体育产品等，同时，为了说明体育经济学的概念、范畴，避免体育经济学的研究变成抽象概念之争，我们必须运用体育学所提供的材料来说明问题，使理论与实际、历史与逻辑能够有机结合，这样体育经济学必然要包括体育科学的内容，也包括经济科学的内容。

第二,体育经济学研究的很多课题单纯体育经济学很难解决,比如体育市场的供给和需求、体育消费行为等问题,这些都需要多学科一起才能解决问题,但关键的问题是交叉科学能否成为体育经济学主要的、唯一的分类办法?我认为不行。一是交叉学科在很多情况下实际上只是一种研究方法,交叉本身不是目的,目的是解决问题,比如数理经济学,即是用数学的方法描述经济学理论,所以,我们不能把交叉看得过于绝对。二是交叉科学内部的各学科,在很多情况下并不都具有同等重要的地位,其中总有一方是主要的,其他是次要的。三是所谓交叉学科,并不是说它是两门学科的机械相加,而是要把交叉学科融会贯通,从多学科的角度理解问题。因此,体育经济学的学科属性,应该既承认它为交叉学科,又不能满足于只是交叉学科。

2.3 体育经济学学科属性的结论

体育经济学虽然属于交叉科学,但主要属于经济科学,是经济学的一个分支。因为,第一,体育经济学内部交叉各方的地位是不平衡的,体育领域的经济问题是它的主要研究对象。第二,体育经济学的研究对象与研究方法与一般经济学基本相同。第三,确立体育经济学为经济学的一个分支,完全符合体育经济学的发展需要。

2.4 确立体育经济学的学科属性的重要意义

确立体育经济学是经济科学的一个分支,具有重要的理论意义。第一,有利于确定体育经济学的主要任务是研究体育经济运动的本质及其发展规律。第二,有利于选定其主要研究方法即逻辑方法。第三,有利于体育经济学学科体系的建立。

资料来源:陈峰,"试论体育经济学学科属性特征和范围",《山东体育学院学报》,2010年第9期。

[案例思考题]

1. 对体育经济学学科属性的认知有几种意见?
2. 确立体育经济学的学科属性具有什么意义?
3. 你认为当前有哪些体育经济问题需要研究?

第二章
体育与经济的关系

本章学习要点

- 经济决定社会对体育的需要
- 经济制约体育运动的规模和水平
- 现阶段我国体育的经济特征
- 体育在劳动力再生产中的作用
- 体育在经济增长中的作用

体育和经济不仅有着密切的关系,而且在一定程度上反映着经济发展的概貌。一般来说体育的发展依赖于经济的发展,受经济发展的制约;体育运动的规模和水平,反映着经济发展的状况和水平。同时,体育对经济的发展又起着促进和推动作用。正确认识体育和经济的这种相互联系、相互制约、相互促进的关系,并依此建立起良性循环、协调发展的机制,已成为关系体育事业发展的一个重要问题。

第一节 经济是体育发展的基础

经济是体育发展的基础。经济,简略地说,主要包括生产力、生产关系在内的社会物质生产方式的再生产。

一、经济决定社会对体育的需要

（一）社会需要是体育发展的动力

体育的产生和发展和人的其他活动的产生和发展一样,是人的社会性需要的产物。人对体育的需要,是以人的自然性、生理活动、心理活动为基础的,离开了人的身体,当然谈不上体育的需要。但是,体育的产生和发展、人对体育的需要,并不取决于人的自然属性,不取决于人的本能的生理活动和心理活动,也不取决于人的主观意志,而是取决于人的社会本性,取决于人们所处的社会生产条件和生活条件,取决于人们在经济关系中所处的地位。

1. 体育与社会需要

这里讲的需要是指人的需要,马克思主义认为人的本质是"社会关系的总和"。所以,作为哲学、经济学范围的需要,就是人的社会需要。体育是人的社会需要,包括以下三层意思：

（1）人对体育的需要不是由人的自然属性所决定的,不是单纯的人的生理需要。因为人的需要本质上是社会性的,是在高层次上被扬弃了的自然性需要。人对体育的需要也是由人的社会性所产生的。与动物对"运动"的需要不同,人的需要比动物的需要要丰富得多。人的需要,不仅包含物质的,而且离不开精神的需要。体育可以强筋骨、强意志、增长知识、陶冶情操……体育的这些功能并不是单纯满足生理的需要,而是满足人对健康、精神文化的需要,这正是社会性需要的功能。

西方人本主义心理学家马斯洛把人的需要划分为若干层次。按照他的划分，体育并不是属于生存的需要，而是满足人的"健康""安全"的需要；归属于"社会交往""友谊"和"爱"的需要；是为了得到"尊重""赞许"的需要；是"审美"的需要，是"自我实现""自我成就"的需要。这些需要都是人的健康和心理、精神的需要，不是纯自然的生理需要，都是由人的社会性所产生的需要。例如：残障人士在残奥会、特奥会上的拼搏，就是为了向世人证明："你行，我也行。"这是一种自我价值的实现，这就是一种精神的需要。

（2）体育是人的创造性需要，是人有目的的自觉活动。马克思曾指出：人和动物一样由饥饿来表露求食、维持生命的需要，但是用刀叉吃熟肉来解除饥饿不同于用手、指甲和牙齿啃生肉解除的饥饿。后者是动物的自然需要，是动物的本能活动；而用刀叉吃熟肉来解除饥饿，则是人创造出来的需要。恩格斯曾说：劳动创造了人本身。同样，动物的"运动"，无论是鱼虾的游弋、狗兔的奔跑，或者是猿猴的攀登、鹏鸟的翱翔，都是动物的自然需要、动物的本能。而体育运动则是人有目的的活动，是为了满足健身的、心理的、交往的需要。因此人对体育运动的需要和动物对"运动"的需要有本质的不同。体育运动的产生和人对体育运动的需要，都是人的自觉能动性的表现。因为，人们对体育运动的这种社会需要，正是人们为了适应健身、精神、心理、社会交往的需要而有意识、有目的地创造出来的一种社会性需要，是人们自觉能动性的一种表现，是人类物质文明和精神文明发展的产物，是人类文化成果的一种表现形式。

（3）体育是人的个体需要与社会需要的统一，受一定的社会历史经济条件的限制。体育是人的社会性需要，而这种社会性需要，又是人本身创造出来的，同时，它又源于经济这个前提。马克思主义认为，人们为了能够创造历史，首先必须能够生活；为了生活，就需要衣、食、住以及其他物质资料。因此，第一个历史活动就是物质资料的生产。这就表明，人类社会对体育的需求，对体育运动的创造，是以经济为第一前提的。它不是由人们的主观愿望意志决定的，而是由当时的社会经济条件决定的。例如，远古时代的人不会产生对现代社会某些运动项目的需要，如摩托车、航海、跳伞等运动项目，因为当时不具备产生这些需要的物质基础。至于个人和社会对体育需要的实现程度和方式，却取决于生产关系以及人们在经济关系中的地位。当然其最终的实现程度和实现方式，还是取决于社会生产力的发展水平。

相关链接

走过终点线

  2013年9月11日在本溪进行的第十二届全运会自行车男子公路个人赛中,解放军队选手吴佩伦在临近终点冲刺时不慎摔倒(见上图),但是他并未因此放弃比赛,而是扛着自行车走过终点线(见上图),最终以4小时42分14秒的成绩位列第26名。吴佩伦的行为,生动体现了永不言弃的体育精神。赛后他说:"我到这里,不是来听发令枪的,而是要冲过终点线的。"
  资料来源:李元春,"走过终点线",《新民晚报》,2013年9月12日。

  2. 社会对体育的需要最终取决于生产力发展水平
  社会对体育需要的程度和实现的程度,归根到底还是由生产力发展水平决定的。

（1）体育消费取决于社会生产力发展水平。一般来说，体育消费属于中、高层次的发展消费和享受消费，随着社会生产的发展、生产力水平的提高、人们收入的增加，体育消费在整个消费结构中所占的比重会逐渐上升。

因为，按照马克思主义经济学的基本理论，人的消费是分层次的，而体育作为人们消费的组成部分，一般属于消费的中、高层次，即属于个人消费所包含的生存资料、发展资料和享受资料三个层次中的发展资料和享受资料的层次。所谓发展资料或享受资料，就是使劳动者的体力和智力得到全面发展，物质生活和精神生活过得更舒适的需要。随着社会生产力的发展和人均收入的增加，消费资料的层次划分是可以发生变化的，今天某些发展资料或享受资料明天可视为生存资料。但发展资料和享受资料将在消费资料中所占比重逐步增大。道理很简单，社会向人们提供什么样的消费资料，它的数量和品种的多少，决定人们的消费结构及生活水平的高低。这是由生产力发展水平决定的。从原始人的茹毛饮血，到现代人的美味佳肴；从用树叶、兽皮遮体御寒，到现代的花样翻新的各式服装；从构木为巢到现代的高楼大厦；从牛车马车到轮船、火车、飞机等，这些都是生产力发展的结果。同时，生产力的发展，劳动生产率的提高，不仅使消费品的数量品种增加，也使消费结构发生变化。包含体育在内的发展和享受资料随着生产力的发展和人们收入的增加，在人们消费中所占的比重将会逐渐上升。目前我国居民家庭体育消费支出在家庭消费中的比重和绝对数都远远落后于经济发达国家的水平。我国改革开放以来，随着社会生产力的发展，人们收入不断提高，导致体育产业不断拓展。特别是沿海经济发达地区和大中城市的体育市场高速发展的现实都说明社会对体育的需要，归根到底取决于社会生产力发展的水平。

（2）新技术革命促进了社会生产力发展，从而影响了社会对体育需要的变化。现代社会正朝着电子化、自动化、信息化的方向发展，人类已进入知识经济的年代，生产过程的高度自动化，导致人们在日常工作中的体力支出日益减少，这样必将更多地借助于各种体育活动、体育运动和体育锻炼来弥补。体育是提高人口素质、提高生活质量的需要，也是防治"文明病"的有效方法。

（二）社会经济发展状况决定了当代体育的特点

社会经济发展的不同阶段，社会生产力发展的不同水平，同样决定了体育运动的特点。在当代社会化大生产条件下，体育也呈现以下特点：

1. 体育已初步形成一个完整的体系，其社会地位日益突出

随着社会经济的发展及体育的发展，当代体育已成为国民经济中执行其特殊职能的独立的产业部门，体育在国民经济与社会发展中的作用与地位已越来越突出。20世纪60年代以来，为了强调体育的社会地位，不少国家均制定或修改了体

育立法。如日本1961年制定了《发展体育运动法》,法国1975年制定了《发展体育运动法》,美国1978年制定了《业余体育法》,我国1993年也制定了《中华人民共和国体育法》。其目的是使本国体育的社会地位以法律的形式固定下来,实现体育生活的法律化、制度化,以促进本国、本民族体育事业的更大发展。

> **相关链接**
> **我国政府重视体育发展的有关文件**
>
> 　　2002年7月22日中共中央国务院发布《关于进一步加强和改进新时期体育工作的意见》,该《意见》强调,要充分认识体育在经济、社会发展中的重要地位和作用。体育是社会发展与人类文明进步的一个标志,体育事业发展水平是一个国家综合国力和社会文明程度的重要体现;体育作为一种群众广泛参与的社会活动,不仅可以增强人民体质,也有助于培养人民勇敢顽强的性格、超越自我的品质、迎接挑战的意志和承担风险的能力,有助于培养人们的竞争意识、协作精神和公平观念;体育是促进友谊、增强团结的重要手段;当今世界,体育产业的发展明显加快,已经成为国民经济新的增长点。《意见》对新时期体育事业的发展提出了明确的指导思想、工作方针和总体要求。
>
> 　　2008年9月29日胡锦涛总书记在北京奥运会、残奥会总结表彰大会上的讲话中指出:体育是社会发展和人类文明进步的重要标志,是综合国力和社会文明程度的重要体现。成功举办北京奥运会、残奥会,极大激发了亿万人民的体育热情,极大地推动了我国体育事业发展。我们要坚持以增强人民体质、提高全民族身体素质和生活质量为目标,高度重视并充分发挥体育在促进人的全面发展、促进经济社会发展中的重要作用,实现竞技体育和群众体育协调发展,进一步推动我国由体育大国向体育强国迈进。因此胡锦涛总书记强调:要加强和改进对体育工作的领导,强化政府发展体育事业、提供基本体育公共服务的责任,更好地满足人民群众多方面体育需求。要发展体育产业,引导更多社会力量兴办体育,促进体育事业和体育产业协调发展。
>
> 　　2010年3月国务院办公厅发布《关于加快发展体育产业的指导意见》。该《意见》指出:加快发展体育产业,对拓展体育发展空间,丰富群众体育生活,培养体育人才,提高全民族身体素质、生活质量和竞技体育水平,促进我国由体育大国向体育强国的转变,促进经济社会协调发展,具有重要意义。

2014年10月国务院发布《关于加快发展体育产业促进体育消费的若干意见》。该《意见》指出,发展体育事业和产业是提高中华民族身体素质和健康水平的必然要求,有利于满足人民群众多样化的体育需求、保障和改善民生,有利于扩大内需、增加就业、培育新的经济增长点,有利于弘扬民族精神、增强国家凝聚力和文化竞争力。

资料来源:编者根据相关报刊及网站资料整理。

2. 当代体育向社会各个领域中渗透,体育社会化程度越来越高

生产的社会化、现代化带来了体育的社会化、现代化。体育社会化主要表现在:体育逐步深入社会生活的各个领域、体育人口不断扩大、社会体育水平日渐提高、体育组织和体育设施面向社会为社会服务、全社会都可以兴办体育事业、社会上形成普遍的体育意识等方面。

3. 竞技体育规模越来越大,向国际化发展

随着生产力的发展、科学技术的进步,经济的联系已远远超出了一国的范围,跨国经营、全球营销已成为当代世界经济发展的主流。经济对体育发展的影响和制约突出表现在竞技体育的规模越来越大,并且日益向国际化发展。这从历届奥运会的规模可见一斑。我国国内运动会的规模也不亚于奥运会,全运会不仅设有全部奥运项目,而且我国的一些传统项目也全部设立,因此全运会比赛项目的规模要远远超过奥运会的规模。

相关链接

部分奥运会的规模一览

年代	届次	主办地	会期	参赛国家	所设项目	参赛运动员
1896	1	雅典	5	13	9 大/32 小	331
1996	26	亚特兰大	17	197	26 大/271 小	10 788
2000	27	悉尼	17	199	28 大/297 小	10 200
2004	28	雅典	16	202	28 大/299 小	10 508
2008	29	北京	17	204	28 大/302 小	11 526
2012	30	伦敦	17	205	26 大/300 小	10 500

我国近5届全运会规模一览

届次	地点	大项	小项	奥运项目	非奥运项目	参赛代表团	参赛运动员
八运会	上海	28	391	271	48	46	7 647
九运会	广东	30	345	297	48	45	8 608
十运会	江苏	32	357	309	48	46	9 922
十一运	山东	33	362	302	60	46	10 991
十二运	沈阳	31	350	336	14	39	9 500

资料来源：编者根据相关报刊及网站资料整理。

4．科学技术在竞技体育发展中的作用越来越大

现代奥林匹克竞技场上的竞争，不仅是体育健儿的角逐场，同时也是科学技术的竞技场。从人类体能"极限"的突破、训练方法的改进，到各种新型体育器材的问世，一场科技界的奥运会也同样如火如荼地展开着。科学技术在当代竞技体育发展中的作用越来越大，主要表现在以下几个方面：通过器材的改进来提高运动成绩，通过科学的训练方法与手段来提高运动成绩，通过科学的理论指导来提高运动成绩，通过合理科学的营养补充剂来提高运动成绩等。

你知道吗？

赛场上的高科技

穿着鞋的裸足运动

光脚跑步的好处很多，比如前脚掌直接着地法比传统跑步鞋的后脚跟着地法更能够减少运动对膝盖、臀部及下背的冲击，增强足部、小腿的肌肉以及足底的传感接收能力。然而裸足运动也很容易使脚受伤。Vibram公司在2005年推出的FiveFinger（五指鞋），完全抛弃了传统运动鞋的概念，尽最大限度模仿了光脚时该有的运动状态，五个脚趾可以自然舒展的鞋创造出了裸足运动与护足保护兼得的效果。

运动员的GPS追踪器

这个绑在球员后背的小盒子可以随时提醒运动员什么时候可以在场上狂奔、什么时候该休息。GPSports系统是以GPS为基础的运动训练装备中的佼

佼者,它能实时测量的运动距离、运动速度、心率、身体负荷等运动数据的特点,彻底改变了运动团队制定训练和恢复计划的方法。

"太空漫步"疗伤机

运动员在愈后的恢复性训练中再次受伤,可能缘于携带自身重量的训练带来了超负荷。美国一家俱乐部推出的"Alter-G"的反重力跑步机却能解决这一难题。"Alter-G"能将运动员装在一个大气囊里,用气压将他们"吹起"到离地面约一英尺的高度,使运动员双脚离地,在一个充气垫上做着运动。"Alter-G"能为运动员营造出一个体重减轻的环境,从而在运动中减少关节因过度使用而承受的负荷。

球门即将告别悬案

"鹰眼"与"进球裁判"终于被国际足球理事会通过同意引入赛场,告别球门悬案成了指日可待的事。"鹰眼"的技术核心是通过高清投影成像系统,以3D技术显示球的确切落点。在今后的足球赛场上,两队的球门后方将分别安装7个鹰眼。"鹰眼"系统将以每秒200张的速度对皮球进行跟踪拍摄,在一秒之内将结果以可视信息和震动传感传到裁判佩戴的接收器上。此前,"鹰眼"早已应用到了网球、台球、击剑等多项运动中。

跳水场馆的人造波浪

在跳台、跳水比赛中,运动员空中动作完成得十分精彩,但是入水时却可能突然动作变形——此时很可能是因为他在入水之前一瞬间看到平静的水面,产生池子里没有水的错觉,下意识地做了自我保护动作。为了让跳水运动员不再产生这样的错觉,从悉尼奥运会开始,跳水池边有了两道水柱往池里喷水。有了这个叫做"造波器"的东西扰乱水面,运动员就能轻易判断自己距水面的高度,做出相应的动作了。

鞋钉的学问

田径运动员的战靴底部都有鞋钉,这些鞋钉能帮助他们牢牢抓地。然而各个项目的鞋钉钉多少钉哪里,却是体育学中一门高深的学问。短跑鞋一般为五六个长钉且均集中在前掌,这样能让运动员在短跑中阻力更小。长跑鞋可以有多达9个鞋钉,但鞋钉却要比短跑鞋钉更软更轻,以给运动员在长距离奔跑中减轻负荷。而大多数跳高鞋则有7个鞋钉且前后脚掌都有,能让运动员起跳时辅助发力。

激光瞄准练准心

再优秀的射击运动员,瞄准时枪支也会因手的抖动而晃动,激光瞄准测试系统,则能让运动员在平时及时了解自己技术动作上的偏差以进行调整。这个系统可以通过记录全程激光瞄准点的运动轨迹,来对运动员的技术动作进行现场快速反馈。同时,还能通过对运动员在每枪射击过程中的枪支晃动情况、瞄准时间、瞄准精度、瞄扣配合和击发时机等指标进行统计分析,从而对运动员的技术状态进行诊断和监测。

球场上方的"蜘蛛侠"

有没有觉得这届欧洲杯的转播镜头非常到位?让球迷在电视前更身临其境的幕后功臣,是每个球场上方都安装了的"蜘蛛摄像机"。这些摄像机经由球场对角线拉出的绳索被架在球场上空20米左右的地方,在电脑的控制下,它们只花三秒钟就能从球场的一端奔到另一端,还能够降到离球员头顶仅七八米的高度,并以不同的角度进行拍摄,哪儿有精彩的配合、哪儿可能越位,"蜘蛛侠摄像机"能瞬间到位拍摄。

资料来源:黄瀚玉,"赛场上的高科技",《环球企业家》,2012年7月。

二、经济制约体育运动的规模和水平

体育的发展离不开经济的支持,体育的发展速度和水平,受国民经济发展的规模、速度和水平制约,归根到底,还是由社会生产力发展水平决定的。

(一)经济为体育发展提供资金和物质条件

1. 体育的发展依赖于经济的发展

没有社会生产力的发展,没有经济为体育提供的资金和物质条件,体育的发展将是一句空话,这是已被中外体育发展史所证明了的一般原理。

历史上,欧洲之所以能够成为现代体育的主要发源地,其根本原因还是在于其生产力发展水平高,经济较发达。同时我们也永远不会忘记,由于旧中国政治腐败、经济落后,中华民族曾蒙受"东亚病夫"的耻辱。

新中国成立后,党和政府十分重视体育工作,把"发展体育运动,增强人民体质"作为一项重要任务。60多年来,我国体育事业随着社会生产力的不断发展,取得了巨大成就。从新中国成立初期的初立基业、一片空白,到冲出亚洲、走向世界。特别是党的十一届三中全会以来,随着改革开放的不断深化,我国的经济飞速发展,体育事业也取得了举世瞩目的好成绩。体育场地数量增长迅速,运动水平显著提升,国际大赛披金戴银,世界纪录屡被刷新……

中国体育取得如此辉煌的成就,与我们这个改革开放的伟大时代是分不开的。如果没有改革开放,没有国家经济的飞跃发展,我国体育能够取得如此辉煌的成绩吗？这一切都不难看出，体育是国家综合国力与实力的重要体现，是精神文明建设成果的重要展现。中国体育所取得的成就正是我们伟大的祖国经济强盛、政治稳定、社会进步、文化繁荣、团结和谐的生动体现，是改革开放30多年伟大成就的集中展示。因此，经济是体育发展的基础，而体育的发展也必然要求投入越来越多的资金和物质条件。

相关链接

我国体育场地发展概况

据第六次全国体育场地普查数据公报，截至2013年12月31日，全国共有体育场地169.46万个，用地面积39.82亿平方米，建筑面积2.59亿平方米，场地面积19.92亿平方米。其中，室内体育场地16.91万个，场地面积0.62亿平方米；室外体育场地152.55万个，场地面积19.30亿平方米。以2013年末全国大陆总人口13.61亿人计算，平均每万人拥有体育场地12.45个，人均体育场地面积1.46平方米。对比第五次全国体育场地普查（截至2003年12月31日），全国体育场地数量增加84.45万个，用地面积增加17.32亿平方米，建筑面积增加1.84亿平方米，场地面积增加6.62亿平方米；人均场地面积增加0.43平方米，每万人拥有体育场地数增加5.87个。

资料来源：国家体育总局，《第六次全国体育场地普查数据公报》，http://www.sport.gov.cn/n16/n1077/n1467/n3895927/n4119307/7153937.html。

你知道吗？

中国体育的辉煌成就

从1949年到2015年年底，中国运动员共获世界冠军3 129个，平均每年47.39个；创、超世界纪录达1 285次，平均每年19.46次。如果从1959年容国团在第25届世界乒乓球锦标赛上夺得新中国第一个世界冠军算起，则平均每年为55.88个。其中1979—2015年底改革开放36年期间，中国运动员共获世界冠军3 103个，平均每年86.17个；创、超世界纪录达1 111次，平均每年30.86次。

中国运动员在奥运会上的成绩也同样令世人惊叹。1984年我国运动员第一次重返奥运会就获得15枚金牌,2000年悉尼奥运会中国运动员获得28枚金牌,2004年雅典奥运会获得32枚金牌,2008年北京奥运会中国运动员获得51枚金牌,2012年伦敦奥运会获得38块金牌。

资料来源:编者根据相关报刊及网站资料整理。

2. 经济落后、资金短缺,也制约了体育事业的发展速度与发展规模

我国体育事业的物质条件在新中国成立以后虽然有了较大的发展,但是我们的体育事业毕竟起点太低了,因此我国体育事业发展的物质条件还是比较薄弱的。

一方面是体育经费少。1981年以前我国体育经费占财政支出为0.2%左右,人均约0.4元;1985年以来占0.4%左右,人均约20元。而早在20世纪90年代,德国的人均体育经费合人民币约200元,瑞士的人均体育经费合人民币约95元,法国的人均体育经费合人民币约27元,这些经济发达国家的人均体育经费均远远高于同一时期我国的人均体育经费投入①。

另一方面,由于体育经费不足,从而造成我国体育场地数量严重不足,设施陈旧落后。例如:20世纪90年代我国人均体育场地面积只有0.65平方米,就是到了2013年我国人均体育场地面积也只有1.46平方米。作为我国经济最发达的城市之一,上海2013年人均的体育场地面积也只有1.72平方米,远远低于发达国家的人均体育场地面积的数据。

造成我国体育资金短缺、体育场地数量严重不足、设施陈旧落后的原因,从根本上说,还是由于国民经济发展水平低、底子薄、人口多。体育投资、物质条件的增加,不能不受到经济发展水平的制约。因此,解决体育事业发展主要矛盾的根本途径就在于大力发展社会生产力,增加国民收入,从而为体育事业提供雄厚的物质基础。

(二) 经济制约用于体育的自由时间

首先,经济制约用于体育的自由时间,是通过经济制约消费结构的变化而实现的。

根据马克思生产与消费的理论,生产决定消费,我们这里讲的消费系指人们消费结构的内容。消费结构,即人们在消费过程中各种不同消费资料的组合关系和量的比例关系,而消费资料的组合关系,归根到底,是时间的比例关系。

---

① 资料来源:编者根据相关报刊及网站资料整理。

相关链接

我国与国际上发达城市体育场地总面积及人均体育场地面积的比较

城市	体育场地总面积（万平方米）	人均体育场地面积（平方米）	是中国2013年人均体育场地的倍数
中国(2013年)	199200	1.46	—
上海(2013年)	4 156	1.72	1.18
汉城①(2000年)	13 620	11.35	7.77
雅典(2004年)	7 227	14.45	9.90
洛杉矶(2001年)	23 907	18.39	12.60
巴塞罗那(2002年)	19 253	20.71	14.19
亚特兰大(2002年)	10 461	22.21	15.21
悉尼(2000年)	10 015	28.35	19.42

资料来源：朱文杰，《北京市体育设施法制环境现状和对策研究报告》，http://www.bjrd.gov.cn/rdzd/llyj/201108/t20110803_62859.html。

社会生产力的发展，不仅会改变人们的劳动方式，而且还通过劳动生产率的提高，消费品的数量和品种的增加而改变人们的消费结构，即用于生产劳动、工作和家务劳动时间逐步缩短，用于劳动者自由支配的时间逐步增加。随着人类社会经济的发展，消费时间结构的变化，参加体育活动的人数和时间必将越来越多，体育活动的内容也会日益丰富。医疗体育、娱乐体育和康复体育、保健体育……以及人们在追求美的同时，更加注意到形体美的需要。广场舞和各健美运动项目的兴起，也从一定程度上反映了用于体育活动方面的自由时间的增多和当代人们生活方式的变化。而这种消费时间结构的变化不仅会引起体育结构的变化，同时也必然会影响和制约人们总体有限时间结构的变化。

其次，消费结构的变化制约人们总体有限时间的分配。劳动者的总体有限时间，可分为工作时间和非工作时间。而工作以外的非工作时间又包括：上下班的往返时间；用于饮食、睡眠、个人卫生等满足生理需要的时间；家务劳动、教育子女的时间和闲暇时间。闲暇时间是劳动者非劳动时间中那部分由个人自由支配的时间，即个人充分发展的时间，简称"自由时间"。自由时间是完全由劳动者按自己的意愿支配，用于文化、娱乐、发展体力和智力，满足发展和享受需要的时间。

---

① 汉城为韩国首都首尔的旧称。

劳动者的体育活动一般是在自由时间里进行的。科学技术愈发达,劳动生产率高,劳动者用于工作和家务劳动的时间则会缩短,而劳动者用于自由支配的时间将会增加,从而使劳动者有更多的时间从事学习、娱乐、体育等活动,以实现劳动者体力与智力的全面发展。目前,我国劳动者自由时间的数量,虽经国家1994年3月和1995年5月两次颁令,缩短工作时间,但总体来看,自由时间还是偏少的,而自由时间偏少的原因,主要是家务劳动时间过长。因此,增加自由时间,主要的还是要解决缩短家务劳动时间的问题。而缩短家务劳动时间必经过社会生产力的发展,经济的增长和家务劳动的社会化,才能把劳动者从必要的繁重的家务劳动中解放出来,使之用于体育的自由时间逐步增加,从而为体育的发展开辟广阔的天地。当然,人们的自由时间也有个合理利用的问题,如何合理利用和安排自由时间,接受何种形式的活动,这相当大地取决于社会经济条件、文化教育水平、社会环境和道德风尚等。

你知道吗?

62个国家和地区法定节假日和带薪年休假天数比较

据对世界62个国家和地区法定节假日和带薪年休假的有关调查比较,62个国家和地区法定节假日平均为11.7天。中国(11天)排在并列33位,属中等水平。62个国家和地区工作10年的职工带薪年休假平均为19个工作日。中国(10个工作日)排在并列59位,仅高于泰国(6个工作日)和菲律宾(5个工作日)。

通过比较可以看到,我国法定节假日天数与世界平均天数非常接近,但职工带薪年休假与世界平均天数有较大差距,导致我国职工总体休假水平明显低于世界平均水平。

资料来源:朱剑红,"中国每年休息日总量平均达125天 超全年三分之一",《人民日报》,2013年12月12日。

(三)经济发展制约体育运动发展的规模和水平

1. 竞技体育的总体水平和一个国家的综合国力有关

国家盛则体育强,国家衰则体育败。这是社会生产力发展水平制约体育水平的生动写照。自有奥运会以来,经济制约体育水平的问题,虽然没有系统的理论,但仅以奖牌分布状况,对照各国经济发展的状况就不难看出两者的内在联系。

> **你知道吗?**
> **竞技体育水平主要取决于一个国家的经济和社会发展状况**
> 　　参加第 24 届汉城奥运会的 160 多个国家和地区,在获奖牌的 51 个国家和地区中,按金牌总数名次排列的前 26 个国家和地区,共获得奖牌 693 枚,占本届奥运会 739 枚奖牌总数 90% 以上,且大部分为经济发达国家。
> 　　在 1992 年的第 25 届巴塞罗那奥运会上,参赛的 172 个国家和地区中,按金牌总数的排列,名次前 20 个国家和地区,共获得奖牌 677 枚,占本届奥运会 815 枚奖牌总数的 83%,且绝大部分为经济发达国家。
> 　　在 2000 年悉尼奥运会上获奖牌的国家和地区共 52 个,其中发达国家 18 个,占 34.62%;共获奖牌 657 枚,占奖牌总数的 77.20%;发展中国家 34 个,占 65.38%;共获奖牌 194 枚,占奖牌总数的 22.80%;发达国家获金牌 226 枚,占金牌总数的 74.34%(共计 304 枚金牌);发展中国家获金牌 78 枚,占金牌总数的 25.66%;美国、俄罗斯、德国共获 85 枚金牌,占金牌总数的 17.96%[①]。此外,从 2004 年雅典奥运会、2008 年北京奥运会、2012 年伦敦奥运会奖牌分布情况也可以看到这一现象依然存在。这就不难看出,竞技体育水平主要取决于一个国家的经济和社会发展状况。

　　从我国来看也是如此,凡在全运会上获奖牌较多的、团体总分名列前茅的,均是国内经济较发达的省市。

　　影响竞技体育水平的因素是多方面的,其中包括文化教育水平,人口数量,民族身体素质,体育运动训练以及科研水平等因素。特别是在当今社会经济发展的条件下,体育运动的竞技水平,除了经济发展的制约性以外,越来越依靠运动训练的规模和水平,尤其是体育科技水平的影响。进入 20 世纪 80 年代以来,竞技体育水平之所以发展迅速,原因之一就是现代科学技术在体育领域的渗透和应用。在奥运会比赛中,选手夺得奖牌,不仅凝结着教练员、运动员的心血和努力,其中许多新的科学技术知识、新的检测手段以及生物学、生物力学、遗传学、运动医学、信息技术等现代科学的运用,都对运动竞赛成绩提高起了显著的作用。而这些现代科学的研究、开发、利用都需要投入大量的人力、物力、财力。从这个意义上说,奥运会不仅是世界体坛精英竞逐最高荣誉的场所,也是各国体

[①] 资料来源:编者根据相关报刊及网站资料整理。

育领域投入财力的竞争,而一个国家在提高竞技水平方面能投入多大财力,归根到底还是取决于生产力发展水平。

当然,经济对竞技体育水平的制约作用,不能简单地从机械的因果关系中去理解,竞技体育水平的高低是经济、政治、教育、文化、民族传统、人口等综合因素的体现。有时由于政治的需要,国家意志在这方面也起重要的作用。

相关链接

2004年雅典奥运会奖牌分布情况

国家和地区	获金牌		获银牌		获铜牌		获奖牌总数	
	总数	占%	总数	占%	总数	占%	总数	占%
发达国家	21	28.00	183	60.80	191	63.46	193	59.02	567	61.03
发展中国家	54	72.00	118	39.20	110	36.54	134	40.98	362	38.97
合计	75	—	301	—	301	—	327	—	929	—
美俄德	3	4.00	76	25.25	82	27.24	85	25.99	243	26.16

2008年北京奥运会奖牌分布情况

国家和地区	获金牌		获银牌		获铜牌		获奖牌总数	
	总数	占%	总数	占%	总数	占%	总数	占%
发达国家	36	41.38	189	62.58	207	68.32	207	58.64	603	62.94
发展中国家	51	58.62	113	37.42	96	31.68	146	41.36	355	37.06
合计	87	—	302	—	303	—	353	—	958	—
美俄德	3	3.45	75	24.83	69	22.77	79	22.38	223	23.28

2012年伦敦奥运会奖牌分布情况

国家和地区	获金牌		获银牌		获铜牌		获奖牌总数	
	总数	占%	总数	占%	总数	占%	总数	占%
发达国家	40	47.06	211	69.87	208	68.42	239	67.13	658	68.40
发展中国家	45	52.94	91	30.13	96	31.58	117	32.87	304	31.60
合计	85	100	302	100	304	100	356	100	962	100
美俄德	3	3.53	81	26.82	74	24.34	75	21.07	230	23.91

资料来源:编者根据相关报刊及网站资料整理。

你知道吗?

国家对竞技体育的投入与奥运会成绩的关系

韩国在取得1988年汉城奥运会主办权以后,政府财政连续几年投入150亿韩元(约合2 000万美元)。韩国在奥运会上金牌数从1984年的6枚增加到1988年的12枚,名次由第十位上升到第四位。

澳大利亚在取得2000年悉尼奥运会主办权以后,政府制定了一个6年发展计划。联邦政府每年1亿澳元(约合2 000万美元)。澳大利亚在奥运会上金牌数从1996年的9枚增加到2000年的16枚,名次由第七位上升到第四位。

为准备1996年亚特兰大奥运会,美国奥委会经费投入从1993年到1996年达到3.9亿美元。

美国在亚特兰大奥运会上金牌数从1992年的37枚增加到1996年的44枚,名次由第二位上升到第一位。

2012年伦敦奥运会英国获得29金、17银、19铜、65枚奖牌的惊人成绩,这个成绩的背后是英国政府对体育的投入。早在2005年英国成功申请到本届奥运会主办权的时候,英国体育局就向政府提出为培养和训练优秀运动员增加经费投资,让他们能在奥运会上有出色的表现。英国政府在第二年批准了该项建议,并一次性划拨3亿英镑,其中2亿英镑来自国家财政和国家彩票基金,1亿英镑来自私人和企业捐赠。此后,超过2.64亿英镑全部划归了英国队参加的27个奥运项目,其余则拨给残奥会项目。自1997年国家彩票基金开始为体育项目提供资金后,英国在各项国际赛事上奖牌数目直线上升。2004年雅典奥运会英国共为体育项目投入7 000万英镑,收获了30枚奖牌;2008年北京奥运会投入增加到2.35亿英镑,奖牌增加到47枚。一些经济学家说,多投入1.65亿英镑,多了17枚奖牌,所以,一枚奖牌价值约1 000万英镑。

英国索尔福德大学体育经济学教授福里斯特曾对媒体说如果要说一国在奥运会的表现与什么因素有关,任何东西都比不上资金投入,尤其是马术、自行车等耗资巨大的项目,没有国家投入根本无法开展,"在奖牌榜的位置如何有时要看这个国家有多富裕"。

资料来源:编者根据相关报刊及网站资料整理。

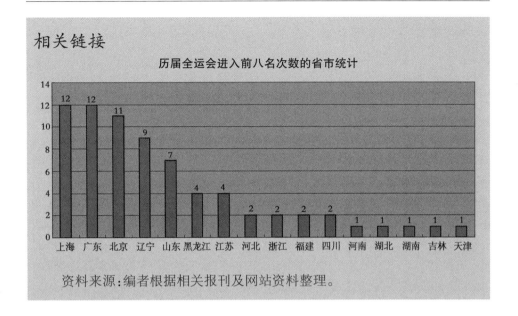

资料来源：编者根据相关报刊及网站资料整理。

2. 大众体育运动的规模和水平受人均国民收入的制约

一般地说,体育人口较多,体育意识较强,大众体育运动较为普及,水平较高的国家,都是经济较为发达、人均国民收入也较多的国家。可以想象,一个人若吃穿都没有解决,甚至温饱都成问题,怎么可能考虑花钱去从事跳国标、健美、减肥、看比赛等体育消费。

（四）经济发展水平制约大型运动竞赛的承办能力

现代运动竞赛,主要是指奥运会、亚运会、世界杯、全运会等大型国际性或国内的综合性体育赛事或单项体育赛事。现代运动竞赛的主要经济特点表现为：规模大,耗资多。

因为承办大型运动竞赛,需要有健全的体育场馆设施、优良的软件服务,以及各种配套工程,包括道路、交通、邮电、通讯、机场、港口……

现代运动竞赛具有较高的商业价值。尽管投入较多,但其直接和间接的效益还是相当令人垂涎的,但争办归根到底是各国经济实力的较量。一个国家或城市能否承办或举办大型体育赛事,主要看承办举办国或城市的体育场馆、交通、环境、体育水平、办赛能力等五大因素或条件,而这五大因素或条件均和该国或该城市经济发展水平有直接的关系。

由于大型运动竞赛开支大,故我国全运会以前不采取争办形式,而是有上海、北京、广东轮流承办。从十运会开始,全运会也引入争办机制,通过公开招标决定全运会的承办权。

> **你知道吗?**
>
> **现代历届奥运会的耗资情况**
>
> | 年代 | 地点 | 耗资情况 |
> |---|---|---|
> | 1964 | 东京 | 30 亿美元 |
> | 1972 | 慕尼黑 | 20 亿马克 |
> | 1976 | 蒙特利尔 | 14 亿美元 |
> | 1980 | 莫斯科 | 8 亿卢布 |
> | 1984 | 洛杉矶 | 4.69 亿美元 |
> | 1988 | 汉城 | 25 亿美元 |
> | 1992 | 巴塞罗那 | 15.7 亿美元 |
> | 1996 | 亚特兰大 | 17 亿美元 |
> | 2000 | 悉尼 | 15.6 亿美元 |
> | 2004 | 雅典 | 100 多亿欧元(约 120 亿美元) |
> | 2008 | 北京 | 193.43 亿人民币(审计结果,不含市政建设费用) |
> | 2012 | 伦敦 | 政府预算是 93 亿英镑(约 145.28 亿美元) |
>
> 资料来源:编者根据相关报刊及网站资料整理。

三、现阶段我国体育的经济特征

(一)社会主义初级阶段理论是研究我国现阶段体育经济特征的立足点

社会主义初级阶段的基本经济特征主要表现为:社会生产力水平比较落后,商品经济不发达,生产社会化程度不高,公有制为主体其他多种所有制形式并存,按劳分配为主体其他多种分配方式并存。社会主义初级阶段的主要矛盾是人民日益增长的物质文化需要同落后的社会生产之间的矛盾,社会主义初级阶段的根本任务是发展生产力。体育的发展与改革必须从社会主义初级阶段的实际出发。

(二)社会主义初级阶段条件下体育的经济特征

1. 多元化体育体制并存发展

由过去高度集中、形式单一的体制,逐步转向多形式、多渠道、多层次的竞争体制,表现为所有制的多元化和经营方式的多元化。目前在我国的体育部门所有制形式是多元化的,国营、集体、个人、私营、外资、中外合资等各种经济成分均活跃在我国的体育市场上。经营方式也是多元化,公益性体育服务与经营性体育服务同时并存我国的体育服务领域。

2. 与市场经济的关系日益密切

通过发展体育运动,提高劳动者素质,培养拼搏精神;利用运动竞赛传播信息扩大商品销售;为社会提供体育服务商品,满足消费者的需要;促进和体育有关的产业的发展等为市场经济发展提供服务。同时,体育的要素全方位进入市场,竞赛、表演、培训、咨询、无形资产的开发等都可以采用招标、拍卖等市场经济的手段来运作。

3. 体育发展布局的不平衡性

由生产力发展水平和经济发展水平的不平衡性,带来体育发展布局的不平衡性。一般地说,城市体育发展水平要高于农村体育发展水平,沿海地区体育发展水平要高于内地体育的发展水平。

4. 体育发展目标的有限性

在社会主义初级阶段,我国体育发展有两个国家战略计划:一是奥运争光计划;二是全民健身计划。这两个国家战略计划的实施及协调发展,要受到各种因素特别是经济因素的制约。

5. 对体育强国的若干思考

什么叫体育强国？体育强国有没有标准？奥运会金牌大户是否就是体育强国？关于这些问题专家学者从不同的角度给予不同的回答。一般认为体育强国是一个综合性的概念,其主要表现在:竞技体育的水平、国民的素质、体质、运动场所、老百姓的体育意识、参与体育的程度、个人在体育消费上的支出水平、体育产业发展程度等方面。竞技体育成绩显著只能称为"体育大国"。因为体育强国不仅仅是体育部门的事,也不只是拿几块金牌而已,而是一个国家(或地区)政治、经济、科学、教育、文化等各项事业全面发展的综合反映。只有经济发展了,群众体育普遍开展起来了,体育设施改善了,竞技体育运动的水平提高了,那时才能够称为真正的体育强国。

> **相关链接**
>
> **体育强国的内涵**
>
> 体育强国是指体育事业的总体发展水平在世界上处于一流或前列的国家。虽然现在国际上还没有关于体育强国的评价体系,然而成为世界体育强国至少应当满足 3 个必要条件,即在群众体育方面,年满 20 岁的成年人中体育人口占 45% 以上;在竞技体育方面,奥运会的奖牌数和成绩名次进入前 8 名;在体育产业方面,GDSP 占 GDP 的比重 1.5% 以上。当然,还有学校体育、体育俱乐部、人均体育场地、体育科学研究等方面的指标需要进一步研究。
>
> 资料来源:周爱光,"'体育大国'与'体育强国'的内涵探析",《体育学刊》,2009 年第 11 期。

第二节 体育的经济功能

体育的功能是多方面的,有生物的,也有社会的。就社会的功能来说,有政治的、经济的、教育的、娱乐的功能。

一、体育经济功能的内涵

经济制约体育,体育对经济的发展有反作用,即体育的经济功能。所谓体育的经济功能,就是指体育在促进社会经济发展中的各种能力,或者说,就是通过体育服务的生产与交换,经过体育的主体——人——的消费而对社会物质生产部门、非物质生产部门以及人们生活消费所产生的各项经济机制的总和。它是体育经济学研究的基本理论问题之一。

马克思主义认为,生产劳动同智育和体育结合,不仅是提高社会生产的一种方法,而且是造就全面发展的人的唯一的方法。这就充分说明体育是实现社会主体——人——的全面发展的必要的手段和方法之一。在造就全面发展的人的事业中,体育发挥的作用如何,是衡量体育价值的根本尺度、最终尺度。这就充分肯定了体育在社会经济运行中的地位和作用——即我们所研究的体育经济功能。

体育作为促进人的全面发展和提高社会生产力的方法,这两个方面是相互联系和相互统一的,它统一在社会主义劳动者身上。在社会主义社会中,人是社会的主体,人的发展是社会一切活动的根本目的;同时,人又是社会生产力要素中的根本要素。而体育的一切运行机制又恰恰是作用在这一社会主体和社会生产力的基本要素上。这主要表现为劳动者体力和智力的全面发展以及劳动力质量的提高,体育的经济价值和经济功能的深刻内涵正在于此。因此,在研究体育的经济价值和经济功能时,一方面要牢记体育服务的生产要满足人的需要,实现人的自由全面发展;另一方面,也要充分发挥体育的经济功能,不断发挥其提高社会生产力、促进经济增长的作用。过去我们一直认为体育是一个纯消费部门、娱乐部门,一般只注重其强身健体、延年益寿、观赏娱乐等方面的功能,而对体育的经济功能研究不够。现在我们研究体育的经济功能,就是为了破除这种陈旧的观念,也是为了充分揭示体育在促进国民经济发展中的作用,从而让全社会来重视体育工作以及增加对体育部门的投入。

二、体育经济功能的主要表现

(一) 体育在劳动力再生产中的作用

历史唯物主义认为,物质资料的生产和再生产过程,是物质资料生产、再生产与人类自身生产、再生产的相互制约的统一。物质资料生产是人类生存和发展的基础,也决定着人类自身的生产。而人类自身的生产又是物质资料生产和再生产的必要前提,反过来又会影响物质资料生产的发展。体育对物质资料生产发展的作用,集中到一点,就是体育服务产品的生产、交换、消费过程对劳动力生产和再生产的作用。那么,体育对劳动力生产和再生产有什么作用呢?概括起来说,主要表现在体育是发展和保护劳动力、提高劳动力质量,特别是提高劳动力身体素质的重要因素。

1. 劳动力和劳动力素质

所谓劳动力是指人们征服自然、改造自然的能力,即生产某种使用价值时所运用的体力与智力的总和。劳动力的素质包括身体素质、文化技术素质、思想道德素质。体育经济功能的特点,主要表现在提高劳动者的身体素质上,而劳动者的身体素质主要表现在以下三个方面。

(1) 健康状况。健康状况是指劳动者生理机能运转的能力,无病、生理机能正常运转,称之为健康;健康还表现为人体对疾病的抵抗力和对外界环境的适应力。因此,患病率和对外界环境的适应率是衡量劳动者健康状况的重要指标。

(2) 体力和精力状况。体力和精力是劳动者进行劳动和运动的动力,它和劳动者的健康状况密切相关。它是劳动者进行劳动和工作、训练并提高效率的先决条件。

（3）生命力和寿命的状况。生命力和寿命是劳动者生存能力的表现。它是前两种素质的延续和效果归宿，是劳动者进行劳动、工作、运动、训练的有效性的先决条件。

劳动者身体素质的提高，一靠物质条件，增强身体营养；二靠体育锻炼。而劳动者身体素质的提高，又是劳动者文化素质和思想素质提高的物质基础。因为人体是一个有机的整体，人的身体素质不仅直接决定体力活动的质量，而且也直接影响着脑力活动。身体素质好，可以有更多的时间、充沛的体力和精力从事科学技术的学习和研究。著名的科学家居里夫人常说："科学的基础是健康的身体。"法国的启蒙思想家卢梭也说过："如果不活动，我几乎不能思维。因此，必须使我的身体处于动态，我的思想才能开始活动。"毛泽东培养人才的"四好"标准，即智育、德育、体育、美育，早已作为我国培养人才的标准，这就决定了体育在社会发展、物质生产和再生产中的地位和作用。

2. 体育在劳动力生产和再生产中的作用

体育教育、体育训练、体育各项活动的实践证明，体育对于劳动力的生产和再生产具有六大重要作用，即具有"培养""修理""保护""增强""恢复""延长"劳动力的作用。

（1）体育可以培养劳动力。所谓"培养劳动力"，是指体育在劳动力成长过程中所起的作用。社会主义教育的根本任务是把千百万青少年培养成"德、智、体、美"全面发展的"四有"新人。体育教育在实现这一教育目标上具有不可替代的作用。劳动者要具有健康的体魄、旺盛的精力、健美的体态、反应灵敏的身体素质，除了通过体育服务产品消费给予的精神享受和满足以外，还需要亲自参与科学的体育活动方能达到。同时，劳动者的意志品质、思想意识的提高，也是劳动力的重要素质。参加体育训练、体育活动、体育比赛，可以培养锻炼劳动者的坚强意志、拼搏精神、集体主义观念和爱国主义的热情。所以，体育服务产品和体育实践在劳动力的成长过程中具有一种不可替代的作用。体育不仅为社会主义现代化建设提供健康的劳动力，而且也为劳动力繁衍后代、提高中华民族身体素质奠定了先天基础。

（2）体育可以"修理"劳动力。所谓"修理劳动力"，是指体育锻炼对劳动者的某些疾病具有医疗和康复作用。对于现代社会的某些疾病，如冠心病、高血压、糖尿病、肥胖症、肺气肿、内脏下垂、四肢损伤、颈椎病、肩周炎、严重的脊髓损伤等，体育疗法的效果是其他方法所不能代替的。目前国内外通过体育锻炼治疗某些疾病的事例不胜枚举。如在全国各地或国外广泛开展的冠心操、降压操、太极拳、气功、练功十八法以及各种医疗体操等。

（3）体育可以保护劳动力。所谓"保护劳动力"，是指体育服务产品消费和体育锻炼在维持劳动力正常发挥过程中的作用。经常观赏体育表演和参加体育锻炼的劳动者，能够不断改善人体机能的状况，减少疾病发病率，保证劳动者的机体正常运转。同时，积极参加体育锻炼可以使劳动者保持身体强壮、精力充沛、肢体灵敏、动作协调，在劳动操作过程中减少生产事故和伤亡事故的发生。

此外，在现代社会的生产分工条件下，劳动分工越来越细，在劳动过程中人们往往重复单调、机械的动作，容易使劳动者的肢体局部过度疲劳而造成局部机体组织的损伤、病变或畸形发展，从而形成"职业病"。某些体力劳动者长期缺乏全身性的活动，心、肺等内脏功能下降，也会使体质变弱。而坚持体育锻炼，可以使全身肌肉和关节得到活动，促进血液循环和新陈代谢，防止和减少职业病的发生。

（4）体育可以增强劳动力。所谓"增强劳动力"，是指体育在提高劳动者原有身体素质过程中的作用。如经常参加体育锻炼，可以不断改善人体各器官、系统的功能，增强肌肉收缩力量，使劳动者的身体更加强壮有力，能承担各种繁重、艰苦的工作；可以不断提高劳动者大脑的反应速度和能力，促进劳动者智力的开发；可以不断提高呼吸系统的功能；可以促进神经系统的发育，提高神经系统的灵敏性。此外，积极参加体育锻炼还可以增强消化系统、泌尿系统的功能。总之，要达到上述各器官功能增强的目的，只有参加体育锻炼，别无捷径可走。

（5）体育可以恢复劳动力。所谓"恢复劳动力"，是指体育在劳动者消除疲劳、恢复和保持原有体力和精力过程中的作用。由于劳动者参加各项劳动、工作、活动，无论体力和脑力都会有较大的消耗，产生疲劳，需要尽快地恢复，以保证劳动力回到正常发挥的状态。体育运动由于它本身的游戏性、竞赛性、艺术性、娱乐性的特点，决定了劳动者参加体育活动，可以达到娱人娱己的效能。无论是参与者还是观赏者，都可以得到精神上的享受和自我满足的心理平衡。所以，无论是参加还是观赏体育活动，都能起到愉悦身心、活泼情绪、丰富文化生活、保证积极充分休息、恢复劳动者身心平衡的作用，使劳动者以充沛的体力和精力参加下次的劳动、工作及其他各项活动。

（6）体育可以延长劳动力。所谓"延长劳动力"，就是指适度的体育活动可以延长劳动寿命。随着年龄的增长，人的机体会不可避免地走向衰老，各器官、系统的功能趋于减弱，身体的活动能力和运动能力逐渐降低，对自然界的适应能力和对疾病的抵抗力也逐渐降低。坚持合理、科学的体育锻炼，可以延缓机体衰老的过程，不但可以预防多种老年疾病的发生，还可以延长劳动寿命。

(二) 体育在经济增长中的作用

经济增长的决定因素是生产力的发展,是劳动生产率的提高。因此,是否有利于生产力的发展是我国现阶段考虑一切问题的根本出发点,也是衡量一切工作成败的根本标准。从这一理论出发,通过对目前我国体育与经济内在和外在联系的分析,可以认为体育对经济增长的作用及其方式主要有如下三个方面。

1. 渗透式

体育是全面提高劳动者素质的重要手段。如前所述,体育具有培养、修理、保护、增强、恢复、延长劳动力的功能,这些功能可以通过提高劳动者的出勤率和劳动效率、培养劳动者的凝聚力和企业精神等途径渗透到国民经济各部门中去,从而促进整个国民经济的增长。

2. 相关式

相关式是指与体育服务产品的生产、交换、消费相关的其他经济关系,借助于体育可以得到相应的经济增长。因为体育的存在与发展,尤其是举办国内外的大型体育赛事,能够极大地增加对各类运动产品的需求,从而促进运动器材、运动服装、运动鞋、运动饮料食品等产业的发展。

3. 依托或联姻式

依托或联姻式是指依托在体育领域中、与体育联姻合办的其他行业,如体办产业、体办商业、体办旅游、体育饮食服务业等。这些既是体育发展的必要条件,又是体育发展对经济增长的作用。此外,体育的发展还有提高企业知名度、扩大产品销售渠道等作用,这也是联姻的形式之一。

总之,这三种方式充分提示了体育发展社会生产力、促进国民经济增长的经济功能,也为人们正确认识体育在国民经济中的地位和作用扩大了视野。

相关链接

联想赞助奥运会以后

- 品牌知名度平均提升了 6 个百分点(从 62% 提高到了 68%)
- 品牌美誉度提升了 9 个百分点(从 53% 上升到了 62%)
- 市场占有率提升了 4 个百分点(从 32.7% 增长到了 36.7%)
- 品牌价值提高了 300 亿元人民币(从 307 亿元提高到 607 亿元)
- 总体认知度提高了 4 个百分点(从 62% 提高到了 66%)

资料来源:陈绍鹏,《奥运营销启动三年联想品牌增值 300 亿》,http://www.showpp.com/ppnews-7150/。

(三) 体育对第三产业发展的作用

体育是一个产业部门,而且属于第三产业涵盖的内容。因此,体育对第三产业的作用,是指第三产业内部各产业部门之间的互补作用或者说相关作用。概括起来有两组相关互补作用。

1. 促进交通、邮电、通讯以及整个市政建设的发展

体育事业的发展与交通运输业、邮电、通讯业(包括电视转播)以及整个市政建设之间的关系是一组相关互补的姐妹行业或部门。它们之间的作用之所以相关互补,就是一方的发展必然要求另一方面的存在和发展。因为发展体育运动,特别是承办大型体育赛事,不仅要求具备相关的体育场馆设施,而且需要各种各样的生活服务设施与之相配套。如道路、机场、宾馆、饭店、邮电通讯、电视转播等设施配套。这就必然促进交通运输业、邮电通讯业等相关产业的发展。

2. 促进旅游、饮食、服务、商业等相关第三产业的发展

体育运动的发展,对旅游业、饮食业、服务业和商业发展的促进作用,是第三产业中第二组相关互补的行业关系。因为,各种大型体育活动,特别是国际性、世界性的体育赛事,如奥运会,参赛运动员达万人之多,加上裁判员、新闻记者、各国贵宾、其他工作人员,可达几万人之多,再加上观众、游客、各国拉拉队,可达几十万乃至上百万人之多。要解决这么多人的吃、住、用、行、参观、游览的生活需要,就必须开设旅馆、饭店、开发旅游区,兴办各种服务业、饮食业和商业,以满足上述人员的生活需要。如果这些行业不发展,体育运动比赛也只能是空中楼阁。所以,在体育发展对这部分第三产业起着促进作用的同时,它们也对体育的发展同样起着促进辅助作用。

相关链接

广州变大了

深夜,媒体班车飞速穿梭于寂静的街道,城市已沉睡,高速公路上路灯寥寥。从亚运会乒乓球赛场广州体育馆驶回位于番禺的媒体村,耗时近1小时,抵达时已是凌晨。不禁想起一位广州同行微博里的一句话:每天,我们的人生有145分钟在各色班车上……

> 广州亚运会让每个参与者亲身丈量着一座城市的距离。53个体育场馆和19个训练场馆,辐射状、发散性的场地安排,将它们串联起来的,是大量新建的城市基础设施和交通网络。据广州市市长万庆良透露,举办亚运会和亚残运会的总投资,预计将超过1 200亿元。而广州市财政局局长给出的明细账里,新开通5条地铁线就花了547亿元。
>
> 发展过快,连广州市民都跟不上脚步。白天,搭地铁赶采访,一位广州阿婆拉着我询问:"我从二号线换三号线,要怎么走?"我看着车厢中的站点示意图按图索骥,边说:"阿婆,我不是广州人,我只能帮你看看。"阿婆乐了:"无所谓啦。现在地铁好多都没坐过,就算是广州人,也不一定熟悉!"
>
> 有一句宣传语说,亚运城是亚运带给广州最大的礼物。从2007年亚运城开始建设以后,番禺的发展潜力被衬托出来。随着各项市政配套设施的跟上和地铁的开通,番禺与市区的距离迅速拉近。而当整座城市结束因亚运而引发的城市建设"阵痛"后,广州变大了。
>
> 广州市委书记张广宁说:通过筹办亚运,广州的城市建设加快了5—10年,换句话说,广州市民提早5—10年享受到了城市建设现代化的成果。
>
> 资料来源:俞剑,"广州变大了",《新民晚报》,2010年11月17日。

(四)体育在增加就业机会中的作用

1. 增加体育部门的就业岗位

体育产业的市场运作需要各种各样的劳动者,这为拓宽社会就业的渠道提供了机遇。由于体育产业属于服务性行业,因此相对于其他部门来说,体育部门可以吸纳更多的劳动者。

2. 增加和体育有关的工业部门的就业岗位

由于体育运动的发展,增加了对运动服装、运动鞋、运动器材等和体育有关的工业部门产品的社会需求,因此这些企业的生产规模会随之扩大,因而对劳动者的需求也会相应增加。

3. 增加其他行业的就业岗位

由于体育运动的发展,增加了对第三产业相关服务产品的社会需求,推动了第三产业的发展,因而第三产业相关部门对劳动者的需求也会相应增加。

> **你知道吗?**
>
> **体育产业对就业的贡献**
>
> 英国的体育产业为经济提供了 760 000 个就业机会,这个数字相当于英国整个化学工业和人造纤维工业的就业人数,超过了英国煤炭、农业、汽车制造工业的就业人数。1988 年汉城奥运会和 1992 年巴塞罗那奥运会分别为举办城市创造了 33.6 万和 35.6 万个就业机会。2000 年悉尼奥运会为经济提供了 15 万个就业岗位,其中 3 万多人投入了设施建设,超过 10 万人被雇佣到组织各项赛事。2008 年北京奥运会为我国创造了 210 万个就业机会。
>
> 资料来源:编者根据相关报刊及网站资料整理。

(五) 体育对提高人们生活水平的作用

体育是社会主义两个文明建设的重要内容,是提高劳动者身体素质、促进生产力进一步发展、进行物质文明建设的重要手段,也是建立文明、健康、科学的生活方式,提高人民的生活水平、生活质量的重要途径。体育对提高人民生活水平和生活质量的作用主要表现在以下几个方面。

1. 体育可以丰富人民精神生活、文化生活的内容

改革开放以来,我国坚持以社会主义市场经济为取向的改革,使经济飞速发展。经济的发展给社会生活方式带来一系列新的变化。在体育方面的重大变化,就是体育活动的内容更为丰富多彩。现在体育活动的内容是传统项目与现代项目并举,娱乐、旅游、商贸与体育结合,中西体育结合,体育与文化融为一体,而过去只是做体操、打球、爬山、游水等。改革开放以来,人们的价值观念、社会习俗以及生活方式、思维方式都在发生新的变化,健康、文明、科学的生活方式为广大人民所接受,因而体育活动项目的单一化已被体育发展的多样化所代替,如台球、保龄球、门球、地掷球、网球、健身、健美、路跑等体育项目,已在我国人民群众中广为接受,有的地区已广泛开展,真可谓五彩缤纷、丰富多彩。由于体育的发展,很多传统项目更加活跃,如龙舟、舞狮、舞龙、武术、气功等也是内容多样。再加上人们利用节假日、庆典、商贸活动与体育结合在一起,满足人们的生活需要,如春节体育联欢、元宵节体育晚会、国庆大典体育表演等。以商贸、体育结合形式开展的深圳"荔枝节"、广州的"中华百绝博览会"、天津"月季花节"、河北廊坊第什里的"风筝节"等,体育也都成了其中的活动内容。各地的群众体育活动更是百花争艳,热闹非凡。

2. 体育是提高人民生活质量、科学安排闲暇时间、满足人们精神生活需要的重要手段

改革开放以来,随着社会主义市场经济的发展、竞争意识的加强,要求人们的生产劳动和工作过程必须走向高度的自动化、电子化、信息化,使劳动与工作的时间大大地缩短,这样人们的闲暇时间就相对增多。据有关资料统计,目前世界上经济发达国家的节假日正随着经济的发展而不断增加,如美国的节假日全年一般为 132 天,英国 136 天,法国 144 天,日本 166 天。我国从 1994 年 3 月起,政府颁令实行新工时制,职工每周工作 44 小时。1995 年 5 月起,我国职工实行每周 40 小时工作日,即实行"双休日",从而增加了休闲时间。闲暇的安排是自主的,休息的方式方法是多种多样的。随着人类社会的进步和生活文明程度的提高,人类愈来愈关注自身的健康。世界各国愈来愈把有益的健身锻炼作为科学安排闲暇时间必不可少的内容。这就充分证明体育是提高人民生活水平、提高生活质量、科学安排闲暇时间、满足人们机体和精神生活需要的手段,成了人们健康、文明、科学生活方式的重要组成部分。

3. 体育是提高人口素质、防治"文明疾病"、延年益寿的有效方法

随着社会生产力和科技革命的发展、经济的增长、人民生活水平的提高,体育对提高人口素质、防治"文明疾病"、延年益寿的作用愈来愈突出。随着新科技革命的发展,生产过程、工作过程的自控程度将愈来愈高,高强度、高效率、快节奏已成为人们生活的节拍。这就要求人们知识更新的周期更快更短,不仅具有开拓精神和创造力,而且还要求具有健康的身体和充沛的精力。而体育作为研究人体及其智能培养、发展、保护、恢复、维持和开发的科学,在现代智能社会、信息社会里对提高人口素质的作用就显得格外重要。同时,智能社会、信息社会也给人们的生活带来了另一方面影响,就是使人们从沉重的体力劳动和工作中解放出来,这无疑给人们带来了幸福。但是,由于体力劳动日益减少,脑力劳动日益增多,必然造成体育运动缺乏,人的机体逐渐衰退,加上随着生活水平的提高,人体对脂肪和动物蛋白的摄取量过高,导致许多"文明疾病"(如冠心病、糖尿病、高血压、肥胖症等)的发病率增高。所以,发展体育运动,增强人民体质,已成为世界各国防治"文明疾病"、延年益寿的有效方法。

[**本章思考题**]
1. 试述社会经济发展状况与当代体育特点的关系。
2. 概述体育的发展与经济发展的关系。
3. 体育在劳动力再生产中具有哪些作用?

4. 概述体育在经济增长中的作用。

[本章练习题]
1. 概述体育与经济的关系。
2. 举例分析体育的经济功能。

[本章案例]
北京冬奥会　小投入大产出

申办冬奥会,经济账不可避免成为焦点。

2014年,索契为冬奥会付出了500亿美元的开支。这一次,北京为2022年冬奥会准备的赛事编制预算约为15.6亿美元,而场馆建设预算约为15.1亿美元,其中65%由企业投资。

北京冬奥申委财务及市场开发部副部长周星在此表示,15.6亿美元的赛事编制预算为"平衡预算",赛事运营费用和赞助商赞助以及门票、品牌等其他收入基本持平。北京冬奥会不亏钱,也不赚钱。

但是在体育产业专家看来,北京冬奥会肯定是"盈利"的。有关专家说:"冬奥会本身虽然不赚钱,但是冬奥会对冬季项目的发展、中国竞技体育结构以及京津冀一体化建设带来的效益和影响是长远而巨大的。"

竞技体育将现"新增长点"

从体育大国向体育强国转型,一直都是中国体育的目标和方向。专家认为,2022年冬奥会的举行,将是一个非常好的"触发点"。

怎样才算是体育强国?足球、篮球和排球这三大球必不可少,但冬季运动作为奥林匹克的"半边天",在全世界范围的影响力和主导力不可忽视。

"我们在冬季项目上还只局限于短道速滑、速度滑冰或是空中技巧等个别项目,但是在欧美人垄断的大多数雪上项目上,依旧有不少空白。"专家说,但是冬奥会的举办,会带来结构性的变化,基础就是冬奥会向国际奥委会承诺的"推动3亿人参与冬季项目"。

专家强调说,3亿人涵盖了中国20%以上的人口,这将在东北三省之外再普及2亿左右的冬季项目参与者。其实在冬奥会申办期间,各种以冰雪为主题的群众体育项目已经在全国范围内开展,这也使得已经进行多年的"北冰南展"计划得到了加速。

据悉,冬季项目的推广和发展第一次被写进了"十三五"规划的草案中。这也表明了中国大力发展冬季奥运项目的决心。专家表示:"如果冬季项目水平能发展,这对于中国竞技体育在世界上的影响力而言,会是一个巨大的进步和补充。"

"白色产业"收益将成倍增长

3亿人参与冬季运动,将带来怎样的效应?体育产业专家,给出的答案是"不可估量"。

专家谈道:在瑞士、芬兰、挪威等冬季项目发达的国家,冰雪经济的回报非常丰厚。"因为涉及体育、旅游、文化等多方面,所以冬季项目将是一个非常长的产业链,具有很长的延展性。而滑雪场将在这里起到引领性作用。"

根据最新的数字,现阶段全世界范围内共有滑雪场6 000余个,每年带来7 000亿美元的受益。目前,中国的滑雪场数字在500个左右,年收入为100亿元左右。专家做出大胆预测,2022年冬奥会将使得滑雪产业蓬勃发展,收入将成倍增长。截至2014年末,我国滑雪人数约为500多万,但是等到市场成熟时,这个数字有望达到3 000万,以每人每年滑雪2—3次估算,滑雪人次将达到7 500万左右。"中国的市场是巨大的,现在还处在萌芽阶段。"专家说。

在冬奥会筹备期间,滑雪产业效应已经显现。在举办地崇礼,滑雪经济为当地贡献的GDP达到了80%以上,带来的收入在2013—2014年间就增长了80%。专家介绍说,即便是身处南方的浙江、安徽、四川和江苏等省市,开建或者已建的滑雪场也有几十个。而在上海,青浦正在筹建一个世界上最大的室内滑雪场,北冰南展的成果已经初显。

除了滑雪场之外,一些冰上项目如冰球、花样滑冰、冰壶等项目也在近年来走进越来越多的商场和学校,专家说,"这会催生很多配套的场馆和附加产品,市场潜力值得期待"。

京津冀经济转型大发展

在北京冬奥申委的陈述中,北京市市长王安顺强调,冬奥会已被写入京津冀协同发展国家战略和京、冀地区发展长远规划。

专家认为,冬奥会的举行将会是一个非常好的机遇,促进三个地区经济抱团发展。

城际高铁是第一步。北京冬奥会,张家口至北京之间的高铁将建成,50分钟的路程,将大大改善张家口的基础设施。"路通了,顺了,来滑雪、旅游、投资的人自然就来了。"专家介绍说,民间资金对于滑雪场的投资热情这几年来日益高涨,北京冬奥会65%的比赛场就来自市场。北京冬奥会举行之后,随着张家口滑雪场日趋成熟,冰雪小镇的概念也会慢慢兴起,这会吸引更多民间资本的关注和投入。

根据国家《关于加快发展体育产业促进体育消费的若干意见》,到2025年,中国体育产业总规模将超过5万亿元,成为推动经济社会持续发展的重要力量。专家认为,冬奥会的举行,将改变京津冀三地经济结构,促进经济大发展,真正惠及民生。张家口市市长侯军对此也充满了期待:"冬奥会会使张家口市知名度大大提高,和北京之间的差距也会越来越小。"

专家说:"北京申办冬奥会,是一堂成功的城市'理财'课。办赛事要开动脑筋,反复算账,确保投入最低,收益最大。"

资料来源:龚洁芸,"北京冬奥会 小投入大产出",《解放日报》,2015年7月31日。

[案例思考题]
1. 申办冬奥会为何要算经济账?
2. 北京冬奥会为何能做到力争不亏钱?
3. 你认为2022年北京冬奥会将会产生或具有哪些经济功能?

第三章
体育产业与体育服务生产

本章学习要点

- 生产劳动与非生产劳动划分的标准
- 体育部门工作者的劳动属于生产劳动的原因
- 体育产业的基本含义及相关概念之间的关系
- 国内外体育产业发展的概况
- 体育服务的含义、分类及体育服务产品的特点
- 体育服务劳动过程的特点

体育产业是我国20世纪80年代出现的一个新概念,它既是我国体育运动在新的历史条件下发展的产物,也是人们对体育部门生产性质认识深化的结果。承认体育是一项产业,这是体育经济理论研究的基石,对于阐明体育事业中一系列经济问题具有重要的意义。

第一节 体育是一个产业部门

一、体育部门的生产性质

(一)生产劳动与非生产劳动划分的标准

关于什么是生产劳动,什么是非生产劳动,两者划分的标准是什么,我国长期以来流行的观点是:凡是生产物质产品的劳动就是生产劳动。依照这一观念,体育事业与教育、卫生、文化等事业一样,都不生产实物产品,均属非生产部门。在这一理论指导下,我国体育事业一直被视为非生产性的纯消费性事业,并作为纯社会公益事业来看待。

20世纪80年代初,我国经济学界展开了一场关于生产劳动与非生产劳动问题的理论大讨论。这场大讨论无论就其规模、广度和深度,还是与我国经济实践结合的紧密程度来看,都是前所未有的。除了原有的对生产劳动与非生产劳动的观点外,更多的学者对生产劳动与非生产劳动理论提出了更加接近当代经济发展现实、更符合马克思著作论述的新见解。多数学者认为,马克思在其著作中是从劳动的自然形式和社会形式这二重见地来分析生产劳动问题的,对生产劳动下了两个不同的定义。

从劳动的自然形式来考察生产劳动,也就是从劳动的简单过程来分析生产劳动,就是撇开劳动过程的社会形式(生产关系),把劳动过程看作一个单纯的人类改造自然的过程,即一般劳动过程,其形式是人与自然的作用,其内容是物质变换,其结果是形成物质产品。因此从简单劳动过程(即一般劳动过程)来看,生产劳动就是生产物质产品的劳动,这一生产劳动概念适用于一切社会形态。

马克思在分析了从简单劳动过程角度考察的生产劳动之后,又紧接着指出:这个从简单劳动过程得出的生产劳动的定义,对于资本主义生产过程是绝对不够的。因为,对生产劳动还必须从劳动的社会形式来考察,也就是从社会生产关系的角度来考察。资本主义的生产劳动除了劳动的物质规定性以外,还要加上一重社会生产关系的规定性,社会生产关系的规定性是资本主义生产劳动更为重要的具有决定意义的本质特征。由于资本主义生产关系的本质和特征是资本剥削雇佣劳动,资本主义生产的直接目的不是生产商品,而是生产剩余价值或利润,它所生产的不是产品,而是剩余产品。因此,在资本主义生产关系条件下,劳动只有在为资本创造利润或剩余产品时,才是生产性的。如果工人不创造这种东西,他的劳动就是非生产劳动。据此,马克思给资本主义生产劳动又下了一个简短而明确的定义:"什么是生产劳动呢?就是创造剩余价值的劳动。"①这是一个从社会生产关系角度进行考察而得出的生产劳动的定义。

马克思关于生产劳动与非生产劳动的上述观点和研究方法,对理解社会主义社会里的生产劳动具有指导意义。马克思关于生产劳动的定义告诉我们,某种劳动是不是生产劳动,与其所生产的产品是否具有实物形式无关,而是取决于这种劳动是不是实现该社会生产目的的劳动。我们在探讨什么是社会主义生产劳动时,也应遵循马克思的上述基本思路和研究方法。

社会主义是以生产资料公有制为主体的劳动者当家做主的社会,社会主义生产是为了满足社会全体成员日益增长的物质和文化生活的需要。因此,依据马克思划分生产劳动与非生产劳动的理论和方法,可以把社会主义生产劳动规定为:在社会主义生产体系中进行的,为实现社会主义生产目的,满足人民物质、文化生活需要的劳动就是生产劳动。

社会主义生产劳动的内涵包括以下三个方面:第一,必须是创造某种使用价值的劳动;第二,必须是社会主义生产过程中一个必要环节的劳动;第三,必须是实现社会主义生产目的的劳动。因此在社会主义社会里,属于生产劳动性质的有以下三类生产部门:第一类是物质产品生产部门,包括农业、工业、建筑业、采掘业等;第二类是精神产品生产部门,包括文学、美术、电影、科学研究等;第三类是服务产品生产部门,既包括为生产和生活服务的部门,如银行、交通运输、商业等,也包括满足人们精神文化和健康需要的部门。以上三类生产部门可分为两大领域,第一类为物质产品生产领域,第二、第三类为非物质产品的生产领域。

(二)体育部门是生产性部门,体育部门工作者的劳动是属于生产劳动

依据对社会主义生产劳动的上述理解,我国体育部门的劳动具有生产劳动的性质,体育事业属于非物质生产领域里为满足人民健康和精神文化需要的一个生产部门,有以下几点原因。

---

① 《马克思恩格斯全集》第26卷Ⅰ,人民出版社,1972年6月第一版,第199页。

1. 体育部门的劳动能创造体育服务这种能满足人们需要的使用价值

体育服务能带动人们掌握体育知识和运动技能,科学地进行体育锻炼,使体格健壮、体形健美,发展身体的基本活动能力与运动能力;体育娱乐服务和运动竞赛表演服务,能使人们在参与体育娱乐活动和观赏运动竞赛表演中得到精神上的愉悦和满足,丰富人们的业余生活,振奋人们的精神,有利于人的身心健康和全面发展。

2. 体育部门的劳动是社会主义生产过程中一个必要环节的劳动

在现代社会中,体育已逐渐成为社会经济结构中一个独立的部门。无论是从增强人民体质、提高劳动力素质的角度看,还是从满足社会成员健身的、文化的需要来看,体育都是社会再生产过程中完成某种特殊任务所不可缺少的部门,体育部门的劳动是社会总劳动的一部分。

3. 体育部门的劳动是实现社会主义生产目的的劳动

体育工作者提供的体育服务可以帮助人们掌握体育锻炼的知识和技能,增强体质,增强意志,使体格健壮、体形健美,发展人体的基本活动能力与运动能力,促进人的全面发展。各种体育竞赛和表演具有观赏娱乐价值,能丰富人们的生活情趣,陶冶人的情操,使人得到精神上的享受。人的身心健康和人的全面发展,这正是社会主义最终目的中的最重要的一个方面。体育部门的劳动能满足人们的健身和精神的需要,实现社会主义的生产目的,因而是社会主义生产劳动。

因此,体育部门工作者的劳动能满足人们的健身和精神的需要,实现社会主义的目的,因而是属于社会主义生产劳动的一个重要组成部分。

二、体育事业属于第三产业

(一) 第三产业的概念和内容

不同的学科对产业的含义有不同的理解。经济学史上的产业也指工业,如产业革命、产业工人等;法学上的产业指不动产,如房产、地产等;古典政治经济学说认为,产业就是指物质生产部门;现代经济学则认为,产业就是指具有某种共同特征的企业集合。产业的另一种定义是指通过市场独立完成它的生产和再生产的行业。

产业分类方法各国不尽相同。以前基本上有两种类型:一种是以联合国的《经济活动国际标准产业》的分类为代表,把国民经济分为 10 个部门,即:①农、林、渔、猎;②矿业;③制造业;④电力、煤气、供水;⑤建筑业;⑥批发、零售、旅馆、饭店;⑦运输、仓储、通讯业;⑧金融、保险、不动产;⑨政府、社会与个人服务；⑩经济活动不详。另一种是以经互会的部门分类法把国民经济分为15个部门，即：①工业；②建筑业；③农业；④林业；⑤运输业；⑥通讯业；⑦商业；⑧其他物资生产部门；⑨住宅经营；⑩科学、科学服务设施；⑪教育、文化、艺术设施；⑫保健、社会保障、体育；⑬金融、保险；⑭行政机关；⑮其他非生产部门。但目前世界上许多国家都认可三次产业的划分方法，即第一产业是农业，第二产业是工业，第三产业是服务业。

第三产业这一概念最先是由英国经济学家、新西兰奥塔哥大学教授费希尔提出来的。他在1935年发表的《安全与进步的冲突》一书中首次提出了三次产业的分类。后来英国经济学家克拉克依据三次产业的划分，把国民经济明确划分为三大部门。到了20世纪50年代后期，西方经济学家和政府普遍接受了"三次产业"分类法。各国在使用这种分类法时，常常在分类的定义和内容上有些变动，致使三次产业划分的标准和分类不尽相同。当前，三次产业分类已成为国际通行的国民经济结构的分类法。三次产业分类法之所以被广泛采用，是因为它不仅有一定的科学根据，并且有实用价值，反映了几十年来经济结构的变化和经济生活发展的需要，也为研究国民经济结构提供了方便。

目前世界上通行的三次产业分类是世界银行与联合国使用的分类方法：

第一产业——农业，包括种植业、畜牧业、狩猎业、渔业、林业；

第二产业——工业，包括制造业、采掘业、矿业、建筑业、煤气、电力、自来水等；

第三产业——服务业，包括运输业、通讯业、仓储业、批发和零售贸易、金融业、房地产业、科学、教育、新闻、广播、公共行政、国防以及社会事务、娱乐业、个人服务等。

第三产业发达是现代经济的重要特征。第三产业的崛起和发展，是现代社会经济发展的必然趋势，也是社会文明进步的体现。第二次世界大战以后，随着科学技术的飞跃发展，发达国家在第一、第二产业充分发展的基础上，第三产业异军突起、蓬勃发展。由于第一、第二产业生产的机械化、自动化程度比较高，因此其就业人数不断减少，产值占国民经济的比重也相对下降。而第三产业的就业人数与产值却不断增加。目前发达国家第三产业就业人数与产值占GDP的比重一般在60%—70%，中等发达国家在50%左右，即使是低收入国家也占30%—40%。

> **相关链接**
>
> **我国第三产业占 GDP 的比重**
>
> 1980 年我国第三产业占 GDP 的比重为 20.6%,2000 年为 31.0%,2010 年为 43.0%,2015 年达到 50.5%。
>
> 上海作为我国现代服务业经济最发达的省市之一,第三产业占 GDP 的比重已经从 1980 年的 21.1%,2010 年的 57.0%,发展到 2015 年的 67.8%,在全国处于领先的地位。
>
> 资料来源:编者根据相关统计资料整理。

(二) 体育是第三产业的一个部门

我国过去一直是以农、轻、重来划分产业结构的。改革开放以后为了和国际接轨,依据世界通行的三次产业分类方法,结合我国实际情况,国家统计局于 1985 年颁布的《国民生产总值计算方案》中对三次产业进行了如下划分。

第一产业,农业(包括林业、畜牧业、渔业等);

第二产业,工业(包括采掘业、制造业、自来水、电力、蒸汽、煤气等)和建筑业;

第三产业,除上述第一、第二产业以外的其他行业。

由于第三产业包括的行业多,范围广,又可划分为两大部门:一是流通部门;二是服务部门。具体又可分为四个层次。

第一层次:流通部门,包括交通运输业、邮电通讯业、商业、饮食业、物资供应和仓储业。

第二层次:为生产和生活服务的部门,包括金融业、保险业、地质普查业、房地产公用事业、居民服务业、旅游业、咨询信息服务业和各类技术服务业。

第三层次:为提高科学文化水平和居民素质服务的部门,包括教育、文化、广播电视事业、科学研究事业、卫生、体育和社会福利事业等。

第四层次:为社会公共需要服务的部门,包括国家机关、党政机关、社会团体及军队和警察等(鉴于这一层次在国民经济和社会发展中的特殊性,只是在与国外比较时才统计在内)。

第三产业的产品基本上是服务产品和精神产品。与教育部门提供教育服务产品、卫生部门提供卫生医疗服务产品相类似,体育部门劳动者提供的是非实物形式的体育服务产品。因此,体育部门与教育、卫生等事业一样,都属于第三产业。

1985年国务院颁布《国民生产总值计算方案》后,将体育部门列入第三产业。此后,在我国体育界出现了体育产业这一提法。1992年6月中共中央、国务院发布《关于加快发展第三产业的决定》后,全国掀起了发展第三产业的热潮,体育界也同样掀起了如何加快体育产业发展的热潮,体育产业一词也就频繁出现在我国的报纸杂志及各级领导的讲话中。

(三) 确认体育事业属于第三产业的意义

确认体育事业是一项产业,是第三产业的一个部门,对人们观念的转变,对体育事业的改革和发展具有重要意义。

(1) 体育成为第三产业的一个部门,反映了现代社会对体育需要增长的趋势和产业发展的规律。随着经济的发展和居民收入的增长,体育逐渐成为人们乐于参与和观赏的有一定组织和规模的社会活动。适应这种发展,为社会提供体育服务的体育工作部门逐渐扩大,投入体育领域的资金、劳动力等经济资源不断增加,在国民经济中出现了专门从事体育服务生产和经营的部门,形成了体育产业。这反映了现代社会体育事业的巨大规模,也反映了国民经济的发展以及随之而来的新产业的出现和产业结构的新变化。

(2) 承认体育是一项产业,反映了人们对体育认识的深化和观念的转变。传统观念认为,体育部门是一个纯消费的部门,只是一项公益性事业而不是产业,完全由国家来办,由财政拨给经费,不能进入市场,没有经济收入。现在承认体育事业是第三产业的一个部门,就意味着肯定了体育不是一个纯消费部门,而是既有投入又有产出、能向社会提供体育服务这种特殊消费品的一项产业。这种认识和观念的变化,有助于打破过去那种把体育作为社会公益性事业单纯靠国家来办的局限性,拓宽体育事业发展的路子,采用适合体育产业发展的各种方法来发展体育事业。

(3) 承认体育是国民经济的一项产业,为研究体育领域的经济问题和建立体育经济学提供了理论依据。研究体育经济和体育经济学遇到的一些基本理论和实践问题,例如,体育在国民经济中的地位和作用,体育部门的经济性质,体育事业是否是纯消费性事业,体育部门是否向社会提供产品,体育部门产品的特点是什么,体育与市场有无联系,什么是体育市场,体育部门商品的供求、价值和价格有何特点,如何扩大体育资金的来源,体育事业是否需要深化改革、转变运行机制,如何提高体育部门的经济效益等问题,都离不开对体育部门是不是一项产业这个基本问题的回答。对上述这些问题的论述都不能避开体育事业是不是一个产业部门这一问题,并且都是以体育是一个产业部门的论断为理论基础的。

在这个意义上可以说,体育事业是一项产业的观点是体育经济学的一块重要基石。

第二节 体育产业的内涵、形成及其构成

一、体育产业的内涵

在20世纪80年代以前,我国还没有体育产业这一概念。1985年我国政府颁布了《国民生产总值计算方案》,开始采用三次产业分类法,明确把体育事业划归第三产业。此后,我国学者和体育部门的实际工作者开始采用体育产业这一概念。随着社会主义市场经济体制改革目标的确定和兴办第三产业热潮的兴起,体育产业这一概念日益频繁地出现在刊物和文献中。

(一)体育产业的基本含义

从三次产业划分的理论出发,第三产业不直接生产物质产品,主要是提供劳务或服务的部门。体育属于第三产业,因此体育产业的基本含义就是指以体育劳务形式为消费者提供体育服务产品的企业、组织、部门和活动的集合。简言之,体育产业就是指体育服务业,这也是狭义的体育产业的概念。

但是,对体育产业的概念仅仅从狭义的角度来理解是远远不够的,也是不符合社会经济发展现实的。因为在现实生活中,人们已经习惯于把生产运动服装、运动鞋、运动器材等体育实物消费品的相关生产部门也归属于体育产业。这些体育实物消费品的生产部门为体育的存在和发展提供必要的物质条件,它们是依附于甚至是依赖于体育的存在而存在,两者的关系相当密切;另外从理论上来说,要把体育产业培育成为国民经济新的增长点,仅仅依靠体育服务业的市场需求显然是力不从心的。只有通过体育服务业的发展带动和体育有关的体育实物消费品的生产发展,才能把体育产业真正培育成为国民经济新的增长点。因此,尽管这些体育实物消费品的生产部门在本质上是加工工业,属于第二产业,但是人们一般也把它们归属于体育产业。因此我们认为:对体育产业这一概念还可以从广义的角度来理解。所谓广义的体育产业就是指全社会提供体育产品生产的企业、组织、部门和活动的集合,包括体育服务业和体育相关产业这两大领域。

(二)区分几个相关的概念

1. 体育产业与体育事业

有一种意见认为,只有当体育服务产品进入交换,体育机构实行商业化、企

业化经营时，体育才是一种产业；否则，只能称为体育事业。这种把体育产业与体育事业完全对立起来的观点，包含着对事业和产业这两个概念的误解。

事业这个词有两种含义：一是指人们所从事的具有一定目标、规模和系统的对社会发展有影响的经常性活动，如革命事业、教育事业等；二是特指由国家经费开支、没有经济收入、不进行经济核算的文化、教育、卫生等单位，与企业相区别，如事业单位。我们说体育事业是第三产业的一个部门，是体育产业，就是从事业这个词的第一个含义去理解的。从社会生活的角度看，在现代社会里，体育已成为具有一定规模、目标和系统的对社会发展有影响的经常性活动，是国家和社会的一项事业，体育产业就是生产性事业。划分一种社会活动是不是产业，唯一的标准在于是否生产某种产品，与该部门的机构是否实行商品化、企业化经营没有必然联系。体育部门既然能生产体育服务这种特殊消费品，体育事业当然是一项生产性事业，是一种产业。体育机构无论采取哪种经营管理方式，都不影响体育事业的产业属性。国务院关于三次产业的分类，将体育部门归入第三产业时，用的就是体育事业这个词，可见事业和产业并不是对立的。从事业一词的第二种含义上看，过去我国体育部门的机构都是由国家财政支出经费、基本上没有收入、不讲经济核算的事业型单位。随着社会主义市场经济体制的逐步建立和体育改革的逐步深化，大部分体育机构将由事业型向经营型转变，但这只是体育事业经营管理方式的变化，并不意味采取事业型管理的体育机构的活动不是体育产业。

2. 体育产业与体育有关的产业

和体育有关的产业，主要是指生产运动服装、运动鞋、运动器材等体育实物消费品的部门。这些部门为体育的存在和发展提供必要的物质条件，并依附于甚至是依赖于体育的存在而存在，但其本质上是加工工业，属于第二产业。

3. 体育产业与体办产业

有一种意见认为：体育产业是指体育系统为创收而办的各种产业，即为了"补体助体"而办的多种经营。无论是作为主业的体育还是作为副业的多种经营，都是体育产业的内容。这种观点既不能从产业分类理论上得到说明，也与我国及世界各国通行的国民生产总值计算的原则和方法不一致。国务院颁发的《国民生产总值计算方案》中明确规定：国民经济各部门的增加值"原则上应属于同一经济活动，如工业企业附属的服务业、学校、医院等，应单独计算其产值，分别计入服务业、教育和卫生事业等部门中去"。这个计算原则和方法表明，工业企业附属的各种产业并不属于工业，其产值不能纳入主业中去。按照这个原则，体育部门（包括体育场馆及其他体育机构）所附设的招待所、宾馆、商店、餐饮店、工厂等，不属于体育产业（即体育业），而应分别计入服务业、商业、工业中去。国民生产总值的这一计算原则和统计方法是符合三次产业分类理论的，不但科学，也是可行的。

体育部门经营的体育以外的多种产业是为了通过增加收入来"补体助体"，发展体育事业。就这个意义上说，发展体育事业是经营多种产业的目的，经营多种产业是为发展体育事业筹集经费的手段。两者在要求、方法上都是不同的。如果把目的和手段都纳入体育产业这个概念里，就容易混淆主业与副业、目的和手段的差别，给体育工作带来不利影响。

4. 体育产业与体育复合产业

还有一种意见认为，凡与体育有关的经济活动，如体育场馆建筑、运动服装、运动器材、运动保健食品及饮料的生产和经营，以及体育广播电视、报纸杂志等都属于体育产业。这种观点有它的实际意义，也就是说通过这个概念可以考察由体育所引发，或由体育所带动的国民经济各相关行业或相关产业发展的程度及能力，也就是我们所要研究的体育的经济功能。但是，把这些与体育有关的经济活动都认定为体育产业活动的观点是值得商榷的。

5. 国家体育总局曾经认可的体育产业

国家体育总局于1995年6月制定的《体育产业发展纲要(1995—2010年)》中曾将体育产业划分为三类：第一类为体育主体产业，主要是指由体育部门归口管理、发挥体育自身价值和功能，以提供体育服务产品为主的体育产业的经营活动，例如竞技体育产业、群众体育产业、体育教育科技产业、体育彩票、体育赞助等；第二类为体育相关产业，主要是指与体育有关的其他产业的生产经营活动，例如体育场地、器材、用品、服装、广告、传媒等的生产和经营活动；第三类为体办产业，主要是指体育部门为创收和补助体育事业发展而开展的体育主体产业以外的其他各类生产经营活动，例如：招待所、小卖部等。

国家体委有关负责同志曾经明确表示：关于体育产业的定义以及体育产业的内涵及外延，应该让学者去讨论，但不要搞争论。当前应该用邓小平同志三个有利于的标准来指导我国体育产业发展的实践，干起来再说。然而，一个基本思路是明确的，即要从体育办产业向办体育产业方向转化。

6. 体育产业与体育产业化

体育产业化就是指把我国体育事业的基本运作方式向市场经济的基本要求方向转化。体育产业化是一种观念的更新。体育部门不是社会福利部门而是一个生产性部门，体育部门需要投入，但是体育部门也有产出；体育部门不仅要讲社会效益，而且也要讲经济效益，要讲投资效益，要确保国有资产的保值增值。

体育产业化是一种机制的转化,要借鉴、运用、遵循市场经济的一般规律和运行机制来发展体育,要靠经济手段、法律手段来发展体育。通过市场来完善自身的造血功能,实现自身的价值。体育产业化是一种方向、一个过程。体育产业化不是一步到位的,有条件、有能力、有市场的地方及单位可以先"化",没有条件、没有能力、没有市场的地方及单位可以稍晚一些,但必须朝产业化的方向努力。

二、体育产业的形成

（一）体育产业形成的条件

体育产业的形成,除了需要社会生产力的发展达到一定水平这个基本条件外,还需要具备以下三个条件。

1. 对体育服务产品的需求达到一定的数量

体育服务生产的规模,首先取决于社会对这种消费品需求数量的大小。是否已形成体育产业,要看社会对体育服务的需求量是否达到了足以使体育服务消费品的生产独立为一种特殊的产业,是否能支撑体育产业的存在。体育服务产品一般属于享受资料和发展资料,属于较高层次的消费需要。只有当经济发展和人均收入达到一定水平,人们的基本物质生活需要得到满足之后,才会把对享受资料、发展资料的需要提到重要地位。只有当人们对体育服务消费品的需要达到相当数量时,才能支撑体育服务生产独立化为体育产业。

2. 向体育领域投入的经济资源达到一定水平

体育服务消费品的生产要能成为独立的体育产业,就必须具有一定的规模,必须有成为一项产业所必需的最低量的投入和产出。体育产业是一项耗资巨大的产业。体育产业并不都是营利性的,既有营利性的,也有非营利性、公益性的。只有当社会生产力发展到一定水平,具有相当经济实力,国家和企业给予体育事业必要的财务支持,体育领域获得相当数量的经济资源,体育服务的生产才能发展为独立的体育产业。

3. 体育运动达到相当的水平和规模

体育产业的形成需要有一大批训练有素的教练员和技艺高超的运动员,能向观众提供具有观赏价值、能引人入胜的高水平竞技表演;需要有一定数量能指导群众进行健身、健美练习的教练员和社会体育指导员。同时,也需要有数量巨大的具有体育意识、体育习惯,喜欢从事体育活动的体育爱好者,以及喜欢观赏竞技运动的"体育迷""球迷"。这些条件的形成,既与一国的体育传统有关,也有赖于在发展体育运动的过程中去逐步创造。

(二) 体育产业形成的标志

作为一个已经形成的完整的体育产业,而不是处于萌芽状态和正在形成过程中的体育产业,至少应当有以下几个标志。

1. 体育服务部门的独立化

在我国古代,早就有了体育运动,但当时的体育运动还不是一种独立的社会活动,而是混生于狩猎活动、军事活动、文化艺术活动、祭祀和礼仪等活动之中,尚未独立分化出来。随着经济和文化的发展,当体育从上述活动中分化出来,成为一种独立的社会活动,体育工作成为一项社会职业,许多人专门从事体育服务劳动,体育服务独立化为一个部门时,体育服务才形成一个产业。

2. 体育服务劳动成为一种社会职业

只有当体育工作成为一项社会职业,体育工作者的劳动成为职业性劳动时,体育服务才能成为一种产业。职业性劳动是具有专门性的劳动,劳动者不是偶然地而是较稳定地从事某一特定的工作。职业性劳动是以谋生为目的,因而必须是有偿的、有收益的。在古代社会,很少有职业性的体育工作者,许多体育服务具有自我服务或义务性质。随着社会经济的发展和社会分工的细化,体育服务逐渐职业化。当体育工作成为一定数量劳动者的职业时,体育服务才成为产业。

3. 体育服务劳动的多样化

体育作为国民经济的一个部门一项产业,不仅应具有一定的规模,也应该是一个涵盖多种服务内容的系统,包括运动竞赛、体育表演、运动训练、体育场馆设施服务、群众体育辅导等内容。从运动项目来说也不应该是单一的,而是多样化的。例如,在中国封建社会时期,可以归属于体育产业内容的主要是武术的开馆收徒和摆擂台比武,不但规模小,而且内容单一,很难说形成了体育产业,充其量只是体育产业的萌芽。只是到了20世纪初期,现代体育传入我国后,随着经济的发展,体育运动规模的扩大,体育服务劳动者队伍的扩大,体育服务才逐渐成长为一个内容多样化、具有一定结构的系统,体育产业才形成了。

三、我国体育产业的构成、现状及发展规划

(一) 我国体育产业的构成与分类

1. 我国体育产业的构成

根据以上对体育产业的界定,我们可以把体育产业分为体育服务业和体育相关产业两大类。其中,体育服务业一般由健身休闲体育服务业、竞赛表演体育服务业、职业体育服务业、社会体育服务业、公共体育场馆服务业、体育经纪服务

业、体育广告服务业、体育培训服务业、体育旅游服务业等构成,体育相关产业主要由体育用品制造业、体育彩票销售业等构成(参见图3-1)。

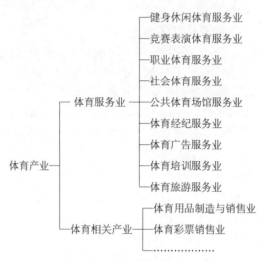

图3-1 体育产业构成

2. 我国体育产业的分类

根据体育产业不同的生产经营单位以及各自所提供的服务,我们可以把体育产业分为不同的类型:

(1)按产品特点不同,可分为知识型的体育产业和活动型的体育产业。知识型的体育产业,主要是指那些以提供体育教学、训练、技术辅导、咨询等无形的使用价值为主的体育服务产品的生产及经营部门;其使用价值的特点在于它的存在不是实物,而是无形的服务,但是可以采用语言、文字等载体来体现或表现。活动型的体育产业,主要是指那些不能和生产行为在时间和空间上分离,但能够满足人们健身休闲或精神享受需要的体育服务产品的生产和经营活动,如体育竞赛、体育表演、体育医疗、体育康复、体育娱乐等。这种不能脱离生产行为而独立存在的活动,我们也可以把它称为纯粹的体育服务或劳务。

(2)按经营主体不同,可分为体育系统经营的体育产业和社会上经营的体育产业。体育系统经营的体育产业,主要是指由体育系统的有关单位所构成的体育服务产品的生产经营单位,如体育场馆、各专业运动队等;社会上经营的体育产业,主要是指由社会兴办的各种体育服务的生产经营单位,如保龄球馆、高尔夫球场、健身房、各类体育健身休闲娱乐场所、各类体育学校(足球、武术、体操、游泳等)。

（3）按服务对象不同，可分为竞技体育产业和社会体育产业。竞技体育产业，主要是指由各专业运动队所组成的以提供训练、竞赛、表演等体育服务产品为主的生产经营活动，是为了满足球迷观看及专业训练的需要；社会体育产业，主要是指为大众体育（全民健身）活动提供体育服务产品的生产经营活动，如大众体育的辅导、咨询、培训等。

（二）国内外体育产业发展的概况

1. 国外体育产业发展的概况

人类历史上出现的各种社会现象和活动，都有一个产生和发展的过程。体育在市场经济体制下运行已有几百年的历史。20 世纪以来，特别是第二次世界大战后，西方主要资本主义国家经济持续增长，人们的生活水平显著提高，竞技体育（特别是职业体育）和大众体育（尤其是以健身和休闲为主要内容的娱乐体育）迅速兴起，体育的经济功能日益强大，体育的产业地位进一步得到了确立。据有关统计数据表明，全球体育产业年增加值 2013 年接近 9 000 亿美元，年增长率保持在 20% 左右，大大高于世界经济的平均增长速度。

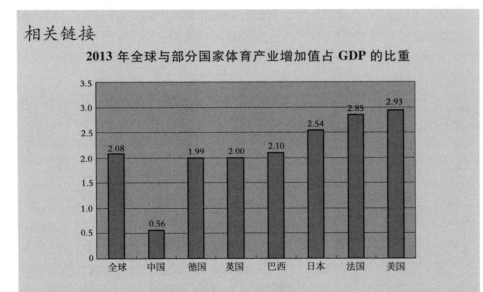

相关链接

2013 年全球与部分国家体育产业增加值占 GDP 的比重

资料来源：民生证券研究院，"2015 年中国体育产业发展现状分析"，http://www.askci.com/news/chanye/2015/03/27/15344114wa.shtml。

你知道吗?

美国体育产业发展概况

年代	体育产业的产值（亿美元）	占 GDP 总值的%	在国民经济各大行业的排名
20 世纪 80 年代	631	1.30	第 22 位
20 世纪 90 年代	1 519.64	2.00	第 11 位
1999 年	2 125.30	2.09	
2002 年	2 130.00	2.05	
2010 年	4 140.00	2.85	
2013 年	4 350.00	3.00	

资料来源:编者根据相关网站与书报资料整理。

体育的要素全方位进入市场,从体育健身有偿服务到体育比赛的门票、广告和电视转播的销售,从体育无形资产的开发到体育彩票的发行,从体育服装、用品的生产到体育场馆经营,体育产业活动已深入人们的日常生活,融合于商品、交换、市场关系之中,被人们称为在当今社会具有广阔前景的永远的朝阳产业。

你知道吗?

2010 年美国 4 140 亿美元体育产业的构成

体育健身娱乐 412 亿美元,占 9.95%;体育赛事 544 亿美元,占 13.14%(其中,美国四大职业体育联盟——橄榄球、棒球、篮球、冰球的收入为 216 亿美元,赛马 87 亿美元,高尔夫 198 亿美元,其他观赏性体育赛事 43 亿美元);体育广告 273 亿美元,占 6.59%;体育用品制造业 718 亿美元,体育器材销售 390 亿美元,占 26.76%;其余体育相关产业约 1 800 亿美元,占 43.48%(含体育出版、体育设施建造、食品服务、特许经营、体育赞助、体育旅游、体育博彩等)。

资料来源:编者根据相关网站与书报资料整理。

20 世纪 90 年代以来体育产业在国际上的发展出现了一些新的趋势:一是伴随着全球经济一体化的进程,伴随着体育运动国际化的进程,体育产业在国际上的发展出现了全球化、集约化和垄断化的趋势。二是体育产业与资本市场的关联性越来越强,体育产业从证券市场募集的资金越来越多,体育股票在许多国家二级市场的影响也越来越大,体育产业资本在经济发达国家资本市场上的地位越来越高,体育产业资本已成为国际产业资本中极为重要的组成部分。三是最能体现体育活动本质功能、市场需求最大、与体育产业其他部门关联程度最高的体育健身服务业(包括健身娱乐服务、健身技能培训、健身辅导与咨询、体质测试与评估、体育康复与医疗等),在体育产业行业结构中的地位更加突出。体育健身与休闲活动已成为国际体育运动发展的主流,健身与休闲体育市场已成为各国体育产业发展所面临的最大市场。四是在政府的积极推动下,借助主产业的发展势头,体育用品、体育博彩等这些和体育相关的产业在许多国家获得迅速发展。

2. 我国体育产业发展概况

(1)我国体育产业发展的阶段。我国明确提出发展体育产业,是在1992年的全国体育工作会议,也就是现在常提到的"中山会议"上。但是,发展体育产业的实践应该说始于党的十一届三中全会之后。从十一届三中全会至今,我国体育产业的发展大体上可分为三个时期。1978年底至1992年初是我国体育产业发展的萌芽阶段。这一阶段发展体育产业的初步探索主要围绕两个方面:一是鼓励体育系统有条件的事业单位开展多种经营,扩大服务范围,积极增收节支;二是吸引社会资金,以赞助和联办的形式,资助体育竞赛活动和办高水平运动队。1992—2000年是我国体育产业发展的起步阶段。这一阶段发展体育产业的工作开始从较多地注重经营创收的微观层面,逐步上升到与转换体制和转变机制结合起来的宏观层面;发展体育产业的指导思想,从"多种经营,以副养体"转向"以体为主,全面发展";发展体育产业的重点,也从经营创收转向推动体育事业向产业化方向发展上来。2001年以来,我国体育产业发展进入了起飞阶段。这一阶段的标志是,体育产业从体育部门走向社会,走向经济建设的主战场,体育产业作为国民经济新的增长点,得到了政府和社会的高度重视[①]。

(2)我国体育产业发展的主要方面。我国体育产业尽管在整体上还处于发展的起步阶段,与发达国家相比还有较大差距,但是经过30多年的初步实践,体育正在成为全社会的一个消费和投资热点,体育市场日渐活跃,各类体育企业不断涌现,体育产业在社会经济生活中的作用和地位越来越显著。体育产业的初步发展主要体现在以下几个方面。

---

① 国家体育总局:《改革开放30年的中国体育》,人民体育出版社,2008年第一版。

第一，体育服务业初具规模。在我国体育产业发展的结构中，体育服务业在总体规模上占有主导地位。目前，我国的体育服务业初步形成了以健身休闲体育服务业为主，竞赛表演体育服务业、体育培训服务业、体育中介服务业等产业门类为辅，多业并举、经营项目比较齐备完整的产业体系，为21世纪我国体育产业的发展奠定了良好的基础。体育服务业是我国21世纪重点发展的产业门类。

健身休闲体育服务业发展迅速。自20世纪80年代在我国深圳特区出现健身休闲体育服务场所以来，我国健身休闲体育服务业经过了从80年代到90年代初的缓慢发展阶段和90年代中后期的快速发展阶段，已初步形成了多种所有制投资主体并存，高、中、低档健身休闲服务产品俱全的市场格局。进入21世纪以来，健身休闲体育服务业的规模与产值不断扩大，健身休闲体育服务市场已经成长为我国体育服务市场体系中的主体市场，并处于自由竞争的发展阶段。健身休闲体育服务业的投资主体多元化的趋势已经开始显现。各种类型的健身休闲体育服务经营单位纷纷建立，已基本形成了包括国家办、社会办、集体办、个体私营办、中外合资办和外商独资办的多层次、全方位的经营格局。

我国健身休闲体育服务业的蓬勃发展还培育了一大批经营规模较大、档次较高、具有一定社会影响的民营类健身休闲体育服务经营单位，这些经营单位已在各地甚至在全国构建了连锁服务经营网络，成为我国民营类健身休闲体育服务业的中坚力量。

目前我国健身休闲体育服务产品的供给能力明显增强，内容、价格趋向大众化、普及化、多样化和国际化。健身休闲体育服务业提供的体育服务项目十分广泛，既有高档的健身休闲体育项目，如高尔夫球、航海、航空、赛车等，也有新兴的极限运动和时尚运动，如滑轮、滑板、攀岩、悬挂滑翔、冲浪、帆船、帆板等；同时，还有一大批大众普及型健身休闲体育项目，如篮球、足球、排球、网球、羽毛球、乒乓球、武术、游泳、棋牌等。目前在我国体育服务业中，健身休闲体育服务业的各项经济统计指标均占到体育服务业总指标的50%以上，充分体现了实施"全民健身计划"这一国家战略的成果。

竞赛表演体育服务业初步建立。经过多年的培育，我国竞赛表演体育服务业尽管在整体上仍处于起步阶段，但是由职业联赛、商业性比赛、综合性比赛和各项目单项竞赛组成的竞赛表演体育服务业的市场格局已经基本形成。具有中国特色的足球、篮球、排球、乒乓球等四大职业联赛已逐步呈现出一定的规模，且正成为我国竞赛表演体育服务业运作的主角。各职业俱乐部逐步形成了由冠名、赞助、门票、转会和电视转播权等构成的收入结构，初步建立了良性运行机制。商业性比赛数量逐年增加，发展空间日趋加大，一些国际顶尖赛事如F1中国大奖赛、ATP网球大师赛等,纷纷进入中国竞赛市场,在一定程度上促进了我国竞赛表演体育服务业的快速发展,满足了国内民众观赏高水平比赛的需要。综合性比赛和各运动单项竞赛市场的开发力度逐渐增大,等级赞助商、专有权、赛事与活动冠名、代表团赞助、电视转播权等体育赛事的各种要素已全方位进入市场,赛事运作管理市场开发的各种手段已被广泛运用。

体育经纪服务业方兴未艾。随着我国运动项目职业化进程的不断加快以及商业性赛事的逐步活跃,以开展运动员经纪代理、体育赛事推广、投资咨询服务项目为主的体育经纪服务业得到了长足发展。近年来,由体育经纪机构策划和运作的商业比赛越来越多,运动员转会及个人商业活动的代理也日趋频繁。受我国体育产业发展前景的影响,专业体育经纪公司如雨后春笋般在北京、上海、广东等国内发达省市涌现,包括美国的国际管理集团(IMG)、瑞士的国际体育与娱乐公司(ISL)、意大利IDEA市场推广公司、中国香港精英公司等在内的国外(境外)著名体育经纪公司纷纷抢滩中国体育中介服务市场。此外,一些广告公司、公关公司、咨询公司等也相继介入我国的体育经纪服务业。一个以服务体育主体市场为目的,中资企业与外资企业并存、专营与兼营机构并存的体育经纪服务业在我国已初步形成。全国和地方性的体育经纪人培训和资格认定工作已经展开,拥有体育经纪人资格的人数和从业的机构数都显著增加。体育经纪服务业作为一个新兴行业,在我国体育产业的发展中正发挥越来越重要的作用,体育经纪服务业已经成为我国体育服务业新的增长点之一。

体育培训服务业空前活跃。随着社会经济的发展、生活水平的提高以及全民健身计划的实施与推广,人们的体育意识普遍增强,参与体育活动、进行体育锻炼已经成为人们日常生活的重要组成部分。不会玩体育的想学会玩,会玩体育的又想进一步提高技能与水平,从而导致社会上各种体育项目的有偿收费的培训班、训练班、辅导班等体育培训服务空前活跃。以有偿培训为特征的我国体育培训服务业已逐渐成为推动体育服务业发展的重要手段,其潜在的市场需求是十分巨大的。

第二,体育相关产业发展迅速。一是体育用品制造和销售业迅速拓展。体育用品制造和销售业是我国体育相关产业中开放度与竞争度最高、增长最快、发展最为成熟的行业。这一行业从早期的来料加工、贴牌生产起步,经过30多年的快速发展,迅速由产品经营向品牌经营转变,目前我国已成为全球最大的体育用品制造基地,并已呈现出产业集群化发展的新趋势。二是以体育彩票为龙头的体育彩票销售服务业已经形成。自1994年全国统一发行体育彩票以来,我国体育彩票销售服务业呈现出市场迅速扩大、玩法逐渐丰富、技术不断进步、管理日臻完善等特点,年平均增长率在20%以上。体育彩票业已初具规模,并成为我国体育产业的重要组成部分。

第三,体育产业政策法规不断完善。改革开放30多年,特别是近10年来,我国的各级体育行政部门作为体育产业宏观管理的职能部门,在不断制定和完善促进体育产业健康有序发展的政策法规方面做了大量的工作,有力地推动了我国体育产业的培育和发展。在加强立法的基础上,不少地方还组建了市场执法队伍,对体育经营活动进行执法检查。围绕贯彻体育服务标准,北京、上海、宁波、深圳等地还积极开展了体育服务认证工作。

第四,体育产业统计指标体系已经建立并开始实施。为规范全国体育产业统计工作,建立我国体育产业统计制度,全面、客观地反映我国体育产业发展的状况,国家体育总局联合国家统计局于2006年6月启动了体育及相关产业统计研究工作,提出了体育产业统计分类、体育产业统计指标体系和体育产业统计实施方案,并根据第一次全国经济普查数据推算出2004年我国体育产业发展的有关数据。2008年6月18日,国家统计局和国家体育总局正式颁布了《体育及相关产业分类(试行)》。2015年8月27日,国家统计局第12次常务会议通过了《国家体育产业统计分类》。该分类将体育产业划分为三层,分别用阿拉伯数字编码表示。第一层为体育产业的11个大类,用2位数字编码表示;第二层为体育产业的37个中类,用3位数字编码表示;第三层为体育产业的52个小类,用4位数字编码表示,该层对应《国民经济行业分类》代码。这是我国体育行业首个具有约束力的国家统计标准,也是继旅游、文化和海洋等产业后,第三产业部门出台的又一个重要国家统计标准。

(3) 我国体育产业的发展规划及相关重要文件。1995年6月,国家体育总局制定了《1995—2010年体育产业发展纲要》,该纲要指出体育产业发展的目标是:用15年左右的时间逐步建成适合社会主义市场经济体制、符合现代体育运动规律、门类齐全、结构合理、规范发展的体育产业体系。纲要规定的具体目标是到20世纪末,基本上形成以主体产业为基础、多业并举、多种所有制并存、共同发展的产业发展新格局。

2000年12月15日,国家体育总局在《2000—2010年体育改革与发展纲要》中对体育产业的发展又作了如下规划:体育产业初具规模,体育产业增加值以较快的速度增长,2010年达到国内生产总值1.5%左右;缩小我国体育产品与国外的差距,提高竞争力;城乡体育消费稳步增长,占全部消费性支出的比重有较大的提高;努力把体育产业培育成国民经济新的增长点。

2007年3月12日,国家体育总局颁布的《体育事业"十一五"规划》中提出

"十一五"时期我国体育产业发展的目标是:初步建成与大众消费水平相适应,以体育服务业为重点,多业并举、门类齐全、结构合理、规范发展的体育产业体系,形成多种所有制并存,全社会共同参与、共同兴办的格局;体育产业增加值在国内生产总值中所占的比重明显提高,城镇居民人均体育消费显著增加,充分发挥体育产业在拉动消费、优化产业结构、扩大就业中的作用,把体育产业培育成国民经济新的增长点。

2011年4月,国家体育总局颁布的《体育产业"十二五"规划》中提出"十二五"期间我国体育产业的发展目标是:体育产业增加值以平均每年15%以上的速度增长,到"十二五"末期,体育产业增加值超过4 000亿元,占国内生产总值的比重超过0.7%,从业人员超过400万,体育产业成为国民经济的重要增长点之一;创建一批充满活力的体育产业基地,培育一批有竞争力的体育骨干企业,打造一批有中国特色和国际影响力的体育产品品牌;不断完善多种所有制并存、各种经济成分竞相参与、共同兴办体育产业的格局;优化体育产业结构,提高体育服务业的比重,加快区域体育产业协调发展;基本建成规范有序、繁荣发展的体育市场,促进体育相关产业发展,壮大体育产业整体规模,增强我国体育产业的整体实力,建立具有中国特色的体育产业体系。该规划提出了促进体育产业各门类统筹发展、优化体育产业结构、壮大体育消费市场、加快区域体育产业协调发展、推动体育产业基地建设、促进体育产业与相关产业的互动发展、培育骨干体育企业、推动体育服务贸易发展、推进体育产业基础工作、盘活体育场馆资源、做好体育彩票管理工作等11项主要任务。

2010年3月,国务院办公厅下发了《国务院关于加快发展体育产业的若干指导意见》,这是我国政府第一次正式就加快体育产业发展下发的指导意见。该《指导意见》对加快发展我国的体育产业,从发展体育产业的基本方针、主要目标和重点任务、主要政策和措施等方面提出了具体的指导意见,体现了国家把推动体育产业的发展放在了国民经济和社会发展的重要战略位置。这是我国第一次从国家层面就鼓励和扶持发展体育产业提供了具体的可供操作的指导。

2014年10月20日,国务院办公厅下发了《国务院关于加快发展体育产业促进体育消费的若干意见》。该《意见》对加快发展我国的体育产业,从发展体育产业的指导思想、基本原则、发展目标、主要任务、政策措施、组织实施等方面提出了具体的指导意见。《意见》从国家层面为体育产业发展指明了引导方向,标志着我国体育产业发展方式将迎来重大转变。

相关链接

中国体育及相关产业测算报告

	增加值(亿元)	占GDP(%)	比上一年增长(%)
2006年	982.89	0.46	
2007年	1 265.23	0.49	22.83
2008年	1 554.97	0.52	16.05
2009年	1 835.93	0.55	18.07
2010年	2 220.12	0.56	20.93
2012年	3 000.00	0.60	35.13(和2010年比)
2013年	3 563.00	0.63	11.91
2014年	4 040.98	0.64	13.42

资料来源:编者根据相关网站与书报资料整理。

第三节 体育服务产品和体育服务的劳动过程

一、体育部门的劳动产品是体育服务

(一) 体育服务的含义

社会生产分为物质生产和非物质生产两大领域,其劳动成果是不同的。前者的产品具有实物形式,后者的产品不具有实物形式。以服务形式存在的消费品,也就是通常所说的劳务。服务是人们以提供活劳动的形式满足他人某种特殊需要的经济活动。

什么是体育服务? 体育服务就是指由体育部门的劳动者通过自己活劳动的形式来满足人们对体育的各种需求而进行的经济活动。具体地说:体育服务是指具有一定体育专门知识、经验、技能的能够从事体育服务生产的人,包括教练员、运动员、体育场馆工作人员、群众体育辅导人员、体育经营管理人员及有关劳动者,为生产体育服务这种特殊使用价值而进行的有目的的活动。

体育部门的劳动者,包括教练员、运动员、群众体育辅导员、体育场馆工作人员和管理人员等的劳动成果,不是作为物,而是作为一种特殊的活动,提供给消费者,满足消费者健身、娱乐和观赏的需要。体育服务产品中的运动竞赛和体育

表演具有观赏价值,有的体育服务能帮助人们掌握体育知识和技能,具有类似精神产品的功能。但就体育部门劳动产品的本质特征来看,它是服务产品而非精神产品。从经济学的角度看,应当把体育服务产品与作为观念形态、知识形态的精神产品区别开来。

（二）体育服务的分类

体育服务就其功能来看,主要有三种类型。

第一类是观赏型体育服务,即由运动员、教练员及其他竞赛工作人员提供的供消费者观赏的各种运动竞赛和体育表演,体育工作者在这里提供的是观赏型体育服务。

第二类是指导型体育服务,即通过举办培训班、学习班、辅导班等活动,指导参加者进行体育锻炼,掌握体育运动的知识、技能和练习方法。在这里,体育工作者提供的是教学、训练、咨询等体育服务。

第三类是自娱型体育服务,即提供游泳池、健身房、足球场、篮球场、网球场、旱冰场等各种体育运动设施和器材给消费者使用。在这里,体育部门不仅提供体育设施,也提供相应的服务。

二、体育服务产品的特点

（一）体育服务产品不同于实物产品的特点

体育服务产品与一般实物形态的产品相比较,其共同点在于它们都耗费了人的劳动,都具有某种使用价值,都具有可消费性。与实物产品的使用价值相比,体育服务产品具有以下几个特点。

1. 产品的非实物性

实物形态的消费品具有五光十色的自然形式,而体育服务则不具有实物形态,没有体积、长度、重量等,它是"作为活动提供服务的"。无论是教练员、运动员,还是体育场馆工作人员,提供的都是一种"活动"。这种非实物性往往使人感觉不到它的存在。尽管体育服务不具有实物形式,但它具有可消费性,能直接满足人的需要,人们可以通过科学抽象和理论研究确认它的存在。

2. 产品同生产行为不能分离

实物消费品在生产过程结束以后可以独立存在,可以储存。而体育服务产品同生产行为不能分离,生产过程一结束,产品的使用价值就不复存在,因而不能储存。例如,精彩的体育竞赛或体育表演,其表演过程和竞赛过程就是体育服务的生产过程。这些体育服务一经生产出来,就转瞬即逝,立即消失了。至于摄制成电影、录像等,已经不是原来意义上的服务产品了,而是它的复制品,是实物产品,已经实现了服务产品向实物产品的转化,即已成为物化了的服务产品。

3. 生产和消费的时空一致性

实物产品的生产和消费在时间和空间上一般是分开的,而体育服务的生产和消费则是在同一时间、同一地点进行的。具有观赏价值的精彩的体育比赛过程,既是体育服务产品的生产过程,同时也是观众观赏体育比赛的过程,实质上就是观众消费体育比赛服务产品的过程。体育服务的生产过程(比赛过程)结束了,体育服务的消费过程也就完成了,体育服务产品的生产和消费这两个过程在时间和空间上是一致的。

由于体育服务产品具有以上这些特点,使人不易感到它的存在,往往把体育服务产品看成是不存在的、虚幻的东西,甚至认为体育服务产品是"观念形态""意识形态"的东西;还容易使人们把体育部门劳动者生产体育服务和人们对体育服务的消费这两个在时间、空间上并存的不同的行为过程混为一谈,把体育服务的生产者误认为是消费者。于是就会得出一个错误的结论,认为体育部门是一个单纯的消费部门。之所以会产生这样的错觉,得出错误的结论,其原因就在于没有把握住体育服务产品的特点,为这些特点的现象所迷惑,没有揭示出体育服务也是人的劳动所创造的可供人们消费的一种特殊的非实物形式的使用价值。

(二)体育服务产品与相近的服务产品的区别

体育服务与同属第三产业第三层次的相近的教育、卫生、艺术表演等服务产品相比较,其使用价值既有相同和相似之处,又各有不同的特点。

1. 与教育服务的异同

学校教师提供的教育服务可以训练劳动力,使劳动力改变形态,使劳动力具有专门性。体育教师、教练员、辅导员等所提供的体育服务,也可以使劳动力"改变形态"。但两者也有区别:教育服务主要是用来训练学生的头脑,发展学生的智力,培养学生的品德,提高其文化道德素质。而体育服务主要是用来训练青少年的身体,发展其体力,提高其身体素质。青少年作为体育教学和训练的对象,实际上也就是消费体育教师、教练员所提供的体育服务。

2. 与艺术表演服务的异同

艺术表演家提供的艺术表演服务,无论是美妙的音乐、优美的舞蹈,还是精彩的戏剧,都能给人以精神上的享受和满足。精彩的体育比赛和体育表演服务也有相似的效用,也具有审美价值,给人以精神上的享受,但两者又有不同之处。音乐、舞蹈、戏剧等艺术表演服务不但具有视、听艺术形象,而且都是社会生活的反映,一般都具有一定的思想内容,表现为一种"艺术美"。而体育比赛则不同,其中既有优美的姿势、灵巧的动作、健美的体态、高超的技巧,又有超常的力量、顽强的意志、惊人的速度、巧妙的战术、完美和谐的配合,以及变幻莫测、险情迭出、出人意料、波澜起伏的比赛场面。这一切交织在一起,形成了一种多层次、多色彩的具有独特审美价值的"体育美"。人们观看精彩的足球比赛,时而紧扣心弦,时而悲愤叹息,时而欢欣鼓舞、击掌叫绝,从中得到精神上的满足,个中乐趣是其他文化艺术表演所无法替代的。

3. 与医疗卫生服务的异同

医务卫生工作者所提供的医疗卫生服务可以保护健康,"修理"劳动力,保持劳动力。体育工作者提供的一部分体育服务也有相似的效用,即保持劳动力,保护健康。两者的不同之处在于:医疗卫生服务的效用在于通过药物和预防、治疗手段来防病治病,保护人体健康,保持劳动力;而体育服务的效用则在于通过组织和指导人们进行体育锻炼来保护健康、保持劳动力。

通过体育服务产品与相近的服务产品使用价值的比较可以看出,体育服务具有多方面的使用价值,能满足人们多方面的需要,但又具有自己独特的功能和效用,是其他文化、精神服务产品所无法取代的。

三、体育服务劳动过程的要素

体育服务的生产过程必须具有体育服务劳动、体育服务劳动对象和体育服务劳动资料三个要素,这些要素与物质生产过程相比较也具有其特点。

(一)体育服务劳动

体育服务劳动是指具有一定体育专门知识、经验、技能的能够从事体育服务生产的人,包括教练员、运动员、体育场馆工作人员、群众体育辅导人员、体育经营管理人员及有关劳动者,为生产体育服务这种特殊使用价值而进行的有目的的活动。生产物质产品的劳动要严格遵循精明的设计和规定的工艺,确保质量的稳定和规格的统一。体育服务劳动者也需要有精确的计算和设想,但在比赛或训练过程中则要求针对不同对象和具体情况,随机应变,不刻板,富于变化和创造性。

(二)体育服务劳动对象

体育服务劳动对象指接受体育教育和训练的人,也指参加体育活动、进行体育锻炼和观赏体育竞赛表演的人。体育服务劳动的加工对象主要是人,但这种劳动加工并不是直接施加到劳动对象上去,而是通过消费体育服务,由消费主体通过身体的生理活动和心理活动来达到加工的效果和目的。

由于生产体育服务产品的劳动过程并不创造物质产品,因此,一般并不存在物质形态的劳动对象。体育工作者劳动的根本目的是促进人的身心发展,但并不直接将其劳动施加到服务对象即消费者身上,并不直接改变服务对象的身体形态和机能,而是由服务对象消费体育服务这种消费品,或从观赏体育比赛中得到娱乐,或通过自身的体育锻炼达到促进身心发展的效果。

（三）体育服务劳动资料

体育服务劳动资料是指人们在体育服务劳动过程中使用的体育场馆等建筑物,以及体育设备、运动器材、测试器材、运动服装等物质资料。在实物产品的生产过程中,生产资料包括劳动资料和劳动对象。在体育服务产品的生产过程中不存在物质资料的劳动对象,因而劳动资料是体育服务劳动生产过程中物的因素的总和。随着科学技术的进步和体育运动的发展,投入体育事业的物质资料的数量和品种不断增加,质量和性能不断提高,现代科学技术和工业生产的新成果、新设备、新材料越来越多地进入体育教学、训练、竞赛中来,体育部门劳动资料的范围将日益扩大。那些被视为"消费品"的物品,以及有助于创造体育服务产品的科研服务、交通服务、通讯服务等,也成为生产体育服务的劳动资料。因此,用来生产体育服务产品的劳动资料可以分为两类:一类是实物形式的劳动资料;另一类是服务形式(非实物形式)的劳动资料。

因此,体育服务劳动过程具体来说就是:具有一定体育知识、技能和技术的体育工作者,借助于体育部门的劳动资料,有目的地对人体在物质上施加体育服务劳动所固有的种种影响,使人体产生体质增强,体育知识、技能和技术得到提高和精神上得到享受等预期变化的过程。

四、体育服务劳动过程的特点

体育服务劳动过程与生产物质产品的劳动过程具有共同的本质,都是劳动者运用生产资料生产某种使用价值的有目的的活动过程。但与生产物质产品的劳动过程相比,体育服务劳动过程有以下几个特点。

（一）体育服务劳动过程一般会有差别明显的前期阶段和后期阶段

精彩的体育比赛、国内或国际大赛上优异成绩的创造以及奖牌的摘取,运动员、教练员都要付出大量的心血和汗水。赛场上几十分钟、几分钟,甚至几秒钟的激烈拼搏,需要赛前几年甚至十几年的辛勤劳动与刻苦训练。这表明体育服务劳动过程可分为差别明显的前期阶段和后期阶段。前期是生产半成品的准备阶段,后期是提供可供消费的体育服务的最终产品阶段。对于技术性强、难度大的体育服务产品,其前期阶段的长度远远超过后期阶段。体育服务劳动前期阶段的准备与后期提供最终产品的质量(竞技运动水平)关系甚大。没有训练场上若干个酷暑寒冬的苦练,就没有赛场上几十分钟甚至几十秒钟的辉煌。而生产物质产品的劳动过程,其前期准备阶段一般都远远短于后期劳动阶段,前期阶段的劳动在生产物质产品的全部劳动过程中只起辅助的、次要的作用。

(二)消费者的在场是生产体育服务最终产品的劳动过程的必要条件

由于物质产品可以储存和转移,其生产和消费在时间和空间上都是分开的,因此其劳动过程无需消费者在场。由于体育服务不具有实物形式,不能离开生产行为而独立存在,不能储存和转移,劳动过程结束了,体育服务产品就立即消失。因此,体育服务的消费者不在服务劳动的现场,体育服务劳动过程就成为毫无意义的行为。在体育服务劳动的前期阶段,即练习、训练阶段,无需作为消费者的观众在场;但在后期的比赛阶段,作为消费者的观众的在场,则是体育服务劳动过程的前提。否则,这种体育比赛就成了教练员、运动员的自我欣赏和自我娱乐,就不是体育服务劳动过程了。

(三)体育服务劳动过程的要素成为体育服务产品的现象形态

在生产物质产品的劳动过程中,物质产品具有独立存在的实物形式,与其劳动过程要素有明显的区别。在生产体育服务产品的劳动过程中,体育服务产品不具有独立存在的实物形式,人们难以感知其具体形态并判断其存在,而只能直接感知和观察到体育服务劳动过程的简单要素:劳动者和劳动资料。例如:在足球赛场上人们无法看到足球比赛中由教练员、运动员及其他比赛工作人员提供的不具有实物形式的体育服务产品,只能看到运动员在场上的奔跑、带球、拦截、拼抢和射门,看到球被踢出、滚动及被踢入球门。在体育比赛过程中,由于体育服务产品是与劳动过程的要素密切结合在一起的,于是,有独立的实物形态的体育服务劳动过程的要素——教练员、运动员、裁判员,以及运动场地、运动器材等,就成了体育服务产品的现象形态,人们通过对运动员的位置移动和动作变化,以及球在场地上的运动的直观方式来感知体育服务的存在。

(四)体育服务劳动过程中对生产资料的消费与消费者对体育服务消费品的消费是同时进行的

在生产物质产品的劳动过程中要消费生产资料,而对其劳动成果即新创造的物质产品的消费则在此劳动过程结束之后,两种消费的界限是清楚的。在体育服务劳动过程中,每一瞬间既在不停地消费劳动资料,同时也在不停地生产出体育服务产品。与此同步发生的还有消费者消费新生产出的体育服务产品的过程。劳动者对生产资料的消费与消费者对体育服务产品的消费是在同一时间、同一地点发生的,两者极容易被混淆。因此,往往容易把体育服务劳动过程中消耗的体育设施、器材、物料、能源等误认为体育服务产品的本身,以为这些设备、材料、能源等是被作为消费者的观众消费掉了。这样一来,体育服务产品的劳动生产过程中劳动资料的耗费就从人们的视野中消失了,体育服务的劳动生产过程也从人们视野中消失了,于是生产体育服务的体育部门就被误认为是一个纯消费的非生产部门了。

(五)体育服务生产过程中劳动对象的能动性

体育服务的劳动对象是人,而人是有意识、能动的高级自然物。因此,体育服务生产过程是两者相互配合、共同作用、使人体发生变化的过程。其中包括了人与人之间进行交流的复杂的社会关系。因此,同样的劳动产品会产生完全不同的消费结果,这与劳动对象的素质、才能、悟性等分不开。所以,劳动对象的主观能动性起着重要甚至关键的作用。

[本章思考题]
1. 划分生产劳动与非生产劳动的标准是什么?
2. 试述体育部门工作者的劳动属于生产劳动的原因。
3. 试论体育产业的基本含义及相关概念之间的关系。
4. 体育服务的含义及体育服务产品的特点是什么?
5. 体育服务劳动过程的特点有哪些?

[本章练习题]
1. 概述体育产业的基本含义及相关概念之间的联系与区别。
2. 谈谈对体育产业化的看法。

[本章案例]

中国体育产业已经迎来春天

中国体育产业春天真的来了吗?2015年11月7日,体育行业7位领袖云集财新峰会"中国体育产业论坛",探讨已经风起云涌的体育产业。

"中国体育产业之父"、亚奥理事会终身名誉主席魏纪中直言:"其实这个春天早就存在,不过以前的春天雾霾太重。"

79岁高龄的魏纪中在论坛上说,"这些雾霾来自哪里呢?来自政府机构对体育各种资源的控制。但是也偶尔吹来一些西伯利亚的寒流,一些优秀的外国赛事的引进,冲散了一些雾霾,但这形成的不是体育产业而是体育商业。"

万达文化集团总裁张霖认为，体育产业的大潮来了就应该投入到朝阳产业当中去，这时候再投入到夕阳产业，或者是平稳的产业当中去，就有可能被淘汰，变成供给过剩。"产业太大了，如果不进行有序发展，很有可能导致乱。"张霖说，这样才能避免"一管就死，一放就乱"。目前，国内平均到个人的体育设施明显不足而且差得很多，引爆市场，国家的投入和拉动是"导火索"和"炸药包"。

知名的退役篮球运动员姚明，在论坛上以上海东方篮球俱乐部有限公司董事长的身份出席。他以三驾马车——进出口、政府购买和国内需求——来看中国的体育产业。除了加大国内赛事的投资力度，政府购买上简化政府审批手续、内部需求关注体育产业的大众和外部效应很重要。

"中国的体育进出口是绝对的逆差，中国体育产业发展需要做大国内版权蛋糕，"姚明表示，"我们引进的人太多，输出的人太少，卖出的版权近乎没有，买进的版权是非常多的，逆差是肯定存在的，这块蛋糕我们能够分到的非常少，而且不断地外流。"

乒乓球世界冠军、中国十佳劳伦斯冠军委员会主席邓亚萍目前主要的工作是研究奥林匹克品牌，她认为中国奥组委的"整体市场"理念值得分享，即"少即是多"的原则。越来越多的社会民营资本进入，给体育产业的市场开发带来更多可能，民企将成冬奥会顶级赞助商。作为知名运动员，她表示体育产业的春天给更多的体育人、运动员、教练员提供了非常广阔的就业前景，"2008年北京奥运会赞助商被大型国企占据，但2022年冬奥会将有更多民企加入，中国体育产业发展需要更多跨界人才"。

刚以80亿元拿下中超联赛5年全媒体版权的体奥动力，是华人文化产业投资基金旗下的公司，在论坛上，这起投资仍是热议话题。华人文化董事总经理徐志豪在论坛上再次强调"对于中超版权这个事情不要过多地关注数字，而要看这样的投入背后带来的意义"。

至于为什么华人文化选择把所有的资源砸到中超上面去，他说："当我们面对国外赛事版权的时候，这笔钱是流到了国外的赛事组织机构当中去，而我们去购买了中超的版权，这笔钱是留在了国内，留在了本土的赛事上面，不管最后价值怎么样，我们一直坚定地认为本土赛事的价值是无价的，是不可估量的。"

两个月前,阿里体育集团成立,公司 CEO 张大钟在会上表示,阿里体育将吸收阿里巴巴所有的资源,做中国体育经济的基础平台。"因为我们构造完善中国数字经济的所有的基础建设,如何把这种基础建设与体育产业做好对接,这就是阿里体育要做的事情。"最终的目标是让成为运动员的人成为运动家。

乐视 CEO 雷振剑认为,中国体育产业在互联网+进程中起点最高,而互联网企业做体育的机会来自产业链上游商业化的压力传导。他说,在去年体育产业新政颁布之前,体育产业上游货币化路径被基本堵死,只能以为数不多的模式实现商业化。而今在新的路径之下,以中超 80 亿元版权大单为例,体育产业新的货币化触角已经形成,此种货币化所释放的压力向下传导,对于互联网企业来说就体现为对平台容纳及组织管理能力的需求。

体育产业正在飞速发展,腾讯正专注于满足用户收看体育赛事等场景下的社交需求,希望体育产业能够和腾讯移动端的 6 亿活跃用户连接。腾讯网络媒体事业群、腾讯网媒业务系统副总经理刘曜在论坛上表示,体育产业正在飞速发展,但其中的社交需求未被满足,而腾讯希望以用户分发的方式助推行业发展。

魏纪中肯定了政府在拉动和跟进体育产业发展中所起到的作用,但他也着重提到,体育产业的有序发展在中国特别重要。"因为中国人特别喜欢凑热闹,一有机会就一拥而入,一拥而入的机会就造成很多的危险,很多人就稀里糊涂地陷进去,后来就稀里糊涂地不存在了。"

资料来源:黎慧玲,"中国体育产业已经迎来春天",财新网,http://topics.caixin.com/2015-11-07/100871634.html,2015 年 11 月 7 日。

[案例思考题]
1. 为什么说"这个春天早就存在,不过以前的春天雾霾太重"?
2. 为什么说"中国体育产业发展需要做大国内版权蛋糕"?
3. 为什么说"中国体育产业发展需要更多跨界人才"?
4. 体奥动力"5 年 80 亿"投入的意义何在?
5. 中国体育产业应该如何有序发展?

第四章
体育服务商品

本章学习要点

- 体育服务商品的含义及体育服务产品成为商品的原因
- 现阶段我国体育服务商品生产的特点
- 发展体育服务商品的途径
- 价格及价格变动与体育服务商品供需的关系
- 体育商业化的含义、表现及利弊分析

市场经济条件下,体育服务产品必然转化为商品。体育服务商品就是用来交换的体育服务产品。体育服务产品成为商品的原因和条件,体育服务商品化的意义,体育服务商品的需求与供给规律,以及体育商业化的利弊分析等,是本章着重探讨研究的问题。

第一节 体育服务成为商品的原因和条件

一、体育服务成为商品的原因

(一)体育服务商品的含义

体育产业的劳动产品就是体育服务。体育服务是一种非实物型产品,体育服务产品与其他劳动产品一样,当它用于交换时,就成为商品。体育服务商品就是用于交换的体育服务,即商品化的体育服务。体育服务商品体现了体育部门劳动者与其他部门劳动者之间的交换关系。体育服务商品包括运动竞赛、体育表演、体育健身休闲娱乐、体育旅游等体育服务产品。

体育服务商品与一般商品一样,是一种劳动产品,也具有使用价值和价值。体育服务能够用于交换,因此体育服务具有一般商品的共性。体育服务产品能够满足人们的健康、强身、娱乐和精神文化的需要,具有某种可消费性和有用性,因而成为满足人们需要的一种特殊消费品,构成社会财富的物质内容。体育服务产品在交换中成为交换的对象,成为交换关系和交换价值的承担者,就转化为体育服务商品。

(二)体育服务产品成为商品的原因

1. 社会主义市场经济的大环境是体育服务成为商品的基本原因

社会主义经济仍然是一种商品经济,实质上也是市场经济。在社会主义制度下,生产资料属于不同的利益主体。社会分工的存在是商品经济存在的基础。商品经济意味着为市场而生产,以市场为导向,由市场机制来配置资源。在市场经济条件下,具有相对独立性的经济实体,为了取得对方的产品,只能通过商品交换形式来实现。不仅实物形式的产品可以成为商品,而且非实物形式的精神产品和服务产品也可成为商品。在存在商品货币关系的条件下,消费者为了获得体育服务产品的消费权利,就必须用货币来购买。体育部门和体育产业单位为了补偿体育服务产品生产过程中消耗的物化劳动和活劳动,维持体育服务的生产和再生产,也需要通过出售体育服务商品来取得货币收入。在现阶段条件下,我国实行以按劳分配为主体的多种分配形式,居民的消费主要依靠个人的劳动收入或非劳动收入。居民对各种消费品的需求,由消费者按自己的意愿和需要从市场上购买,体育服务消费品也必然通过交换而成为商品。

2. 体育产业成为社会分工体系中的一个部门是体育服务成为商品的重要原因

社会分工是商品经济存在和发展的基础。在早期人类社会中,体育服务不但数量少,而且具有自我服务与义务的性质,并未成为一种社会职业和一个经济行业。随着社会分工的发展和生产的专业化,出现了日益增多的职业服务劳动者和不同的服务行业。体育运动的发展使社会逐渐出现体育服务劳动者,体育逐渐成为许多人专门从事的职业和国民经济中的一个行业。体育作为国民经济的一个组成部分,它要向消费者出售体育服务或向社会公共组织提供体育服务以满足社会的需要;另一方面,体育部门也必须通过市场的生产与再生产活动使自己得到活劳动和物化劳动的补偿,从而才能在市场经济的汪洋大海里求得生存和发展,否则体育就不能称为产业部门。因此,体育产业的形成是体育服务成为商品的重要原因和条件。

3. 缓和供需矛盾是体育服务成为商品的直接原因

随着社会经济的发展、生产力水平的提高、人民生活水平的改善及消费结构的变化,社会对体育服务的消费需求在不断增加。通过市场交换活动,使体育服务有偿地进入消费领域,可以缓解一部分体育服务的供需矛盾。

相关链接

体育商品的商品属性

现阶段,我国体育产品有两种存在形式:一种不以商品的形式流通,无偿地为人民服务,为社会主义服务;另一种以商品形式进行流通,通过体育市场提供有偿服务。凡是通过货币进行交换的那一部分体育产品,它就具有交换价值,具有商品的属性。

体育商品所以具有商品属性,其缘由在于:

第一,从生产者来说,由于社会分工和部门内部分工越来越细,许多人是专业生产者。他们只有通过一定的方式与社会交换自己的劳动产品,才能换回自己需要的生活资料,否则无法生活。

第二,从所有制来说,现阶段我国实行以公有制为主体、多种经济成分并存的所有制结构。

第三,从生产性质来说,由于我国现阶段实行的是社会主义市场经济,因而大部分体育产品主要不是供自己消费,而是供社会消费。也就是说,大部分体育产品的生产性质,不是"自给性"生产,而是"商品性"生产。现在,无论是运动员、运动队、体育团体还是健康城,实质上都是特殊的"企业",在生产精神产品。

第四,从交换方式来说,社会主义社会实行按劳分配和等价交换。

可见,由于商品生产和市场经济的产生和存在的两大前提(社会分工和不同所有制)仍然存在,大部分体育产品又是用来交换的劳动产品,交换受价值法则制约,所以体育产品具有商品属性,是体育商品。

资料来源:骆秉全等"论体育商品的属性及其特征",《首都体育学院学报》,2006年第3期。

二、体育服务成为商品的作用

在理论与实践上承认体育服务是一种商品,对于发展社会主义体育事业有重要的作用。

(一)可以为体育事业发展提供资金

长期以来,由于在经济理论和经济工作实践上不承认社会主义经济也是商品经济和市场经济,不承认体育事业也是能生产体育服务产品的一种产业,把体育事业视为纯消费性、纯公益性的非生产性事业,因而在理论与实践上不承认体育服务也是可以用来交换的劳动产品。在这种认识指导下,体育事业长期以来完全依赖国家拨款,不能实行企业化、商品化经营,使得体育组织和单位缺乏自我激励、自我发展的能力,束缚了我国体育事业的发展。承认体育服务也是商品,为建立与社会主义市场经济相适应的体育新体制提供了理论依据。既然体育服务也应通过交换成为商品,就应该改变过去那种把体育事业当作纯福利性事业的做法,从福利型、事业型转变为经营型,实行企业化经营,其中一部分可以分成自主经营、自负盈亏、自我生存、自我发展的经济实体。通过向社会提供体育服务商品,可以获得相应的货币收入,扩大体育资金的来源,以弥补国家对体育事业投资的不足。

(二)有助于调动基层单位开展经营活动的积极性

通过向社会提供体育服务商品,可以使基层单位通过向社会提供体育服务商品,获得相应的经济利益。因为经营收入多,超额部分可以分层分配,国家、集体、个人三者均可得利。因此,在经济利益的驱动下,有利于充分挖掘基层单位人、财、物的潜力及开展体育经营活动的积极性。这样也可以增强体育部门或组织自我生存、自我发展的能力,刺激其改善经营管理,努力拓展体育经营业务,不断提高体育经营的效益。

（三）有助于推动体育产业化的进程

体育走产业化发展道路,就是要体育部门利用市场经济的基本经济规律和运行机制来发展体育事业。体育部门开展经营活动,努力向社会向市场提供体育服务商品,本身就是体育走产业化发展道路的一个重要举措,同时也是推动体育事业的社会化,建立和社会主义市场经济体制相适应的我国体育产业化运行机制的重要举措。

三、体育服务成为商品的条件

（一）管理体制必须从行政型向经营型转化

行政型管理的弊端：过分强调集中统一领导,强调行政手段,忽视经济手段和法律手段,市场机制和价值规律不起作用,基层单位缺乏自主权,也不承担任何经济责任,其弊端是显而易见的。

经营型管理：实际上就是承认基层单位是一个独立或相对独立的经营实体,并要求基层单位按照体育市场的需要来组织体育服务的生产和交换活动,原则上实行自主经营、自负盈亏、自我生存、自我发展。这样就迫使基层单位只有通过向社会提供体育服务商品,才能求得生存和发展。

（二）要培育体育服务市场体系

要进行商品交换,市场是必不可少的。体育市场体系是由各类相互联系、相互影响、相互制约的体育市场构成的一个有机统一体。体育市场体系是随着我国社会主义市场经济体制的逐步确立及体育产业化的发展而逐步发展起来的。体育服务商品要进行交换,同样也需要相应的体育服务市场体系。体育服务市场体系是体育市场体系的重要及主要组成部分。

体育服务市场体系主要由体育健身、休闲、娱乐市场,运动竞赛、体育表演市场,体育咨询、体育培训市场等组成(参见图4-1)。

（三）要开展体育市场调研

通过市场调研可以掌握体育市场信息,了解体育消费者的需求及需求变化趋势。这样可以根据体育消费者的体育消费需要和体育消费热点来组织体育服务商品的生产。

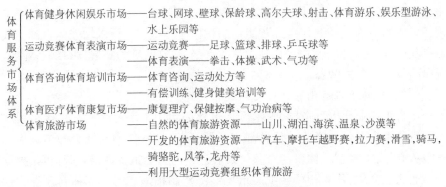

图 4-1　体育服务市场体系的构成

(四) 要培养一批体育经营管理人才

体育服务商品要进入市场，是需要体育经营管理的专业人才来运作的。体育经营需要高智商的创意和策划，要想别人想不到或不敢想的点子，做他人不敢做的事。这就需要培养一批既了解体育，又掌握现代经营管理理论知识与方法的复合型人才，来具体参与体育市场的经营管理工作。

第二节　体育服务商品的范围、特点和发展途径

一、体育服务商品的范围

目前我国的体育服务商品主要有：各种通过售票形式向观赏型体育消费者提供的运动竞赛、体育表演等体育服务商品；各种通过收取会员费、培训费、辅导费等形式向参与型体育消费者提供的健美训练、体育辅导、体育技术咨询、体育场馆服务等体育服务商品；各种通过货币支付方式有偿转让的体育科技成果等。但是，在目前由于受经济发展水平的制约，我国体育服务的商品率还是比较低的。

二、体育服务商品的特点

(一) 体育服务商品和一般物质商品相比较所具有的特点

体育服务商品和一般物质商品相比较，具有以下特点：①可观赏性，即体育服务具有一定的美学意义和欣赏价值；②可参与性，即体育服务的消费过程就是参与过程；③非实物形态，即一般是以流动形态出现的；④有实用性，即体育服务商品消费后，能给消费者带来积极的作用，如能够防病祛病、延年益寿、欢度

余暇、陶冶情操等。

（二）现阶段我国体育服务商品生产的特点

1. 现阶段我国体育服务商品生产的多层次性

由于体育消费者的多层次性，决定了体育服务商品生产的多层次性，这样才能满足各个层次体育消费者的消费需要。体育消费者由不同阶层的人所构成，如学生、工人、干部等，这些人的职业不同、性别不同、年龄不同、收入不同、经济条件不同，因此对体育服务商品的需求也是不一样的。一般地说：高水平的运动竞赛、体育表演是为了满足各类球迷的观赏需要；健美、减肥等体育服务商品是为了满足男女青壮年的消费需要；康复咨询、运动处方、气功养身、太极拳操等体育服务商品是为了满足中老年人的消费需要；高尔夫球俱乐部、网球俱乐部、游艇俱乐部等体育服务商品是为了满足外商、白领阶层的消费需要。所以，要提供各种各样的体育服务商品，才能满足各种层次的体育消费需求。

2. 现阶段我国体育服务商品生产的多主体性

现阶段我国体育服务商品的生产不是由国家包办，也不是由体总系统一家独霸，而是以体总系统为主，各种社会力量一起发展。例如：个体户办的健身房、武术学校等；宾馆附设的健身中心等；中外合资、外商独资兴办的高尔夫球俱乐部等；公园里设立的拳操辅导站等；企业办的高水平运动队及各类运动学校（如足球学校）等。其中各类民营经济在体育服务业中占了较大的比重。

3. 现阶段我国体育服务商品生产的不均衡性

由于我国经济发展水平的不均衡，带来体育服务商品生产的不均衡性。一般来说，城市、沿海地区、经济发达地区、开放城市的体育服务商品率比较高，而经济落后地区、内陆地区、农村地区、边远地区由于体育消费需求比较少，因此体育服务商品率就比较低。

相关链接

体育商品的一般特征

1. 体育商品消费的持久性

体育商品是一种特殊商品，它的消费不同于一般的物质产品。消费的持久性是许多体育商品的一个重要特性。这种持久性表现在：首先，一般的物质商品的消费，是人们的一种占有与直接的使用消耗；而体育商品的消费方式在很多情况下则是欣赏，它所使用消耗的只是体育的物质载体，其体育价值不但不是人们所能使用消耗的，反而要人们在与审美对象的共鸣、共振中获得。其次,物质产品只能满足某个人或某些人的需要,而体育产品是人类精神活动的结果,其内容带有普遍性。它不仅能满足某个人或某些人的体育消费需要,而且能满足人类世世代代的需要,对于整个人类都有价值,属于全人类共同的精神财富。

2. 体育商品生产的创新性

体育商品的生产是需要较高智力的创造活动,更强调创新。其缘由在于,体育产品只有不断创新,才有普遍的永恒价值,体育产品必须有创新的内容,才能加入人类的精神价值体系。创新性劳动是精神生产最本质的特点,从某种意义上说,没有创新就没有精神生产。没有创新的精神劳动很难说是"生产"的。每一项体育运动、每一次体育比赛,都是独具特色、不相雷同的。这样,就要求体育产品劳动者按精神生产本身的创新规律去从事体育产品的生产。

3. 体育商品的复杂性

体育商品的复杂性,表现在体育商品是个结构复杂、层次繁多的观念形态。体育商品是由多种资源、设施与服务构成的,不仅包括物质产品部分,还包括服务劳动部分;既有物质成分,又有精神成分。涉及体育商品生产和提供的部门众多,体育商品的复杂性与广泛性,是与体育商品消费的复杂性及其社会功能密切相联的。所以与体育消费复杂性相适应,体育商品包含的内容必然是相当复杂和广泛的。

4. 体育商品对人的精神世界的影响性

物质商品满足人们的物质生活需要和生产需要,而体育商品由于其特殊的精神内涵,具有认识、教育、审美、娱乐功能,寓教于乐,潜移默化,对人们的精神世界有重要影响。一般消费品都具有实物形态,体育的主体商品是一种非实物形态商品,是作为一种活动提供服务的。教练员、运动员、体育场馆工作人员等向消费者提供的是一种服务活动。体育活动能够提高人们的身体素质;体育教育能以科学的体育知识指导体育锻炼;体育运动以深刻的哲理,感染人们,使人在思想深处受到启迪和影响,在审美活动中起到潜移默化的作用。

5. 体育服务商品生产者、经营者和消费者具有协同性

生产者、经营者、消费者是市场活动的主体和当事人。市场客体即商品或服务等交换对象的流动都是市场当事人意志的体现。同样,体育市场上的生产者、经营者和消费者,他们都是体育市场活动的主体,直接决定着体育市场的直接统一性。体育服务市场具有不同于一般商品市场的特点:一是生产者直接出现在市场上。在一般商品市场上,生产者是不出现的,出现的只是其劳动成果。而在体育市场上,生产者则直接出现在消费者而前,如参与比赛的教练员、运动员,直接出现在赛场上;体育健身娱乐场所的工作人员,也出现于活动场所,为消费者服务。二是消费者也参与了体育竞赛过程,直接影响体育竞赛的过程。在体育服务市场上,经营者、生产者、消费者缺一不可,相互影响,形成了体育市场经营者、生产者、消费者的协同性。因此,经营者、生产者、消费者的协同一致是体育服务产品生产尤其是竞赛产品生产的特点。从另外一个方面来分析,体育服务商品的生产消费是在同一时间、同一地点进行的。体育服务商品不能脱离生产过程而独立存在,体育服务生产过程结束了,体育服务商品就不复存在,因而不能像实物商品那样储存和运到外地去销售。

6. 商品所有权不发生转移

实物商品和书刊、绘画等精神商品在市场买卖过程中发生所有权的转移,从卖者转到买者手中。而在体育市场的买卖活动中,体育服务商品的所有权并没有发生变化。消费者购买门票、入场券,观赏比赛或参与健身娱乐活动,买到的并不是体育服务商品的所有权,买到的只是对体育服务商品的消费权。观众到体育场馆观看体育比赛,消费者到体育健身娱乐场所参与体育活动,享受有关的服务,都是这种消费权的体现。

资料来源:骆秉全等,"论体育商品的属性及其特征",《首都体育学院学报》,2006 年第 3 期。

三、发展体育服务商品的途径

(一) 体育场馆开展多种经营,实行有偿服务

利用现有的体育场馆、设施、器材,组织以体为主的多种经营活动,向社会提供体育服务商品。例如:组织各种运动竞赛、体育表演;主办各种体育培训班、训练班、辅导班,提供各种形式的体育咨询、辅导、培训等服务;提供各种场地服务,如网球、乒乓球、羽毛球、足球、篮球等经营项目。

(二) 社会办体育

利用社会上的各种资源,特别是各种民营资本,兴办各种以健身、休闲、娱乐为主的体育经营场所,向社会提供体育服务商品,如健身房、网球场、乒乓房、保龄球馆等。

(三) 建立各种体育俱乐部

体育俱乐部一般是独立核算、自负盈亏的体育经营实体。体育俱乐部通过向体育消费者即俱乐部会员提供各种体育服务商品来维持俱乐部的生存与发展。图 4-2(a) 为 2001—2013 年中国健身俱乐部增长情况。上海 1997—2013 年营业性健身场所发展概况见图 4-2(b)。

世界上的体育俱乐部成千上万,从事的运动项目也各不相同,但体育俱乐部大体上可以分为业余、职业和商业三种类型。

1. 业余体育俱乐部

业余体育俱乐部是指以体育为共同爱好的人自愿组成的自治体育团体,属社团组织系统。其主要任务是组织自由参加的会员利用业余时间开展体育活动,一般以群众体育活动为主。

2. 职业体育俱乐部

职业体育俱乐部是指拥有由职业运动员组成的、有资格参加全国职业队联赛的职业运动队的体育俱乐部。职业体育俱乐部按性质又可分为非营利性和营利性两种类型。非营利性职业体育俱乐部大都是从业余体育俱乐部中分化出来的,而且实行"一部两制",即除了拥有一个完全按市场机制运行的职业运动队外,其余主体部分和业余体育俱乐部大同小异。这类职业体育俱乐部按市场机制经营职业运动队的主要目的不是为了营利,而是为了创收,以解决运动员的生计、训练和比赛等问题。营利性职业体育俱乐部则是完全按市场机制经营、以竞赛为手段、以营利为目的的体育商业组织。

3. 商业体育俱乐部

商业体育俱乐部是 20 世纪 90 年代基于"花钱买健康"的消费观念而兴起的以营利为目的的体育服务产业,包括健身、健美俱乐部、保龄球俱乐部、网球俱乐部、高尔夫球俱乐部等。

不管哪种类型的体育俱乐部,均通过提供体育服务商品来满足社会的体育消费需要。

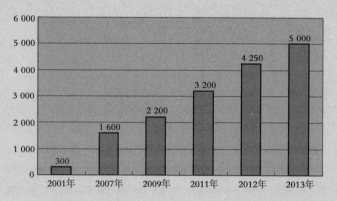

图 4-2(a)　2001—2013 年中国健身俱乐部数量增长

资料来源：智研数据中心，"2014 年全球及中国健身俱乐部区域分布格局和数量分析"，http://www.chyxx.com/industry/201508/333804.html。

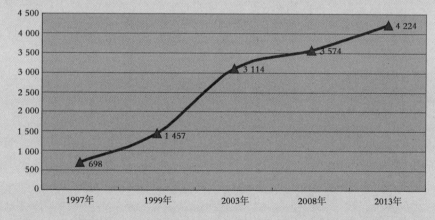

图 4-2(b)　1997—2013 年上海营业性健身场所发展概况

资料来源：编者根据相关报刊与网站资料整理。

4. 开展职业体育

职业体育是商品经济高度发展的产物，也是发展体育服务商品生产的重要途径。竞技体育职业化与其所具有高度的技艺性与观赏性、庞大的体育市场消费需求、严密健全的经营集团、纯粹的商业活动等基本特征分不开的。与此同时，体育商业化社会化的发展水平、体育服务的潜在市场需求、竞技体育的发展水平、竞技体育的管理体制等是竞技体育职业化必备的基本条件。除此之外，不同的运动项目还都有各自的项目要求。例如，依据国际上的惯例和国际足联的要求，职业足球俱乐部必须具备的条件有以下四个方面：第一，要有一个标准的比赛场地，且该场地要有灯光、草皮及容纳一定数量观众的看台；第二，要拥有一定的基本资金和周转资金，在经济管理上是一个独立的经营实体；第三，要具有一支相当实力水平的球队，有正式在册球员18名且允许自由转会；第四，要承担后备力量的培养，附设青少年队等。

第三节　价格与体育服务商品供求的关系

一、体育服务商品的价格

（一）体育服务商品价格的含义及种类

1. 体育服务商品价格的含义

一般来说，商品价格是以价值为基础的，但体育市场上体育服务商品价值量的决定及其价格与价值的关系，均有自身的特点。

（1）重复型体育服务商品价值量的决定。马克思主义政治经济学认为，商品的价值量是由生产该商品的社会必要劳动量来决定的。体育服务产品中有一部分属于重复型，如体育健身娱乐场所的服务、一般的体育技术辅导培训等，创新性较少，社会也需要其重复地大量生产。因而重复型体育服务产品的价值量不是由个别劳动时间决定的，只能由生产该体育服务产品的社会必要劳动量即社会平均劳动量来决定。

（2）创新型体育服务商品价值量的决定。体育服务产品价值量的决定，其特殊性在于创新型体育服务产品的价值量难以确定。这是由于以下几点原因：

第一，不可重复性和扩散性。运动训练新原理的提出，新的体育技术、战术的创新，重大的精彩的体育比赛场面，新的运动纪录的创造，都具有不可重复性和扩散性。在这里不存在生产同一产品的若干个个别劳动时间，因而无法用社会平均必要劳动量来确定其价值。

第二，效果的不确定性。影响运动竞赛水平和比赛成绩的因素很多，比赛的胜负、名次的排列、运动成绩和新纪录的创造等，不单纯取决于教练员、运动员的素质和工作状况，还受到许多外在因素和偶然因素的影响，因而体育服务产品的质量和有用性,即体育比赛的水平和观赏性具有不确定性。例如,在竞技运动中,如果运动员具有某项运动的天才,则可以用较短的训练时间、较少的训练费用达到较高的运动技术水平。而如果在训练过程中出现严重伤害事故,则会造成人力、财力的巨大损失,增加训练成本。体育服务产品的这种不确定性使其价值量也具有不确定性。

第三,运动竞赛和体育表演服务劳动过程有差别明显的前期阶段和后期阶段。前期是训练阶段,即生产体育服务产品的准备阶段,后期是提供可供消费的体育服务产品的最终阶段。在体育竞赛表演服务产品的生产过程中,其前期阶段的长度远远超过后期阶段。体育竞赛服务劳动前期阶段劳动与后期提供的最终产品的质量(竞技运动水平)关系极大。精彩的体育比赛、国内外重大比赛上优异成绩的创造,需要教练员、运动员付出大量的心血和汗水。赛场上几十分钟、几分钟甚至几秒钟的激烈拼搏,需要赛前几年甚至十几年的辛勤劳动和刻苦训练。没有训练场上若干个寒暑的苦练,就没有赛场上几秒钟、几分钟、几十分钟的辉煌。由于以上几个原因,体育竞赛市场上创新型体育服务商品的价值量是难以计算的。尽管在理论上体育服务商品的价格是以价值为基础的,但由于其价值量难以确定,在实际操作上还应认真研究体育市场上的价格机制与计价政策。

(3)体育服务商品价值量的变动趋势。体育服务商品价值量变动的趋势也有其特点。体育服务产品的价值与实物产品一样,都是由 $c+v+m$ 构成。c 是体育服务产品生产过程中消耗的各种物质资料价值的转移;$v+m$ 是体育服务产品生产过程中新创造的价值。在实物产品生产过程中,随着科学技术的进步,资本有机构成提高,单位产品所含 v 的比重降低,c 的比重提高,与此同时,生产单位产品所耗费的劳动量减少,商品的价值量呈下降的趋势。例如,由于科学技术的进步和生产方法的更新,生产电脑的劳动耗费不断下降,电脑的价值和价格也大幅度下降。体育服务产品则不同。体育部门提供的运动训练和运动竞赛服务是一种技巧性很强的人力型服务,需要熟练程度很高、强度很大的复杂劳动,需要耗费大量的体力和脑力。随着科学技术的进步及其在体育运动中的应用,体育运动的水平更高,动作技术难度更大,身体负荷量相应增大,再要进一步提高运动成绩就更为困难。如男子 100 米短跑,当运动成绩提高到 10 秒时,再要提高 0.1 秒比在 11 秒时提高 0.1 秒要困难得多。在运动竞赛水平更高、竞争更加激烈的情况下,要继续提高运动成绩,创造新的技术和动作,就需要更加科学、更加严格的训练,劳动的复杂程度、紧张程度更高,体力、脑力的消耗和训练费用的支出比以往大得多。这些情况表明,体育服务产品中的运动竞赛和运动训练服务的价值量存在着上升的趋势。

2. 体育服务商品价值的种类

体育服务商品的价格可分为：运动竞赛、体育表演商品的价格；进入体育场馆、参与体育活动的门票价格；体育技术辅导和咨询服务的价格；体育教育、训练服务的价格；体育医疗、体育康复服务的价格等。

（二）体育服务商品价格的构成及类型

1. 体育服务商品价格的构成

在正常的企业化生产经营的条件下，体育服务商品的价格包括成本（$c+v$）、利润和税金（m）三部分。成本是体育服务商品价格的基础，是构成体育服务商品价格的主要部分，也是制订体育服务商品价格的主要依据。它包括以下几部分费用：体育服务商品生产过程中体育设施、器材、用具的折旧费；体育设施的照明燃料及耗费的其他材料的费用；维持正常运转的维修费用；职工的工资、福利费、管理费用等。

2. 体育服务商品价格的类型

由于现阶段我国体育经营单位的性质并不完全一样，有的是事业经营型，有的是企业经营型，因而体育服务的价格构成并不完全一致。大体可分为以下两种类型。

（1）全费服务价格。其价格构成包括体育服务商品生产经营中的成本、利润和税金。实行全费服务价格的大都是自主经营、自负盈亏的企业型、商业型体育经营机构；部分体育事业单位，虽非自主经营的企业，但实行企业化管理，也实行全费服务价格。娱乐性较强或高档次的体育服务场馆和设备完善的体育娱乐中心，如高尔夫球场、保龄球房、台球房、网球场等，不论其投资来源如何，一般都实行全费服务价格。

（2）优惠服务价格。这种价格往往不包含利润和税金，或者仅获得微利，或仅相当于成本，甚至低于成本，其亏损部分由财政补贴，或者由经营其他业务所获得的收益来补偿，或者由政府通过购买服务提供资助。如公共体育场馆所提供的各类公益性体育服务，各种社区健身俱乐部所提供的群众性体育竞赛活动的服务和各种非营利性的体育培训服务等，往往都优惠收费甚至免费。企业、事业单位内部经营的健身房、游泳池等体育设施，也大都以优惠或免费的方式提供服务。

体育市场上体育服务商品的价格，尤其是体育竞赛市场的体育服务商品价格，对于价值表现出较大的独立性，即在价值量不变的情况下，价格可能有较大的变动和差异。人们对体育服务的需要，属于享受和发展的需要，在现阶段尚属非基本需要，不是刚性需要，具有较小的弹性。对体育服务的需求不仅受价格的影响，还受许多非价格因素，如居民的收入水平、工作和生活条件、余暇时间、文化传统和体育观念、时尚和习俗、个人的爱好和主观评价等因素的影响。例如，在沿海及一些经济较发达城市，体育健身娱乐市场迅速崛起，这不仅是受居民收入增长较快、出现了一批中高层收入者的影响,也与人们的生活条件、消费观念变化有关。在美国,得到人们喜爱的拳击、棒球、橄榄球、篮球、网球、田径、游泳等项目的比赛,门票可高达数十美元至数百美元,而足球比赛的门票在"美国杯"之前只能卖到几美元。在西欧各国,精彩的足球比赛门票价格可高达数十美元至数百美元。价格的上述差异显示出民族文化传统、体育传统对市场需求的影响,从而对体育竞赛市场价格发生影响。

与体育市场的需求有较小的弹性不同,体育市场的供给则呈现不同的情况。体育健身娱乐市场的供给明显受价格的调节。在价格上涨、供不应求的情况下,体育健身娱乐市场会有较多的盈利,从而刺激新的健身娱乐经营场所的开张。反之,价格降低、显示供大于求时,如果无利可图甚至长期亏损,一些健身娱乐场所会停业转产,从而减少供应。但价格的波动却不易引起竞赛市场供给的迅速变化。价格上涨,难以使竞赛市场的供给迅速增加;价格下降,也难以使竞赛市场的供给迅速减少。面对竞赛市场供给弹性较小而需求弹性较大的情况,竞赛市场门票的价格波动性较大。例如,由于1994年在世界杯亚洲赛区预选赛之前,国人对中国队的期望值很高,成都赛区的门票被炒到百元以上。当中国队兵败伊尔比德、出线无望之后,成都赛区的门票价格跌至原来的几分之一,甚至十几分之一。由于1998年中国队在世界杯预选赛(十强赛)中又未出线,也影响到中国的足球球市,甲A俱乐部中大部分球队的比赛门票价格出现下浮。体育竞赛市场门票价格机制的上述特点,要求在门票价格管理和定价上应有较大的灵活性。

相关链接

上海男篮公布新赛季球票方案

2012年11月15日上海男篮公布了新赛季的票务方案。2012—2013赛季CBA联赛上海赛区票务方案新赛季总体票价分为四个档次,其中,单场票价为50/100/160/280元(去年为40/80/120/200元),特殊场次票价为60/140/200/320元,套票价格为1 300/2 000/3 300元三档。俱乐部初步将主场对阵青岛、北京、新疆、广东的比赛定为特殊场次。

此前,就有媒体曝出因为引入阿里纳斯,大鲨鱼将调整新赛季票价的消息。而从昨天公布的票务方案来看,相较于上赛季,新赛季的单场票价和套票价格都稍有上浮,并增加了特殊场次门票。不过上海男篮副总经理钱安柯在接受采访时表示,票价的浮动并不是因为阿里纳斯。"其实平均下来,票价和去年差不多,今年尝试几场特别的比赛,单场有小的增幅,青岛看麦迪,北京看卫冕冠军,广东看易建联和国家队,新疆是传统强队。这是 NBA 球队常有的做法,我们也尝试一下,看看是不是可以接受。今年没有设最低价的学生套票,因为我们做过统计,去年的购买量很少,所以决定把这些座位拿出来用作单场散票,低价位可以增加一点。"钱安柯强调,在上赛季结束后,俱乐部对于上调票价就基本达成了共识,不管有没有阿里纳斯,都不会影响这个决定。

资料来源:倪维佳,"上海男篮公布新赛季球票方案",《新闻晚报》,2012年11月16日。

二、价格及价格变动与体育服务商品供需的关系

(一)价格及价格变动与体育服务商品需求的关系

1. 需求与体育服务商品需求

(1)需求的一般含义。需求不同于需要,它不仅要以人们客观存在的购买某种物品的欲望为基础,而且要受到人们的支付能力的约束。因此,在经济学意义上,需求一般是指人们在一定时期内愿意并能够购买的某种商品或服务的数量。在理解需求这一概念时,必须注意以下几点。

第一,需求总是以购买欲望为前提的,没有这种购买欲望,即使具备很大的支付能力,也无法形成需求。20 世纪 90 年代中后期我国出现的市场疲软就属于此种情况,当时的居民储蓄存款高达 5 万亿元人民币,甚至还有价格频频下滑的引诱,但市场购买力仍然一蹶不振。

第二,需求总是有支付能力的需求。毋庸赘述,没有支付能力保证的需求只能是需要或欲望,而对于需要或欲望,更大程度上可以用心理学理论去解释。

第三,需求是一个流量概念,它是指某一时期内消费者或其集合愿意并能够购买的商品和服务数量,比如每月购买大米 15 千克,支付体育锻炼的门票费用 10 元等。

第四,需求还是一个期望值,并非是实际可以实现的需求,后者又叫实际需求,两者在数值上不一定一致。但是,实际需求总是小于期望需求的。

(2)体育服务商品需求的含义。体育服务商品需求是指人们在一定时期内为了满足自身的强身健体、延年益寿、欢度余暇等需要而形成的对体育服务或服务商品的需求量。

从体育经济学的角度来看,体育服务需求又可以分为非经济性的体育服务需求和经济性的体育服务需求两种类型。

非经济性的体育服务需求,是指人们无须支付一定的货币就可以实现的需求。具体来说,也就是体育产业部门无偿向社会提供的各种体育服务或服务产品,如学校体育教学、业余体育训练、群众体育辅导等。这类体育服务需求由于基本上不涉及人们体育活动的经济问题,因此它不能成为体育经济学所要研究的主要对象。但是,这种非经济性的体育服务需求是构成人们整个体育服务需求的重要方面,而且要解决这类体育服务产品的供求矛盾又会间接地与人们的经济关系相联系,如社会、集体的福利基金在体育事业的分配和使用等。因此,在研究人们的体育服务需求时,这类非经济性的体育服务需求也是不能不论及的。

经济性的体育服务需求,是指人们必须通过购买手段、支付一定的货币才能实现的需求。具体来说,也就是对体育产业部门所提供的体育服务商品的需求。由于这类体育服务需求是与人们体育活动中的经济问题直接相关联的,因而它的运动必然要受到经济规律的支配。体育经济学所要研究的体育服务需求,主要就是这类经济性的体育服务商品的需求。

2. 体育服务商品的需求规律

体育服务商品的需求规律反映的是人们对体育服务商品的需求量与价格之间的关系。一般说来,体育服务商品的价格上升,人们的需求量就会下降;相反,价格下降,需求量就会增加。因此,体育服务商品的需求规律也就具体地表现为需求量随价格上升而递减、随价格下降而递增的反方向变动关系。体育服务商品的需求量与价格之间的这种负相关关系,用函数形式来表示,就是体育服务商品的需求函数,需求量是价格的函数:

$$D = f(P)$$

式中:D 表示需求量;P 表示价格;f 表示函数关系。用几何图形来反映需求量与价格的变动关系,就可以描绘出一条体育服务商品的需求曲线(参见图4-3)。

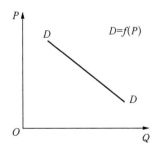

图4-3 体育服务商品的需求曲线

从图 4-3 中可以看到,体育服务商品的需求曲线 DD 线是从左上方向右下方倾斜的,它反映了需求量随价格变动而反方向变化的关系(在图 4-3 中,P 表示价格,Q 表示需求量)。体育服务商品的需求规律反映的是人们对于经济性体育服务商品需求量的规律。需求曲线表示的是需求状况,如果需求状况发生变化,也就反映为整个需求曲线的移动,说明对于每一个价格水平需求量都发生了变化。

引起体育服务商品需求状况变化的因素是多方面的,现假定其他因素不变,只是分析由于人们对非经济性体育服务需求的变化而引起的对体育服务商品需求状况变化的情况。如前所述,人们的整个体育服务需求是由经济性和非经济性的体育服务需求共同构成的,并且在这两者之间存在着很强的替代关系,即对经济性体育服务商品的需求,在很大程度上是可以通过对非经济性的体育服务产品需求来替代的。例如,一场精彩的足球比赛,如果通过电视实况转播,那么比赛现场的观众就势必减少,其他健身、娱乐、休闲等体育服务需求也是这样,如果免费或优惠向社会提供的体育服务或服务产品数量增加,则就意味着收费的商品性体育服务消费需求的日益减少。因此,如果人们把主要的体育服务需求力集中于非经济性的体育服务产品,那么势必影响对经济性体育服务商品的需求状况。正是由于非经济性和经济性的体育服务需求之间存在着这种很强的互替关系,所以在研究体育服务商品的需求时,必须充分考虑到这一点。

3. 影响体育服务商品需求的其他因素

以上在分析体育服务商品的价格对需求量的影响关系,以及非经济性体育服务产品需求与经济性体育服务商品需求的互替关系时,都是以假定其他因素不变为前提的。实际上,其他因素对于人们的体育服务需求也存在着重要的影响。

(1)人们的收入水平。人们收入水平的高低,反映了对各种商品有支付能力的需求力的大小。而人们的需求又具有明显的层次性,从需求发展的一般规律来看,人们的需求首先是表现为对满足生存需要的生活必需品的需求,在满足了生存需要的基础上,然后逐层渐进,形成对满足享受需要和发展需要的各种商品的需求。当然,这种需求发展的层次性要受到收入水平的约束,在人们收入水平很低的条件下,除了满足生存需要以外,就不可能再形成对享受需要和发展需要大量需求的经济动因。人们的体育服务需求属于中高层次的享受需要和发展需要,因而对体育服务商品的需求量也必然伴随收入水平的变动而变化。如果其他因素不变,人们的收入水平提高,对体育服务商品的需求量也将会随之增加,在图形上就表现为需求曲线向右上方移动(参见图 4-4)。

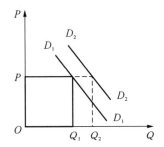

图 4-4　收入水平与需求量的关系

图 4-4 表示在价格 P 不变的条件下,由于收入水平的提高,需求曲线由 D_1D_1 线移动为 D_2D_2 线,相对应的需求量也从 Q_1 增加为 Q_2。由此又可以推论出收入水平变化与需求量变化的另一种表示,即需求量也是收入的函数,并且是收入的递增函数(参见图 4-5)。

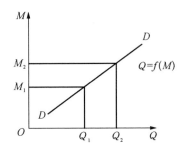

图 4-5　收入水平与需求量的关系

图 4-5 中,纵轴 M 代表收入,横轴 Q 代表需求量,当收入水平从 M_1 提高到 M_2 时,相应的需求量也从 Q_1 增加为 Q_2。

（2）体育基础设施的建设。体育基础设施不仅是体育供给得以实现的必要条件,也是影响体育服务需求实现的不可忽视的因素。加强体育设施的建设,能够有效地促进体育服务需求的增长。尤其在我国绝大部分地区,体育基础设施的严重不足是制约体育服务商品需求实现和限制需求量增长的一个重要原因。因此,是否重视体育设施的建设,不论对体育服务供给还是体育服务需求都是一个直接的影响因素。

（3）人们的余暇时间。余暇时间是人们从事体育消费的基本条件之一,特别是服务性体育消费,通常都是安排在余暇时间里进行的。这样,人们所拥有的余暇时间的多少也就直接影响着对体育服务需求的数量。一般而论,随着人们的余暇时间的增多,对体育服务的需求也会增加。另外,在节假日或余暇时间相对集中的期间(如双休日)也往往会形成对体育服务需求的高峰。

此外,人们的文化水平、人们的体育意识强弱、其他文化商品的发达程度,以及新兴体育消费项目的开发和拓展,都会对人们的体育服务需求产生积极的影响。

4. 体育服务商品的需求弹性

体育服务商品的需求弹性分为需求的价格弹性和需求的收入弹性两种。需求量变动的百分比与价格变动的百分比之间的比率,称为价格弹性,用 E_D 表示,其公式为

$$E_D = \frac{需求变动百分比}{价格变动百分比} = \frac{\Delta Q/Q}{\Delta P/P} = \frac{\Delta Q}{\Delta P} \cdot \frac{P}{Q}$$

式中:P 代表价格;Q 代表需求量;ΔP 和 ΔQ 分别代表价格变动量和相应的需求量的变动量。在通常情况下,由于价格的变动将引起需求量的反方向变化,因此弹性系数 E_D 为负数。弹性系数的大小取其绝对值来表示,不同斜率的需求曲线反映了不同的价格弹性。由于人们对不同的体育服务商品的需求状况是不一样的,因而需求曲线的斜率也是不一样的,所以需求的价格弹性也有 $E_D>1$,$E_D=1$,$E_D<1$ 三种情况。

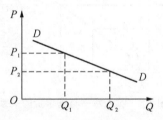

图 4-6　需求弹性系数 $E_D>1$

图 4-6 所示的是需求价格弹性大的情况。这类体育服务商品的价格发生一定幅度的变动,会引起需求量更大幅度的变动,即弹性系数 $E_D>1$。一般地说,一些大众的体育服务商品,如体育健身、娱乐、休闲等体育服务就是属于这种情况。

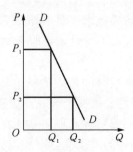

图 4-7　需求价格弹性 $E_D<1$

图 4-7 所示的是需求价格弹性小的情况。这类体育服务商品的价格发生较大幅度的变动,只会引起需求量发生较小幅度的变化,即弹性系数 $E_D<1$。通常一些具有较高层次或具有特定需求对象的非大众化的体育服务商品,如会员制的体育俱乐部,以及高尔夫球俱乐部、游艇俱乐部、宾馆的健身中心等,就是属于这种情况。

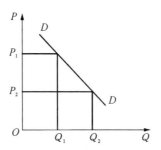

图 4-8　需求价格弹性 $E_D=1$

图 4-8 所示的是需求价格弹性系数 $E_D=1$ 的情况。这类体育服务商品的价格发生一定幅度的变动,将会引起需求量发生相同幅度的变化。当然,这是从理论上分析的可能出现的需求量与价格之间的变动关系。

不同的体育服务商品具有不同的价格弹性,同一种体育服务商品在不同的时期也可能会有不同的价格弹性。因为影响体育服务商品需求量变化的有各种因素,它们对需求量的影响作用往往是和价格因素的影响作用交叉在一起的。因此价格对需求量变化的影响,有时能够比较纯粹地表现出来,而有时则由于其他因素的交互作用使价格作用本身发生扭曲。所以掌握体育服务商品需求的价格弹性,其意义在于把握体育服务商品的价格与需求量之间变动的内在联系,然后根据不同的体育服务商品、不同的时期,以及对各种因素影响作用的分析,去预测价格变动将会引起需求量在多大程度上的变化,从而为科学、合理地制定体育服务商品的价格、调节体育服务商品供求的平衡提供可靠的依据。而不应该把不同的体育服务商品与不同的价格弹性不加分析地对号入座、简单搬套。

体育服务商品需求的收入弹性是指收入变动的百分比与需求量变动的百分比之间的比率,即人们收入增加或减少的幅度与由此引起的对体育服务商品需求量的变动幅度的比率。其公式为

$$E_M = \frac{需求量变动百分比}{收入变动百分比} = \frac{\Delta Q/Q}{\Delta M/M} = \frac{\Delta Q}{\Delta M} \cdot \frac{M}{Q}$$

式中:M 代表收入;E_M 代表收入弹性系数;ΔQ 和 ΔM 分别代表需求和收入的变动量。如前所述,收入与需求量之间是同方向变动的关系(参阅前面收入

水平与需求量的关系),故弹性系数为正数。从理论上分析,需求收入弹性可以具有同价格弹性相似的三种情况,即弹性系数 $E_M>1, E_M<1, E_M=1$。由于体育服务商品基本上是属于满足人们发展需要和享受需要的消费层次,因此从短期来看,需求的收入弹性比较小。但从长期来看,随着人们收入水平的不断提高,消费需求的层次也将逐渐提高,这势必会使收入增加中的更大部分用于满足对体育服务商品的需求。因此,在长期中,体育服务商品的需求收入弹性有增大的趋势。

(二) 价格及价格变动与体育服务商品供给的关系

1. 体育服务商品的供给及其类型

(1) 体育服务商品供给的含义。与需求一样,在经济学意义上,供给一般是指生产或销售者在一定时期内愿意并能够提供给市场的商品或服务数量。体育服务供给是指体育产业部门在一定时期内向社会提供的全部体育服务产品和体育服务商品的数量。其主要形式是运动竞赛、体育表演、体育健身娱乐、体育旅游、健身咨询及培训辅导等。

(2) 体育服务商品供给的类型。从体育经济学的角度来看,体育服务供给可以分为无偿的产品型供给和有偿的商品型供给两种类型。

无偿的体育服务产品供给是指由体育产业部门向社会提供的免费或优惠的体育服务产品,如学校体育教学、业余体育训练、群众性体育辅导等,这类体育服务产品面向整个社会,人们一般都可以无偿或部分有偿(优惠)地获取。因此,在这类体育活动中,不含有一般意义上的经济性质,但是由于它在体育服务供给中占有重要的地位,是整个供给不可缺少的组成部分,并且在这类体育服务产品的生产过程中,也会涉及与社会的经济关系以及自身发展的经济问题,如它需要国家的投资、社会的扶植和赞助,以及通过自己的业务活动筹集发展资金等,因而在论述体育服务供给时,这部分产品型的体育服务供给也是不能遗漏的一种类型。

有偿的商品型体育服务供给是指由体育产业部门向社会提供的人们必须通过支付一定量的货币购买才能得到的体育服务商品,如体育比赛、体育表演、健美训练、减肥辅导、气功健身、运动处方、气功养生,以及其他各种形态的体育健身、休闲、娱乐等体育服务商品。这类体育服务商品的供给都是以一定的价格为条件的,是和经济活动直接联系在一起的,因此它是体育经济学研究的主要内容。

体育服务商品的供给作为体育经济活动的一个方面,必然要受到经济运动规律的制约,尤其是在当前体育商业化趋势强化和体育市场不断健全完善的条件下,经济因素必然成为体育服务商品供给的一个基本的起决定作用的因素。在各种经济因素中,最主要的是体育服务商品的价格。

2. 体育服务商品的供给规律

同其他商品的供给规律一样,体育服务商品的供给规律也表现为供给量与价格之间的正方向变化关系。就一般而论,体育服务商品的价格越高,对供给者来说,获利就越多,因而供给量也就越大。相反,价格低,供给量也就下降。这种供给量随价格上升而递增、随价格下降而递减的正相关关系,用函数形式来表示,就是供给量是价格的函数,即

$$S = f(P)$$

式中:S 表示供给量;P 表示价格;f 表示函数关系,供给量与价格的函数关系也可以用几何图形来反映,参见图 4-9。

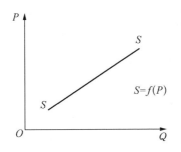

图 4-9　体育服务商品的供给曲线

图 4-9 的纵轴 P 表示价格,横轴 Q 表示供给数量,SS 线是体育服务商品的供给曲线。供给曲线的形状是从左下方向右上方倾斜,反映了供给量与价格的正相关关系。应该指出的是,图 4-9 所表示的是供给量与价格的依存关系,在这里是假定供给量的变化是由价格因素唯一地决定的,而把其他影响供给量变化的因素都看作是既定不变的,如果其他的因素发生了变化,供给量也将会随之而变动。

3. 影响体育服务商品供给的其他因素

体育服务商品供给量的变化除了取决于价格因素以外,还受到其他多种因素的影响。

(1) 生产体育服务商品的成本价格。在体育服务商品价格已定的情况下,若生产体育服务商品的成本价格上升或下降,会使供给量随之发生减少或增加的变动,也就是使整个供给状况发生变化。在图形上就表现为供给曲线的移动(参见图 4-10)。

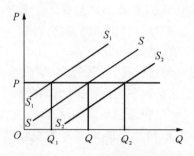

图 4-10　供给曲线的移动

在不考虑生产体育服务商品的成本价格变动或假定成本价格为既定不变时，价格 P 与供给曲线 SS 线所对应的供给量为 Q。现在，若生产体育服务商品的成本价格提高，这时供给曲线就向左平行移动为 S_1S_1，S_1S_1 与价格 P 相对应的供应量为 Q_1。从图 4-10 中可以直观地看到 $Q_1 < Q$，即由于成本价格的提高，供应量减少。相反，若成本价格下降，价格曲线就向右平行移动为 S_2S_2 线，与价格 P 对应的供给量为 Q_2，即成本价格下降，将会使供给量增加。这种情况比较典型的例子是游泳池的门票。如果游泳池的门票价格不变，水费上涨，也就是游泳池所提供的服务的成本上升，这将会引起游泳池开放场次的减少；如果水费下降，则会产生相反的结果。其他体育服务商品的供给量也有类似的情况。

（2）体育基础设施的规模。体育基础设施包括体育场馆、健身房、游泳池等。体育基础设施是各种体育服务产品和商品得以向社会提供，体育服务供给得以实现的必要条件。所以，体育基础设施的发达程度是直接影响体育服务商品供给的一个重要因素。

（3）国家对体育产业的经济政策。这里主要指国家对体育产业的税收、信贷等政策。国家若对体育产业生产的产品实行低税或免税的优惠政策，就能推动体育产业供给的增长，反之则相反。

（4）社会对体育产业的重视和支持。在体育服务消费品供给中，一部分属于产品型的供给，其供给数量在很大程度上受制于社会的重视和支持，社会对这类体育服务产品生产的投资、资助越多，它的供应量也相应增加。另一部分属于商品型的供给，其供给数量也会受到这一因素的影响，社会对体育服务商品生产的重视和支持，为它提供创造各种有利的条件，都能有效地促进体育服务商品供给的增加。例如，社会各民间团体成立的体育基金会，就是促进体育产业发展、增加体育服务商品供给的有利因素。因此，体育服务产品与体育服务商品的供给量是和社会的重视和支持成正比的。

此外,季节差异、天气差异、地理环境的差异等也会对体育服务商品的供给量造成影响。

4. 体育服务商品供给的弹性

体育服务商品的供给量与价格具有正方向变动的关系,测度价格变动引起的供给量变动程度大小的指标,称为体育服务商品的供给价格弹性,用弹性系数 E_S 来表示弹性的大小,其公式为

$$E_S = \frac{供应量变动百分比}{价格变动百分比} = \frac{\Delta Q/Q}{\Delta P/P} = \frac{\Delta Q}{\Delta P} \cdot \frac{P}{Q}$$

式中:P 代表价格;Q 代表供给量;ΔP 和 ΔQ 分别代表价格变动量和相应的供给量的变动量。根据供给规律,供给量与价格是正方向变化关系,所以弹性系数 E_S 为正数。

弹性系数数值的大小取决于供给曲线的形状,即曲线的斜率。由于体育服务商品的种类不同,主要的供给对象不同,因此不同的体育服务商品其供给曲线的斜率也是有差异的,供给曲线的斜率越大,即曲线的形状越陡,其弹性就越小,反之,弹性就越大。供给曲线的不同斜率反映在弹性系数上可归为三种情况,参见图 4-11、图 4-12、图 4-13。

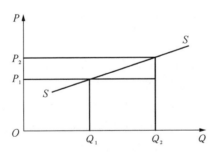

图 4-11 供给的价格弹性系数 $E_S > 1$

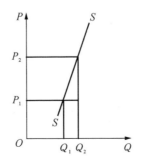

图 4-12 供给的价格弹性系数 $E_S < 1$

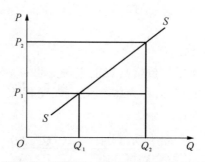

图 4-13　供给的价格弹性系数 $E_S = 1$

图 4-11 所示的是体育服务商品供给的价格弹性系数 $E_S > 1$，在这种情况下，价格的较小变动将会引起供给量的较大变化，这表明供给是富于弹性的。

图 4-12 所示的是体育服务商品供给弹性系数 $E_S < 1$，在这种情况下，价格的较大变动只能引起供给量的较小变化，这表明供给是缺乏弹性的。

图 4-13 所示的是体育服务商品的供给的价格弹性系数 $Es = 1$，在这种情况下，供给量的变动幅度与价格的变动幅度相同，这称为供给的单元弹性。

在论述了体育服务商品供给的各种价格弹性以后，有必要指出，体育服务商品的供给弹性除了与其他商品的供给弹性具有共性以外，它本身又表现出明显的特殊性。就一般而论，体育服务商品的供给弹性都是比较小的，尤其是在短期内更为突出，这一特殊性是与体育服务商品的特点相联系的。因为在体育服务商品的生产中，服务商品的生产不同于物质生产劳动，绝大部分体育服务商品不可能像物质商品那样，在短期内可以迅速增加供给量。体育服务商品的生产相对来说需要一个较长的周期，如运动员、教练员的培养都需要一定的周期。因此从短期来看，价格对一般体育服务商品供给量的变化影响较小。但从长期来看，其供给弹性要大于短期。因为在长期中，价格提高能使体育产业部门有能力组织更多的人力、物力和财力投入体育服务商品的生产，从而使体育服务商品的供给量有较大幅度的增长。

体育服务商品供给弹性的这一特点说明，供给量的变化程度还与时间存在着一定的关系，价格因素或者其他因素对供给量变化的影响，其程度会因时间长短的不同而不同。由于在短期内供给弹性较小，各种因素的变化就难以使供给量发生较大的变化，因此往往在短期内不能达到预期的效果。根据体育服务供给弹性的这一特点，要使各种因素的变化能对供给量发生较大的影响，就必须着眼于长期的观点，各种政策、措施要有长期性和连续性，要把增加体育服务供给看作一个长期的行为，这样才有利于在实践中采取各种措施有效地促进体育服务消费品的供给。

(三) 体育服务商品供给与需求的关系

1. 体育服务商品供求的均衡

在分析了体育服务商品需求与体育服务商品供给以后,现在把两者结合起来,进一步分析体育服务商品供求的矛盾运动。

体育服务商品的供给和需求都是价格的函数,但价格的变动对供给和需求的影响又是反方向的。因此,在体育服务商品供给与需求的矛盾运动中,价格是一个极为重要的因素。在不同的价格水平下,体育服务商品的供给量是不同的;同样,相对于不同的价格,人们对体育服务商品的需求量也是不一样的。所以,体育服务商品供求均衡依存于一定的体育服务商品的价格水平。

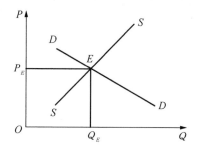

图 4-14　体育服务商品供求均衡曲线

在图 4-14 中,SS 线是体育服务商品供给曲线,DD 线是体育服务商品需求曲线,当价格为 P_E 时,SS 线与 DD 线相交于 E 点,即在 P_E 的价格水平上,供应量与需求量恰好相等,相应于 E 点的供求数量为 Q_E,这就是说在供给曲线和需求曲线为已定的情况下,体育服务商品供求均衡的条件是价格为 P_E。这一价格就称为一定时期内体育服务商品供求的均衡价格,与之相对应的供求数 Q_E 是均衡供求量。

体育服务商品的均衡价格和均衡供求量是由体育市场中供给规律与需求规律的自发作用形成的,具体的过程如图 4-15 所示。

现假定,当体育服务商品的价格高于均衡价格 P_E,即为 P_1 的情况下,这时对应于 P_1 的需求量为 a 点所对应的 Q_1,供给量为 b 点所对应的 Q_2,这说明在价格为 P_1 时,市场上体育服务商品的供给量大于需求量。由于供求规律的作用和竞争机制,供大于求会使价格下降,而价格下降又对供求双方产生着相反的影响,即价格下降使供给减少,使需求增加,两者的变化方向都向均衡点 E 趋近。反之,如果在体育服务商品的价格低于均衡价格 P_E,即为 P_2 情况下,由供给曲线和

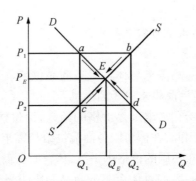

图 4-15　体育服务商品供求达到均衡的过程

需求曲线可知,这时的供给量为 c 点所对应的 Q_1 时,需求量为 d 点所对应的 Q_2。这说明,在价格为 P_2 时,市场上体育服务商品的需求量大于供给量,同样在供求规律和竞争的作用下,供小于求将导致价格上升,而价格上升又使供求向反方向变动,它们的变化方向也向着均衡点 E 趋近。因此,不论是价格高于或低于均衡价格,在供求规律和竞争机制的作用下,都会向均衡点 E 所对应的均衡价格 P_E 趋近,供求量都会向均衡点 E 所对应的均衡供求量 Q_E 趋近,从而使体育服务商品的供求由不均衡达到均衡。

当然,以上只是从理论上分析的体育服务商品供求达到均衡的过程和所应具有的条件。事实上,在现实的体育服务商品市场上,体育服务商品供求的均衡总是相对的,因为体育服务和服务商品的生产和消费一般是同时进行的,所以客观上要求体育服务商品的供给与需求相适应。因此,在某一个具体的时点上,供求可能出现不均衡的现象,但从长期来看,从变化的趋势来看,在市场竞争和供求规律的作用下,又会趋向于大体上的均衡,从而表现为体育服务商品供求矛盾规律性的运动过程。

应该指出的是,在体育服务商品供求达到均衡的过程中,体育服务商品的价格是一个重要的因素,但并不是唯一的因素。除了价格因素以外,其他的因素对体育服务商品的供求均衡也有着不可忽视的影响。比如体育服务或服务产品的质量问题,如果体育服务商品的质量十分低劣,比赛水平非常低下,在这种情况下,即使价格下降也难以引起人们需求量的增加。这样,一方面人们的需求不能得到满足,另一方面,已经生产出来的体育服务商品又不能成为人们的需求对象,致使供求出现失衡。运动竞赛、体育表演等体育服务商品的供求均衡,就在相当大的程度上受到这一因素影响。又如,人们对体育服务商品需求的热点变化也影响着体育服务商品的均衡。当社会上或体育领域出现"某某热"的时候,即使其他因素都不变,人们对这类体育服务商品的需求也会超出正常状态下的数量,而造成供求的失衡。正是由于体育服务商品的供求均衡受着多方面因素的影响,因此保持体育服务商品供求的基本均衡,必须要针对造成供求失衡的不同情况的原因,采取不同的措施。

2. 体育服务商品供求矛盾的主要表现

要更好地协调体育服务商品供求的矛盾,保持体育服务商品供求的基本均衡,有必要对产生供求矛盾的各种原因及其表现作进一步分析。

(1) 体育服务商品供求在地域上的矛盾。这是指同类体育服务商品在不同地区之间所产生的供给与需求不相适应的情况,这一矛盾主要表现在不同地区的体育市场上供给与需求量的不平衡,突出的是城市和农村、发达地区与落后地区的矛盾。一般地说,在城市或经济发达他区,体育产业比较发达与健全,体育服务商品供求的矛盾相对地比较缓和。而在农村或经济落后地区,体育产业发展相对滞后,体育服务商品的供需矛盾比较突出,并且主要表现为体育服务商品供给不能满足体育消费需求的矛盾。造成城市与农村、发达地区与落后地区体育服务商品供求不平衡的主要原因包括以下两点。

首先,城市作为经济、政治、文化的中心,体育产业本身比较发达,各种体育服务商品的供给能力也大,因此,尽管城市居民的人均体育需求量大于农村,但是在城市有能力也有条件通过增加各种体育服务商品的供给来保持供求的大体平衡。而在农村,由于经济发展相对落后,体育产业发展更是滞后于经济的发展,这就限制了体育服务商品供给的能力,难以有效地提供各种体育服务商品。

其次,城市的人口相对集中,各种体育设施比较完善,这就为体育服务商品的供给和需求都提供了有利的条件,使供给与需求都能得以实现。而农村的人口居住分散,各种体育设施严重不足,再加上交通不便、信息闭塞、体育市场相对狭小,这对农村的体育服务商品供给与需求来说都是直接的制约因素。在这种情况下,往往是有体育服务商品却难以充分提供,有体育服务需求却难以实现。所以从体育服务商品供求在地域上的矛盾来看,解决农村体育市场的供求矛盾是一个重点。

(2) 体育服务商品供求在层次上的矛盾。这里指不同层次的体育服务商品在供给与需求之间不相适应的情况,它主要表现为体育服务商品的供给与需求在构成上的不平衡。例如,有些高层次的体育服务商品往往是较稳定地长期处于需求不足的状态(如高尔夫球俱乐部、游艇俱乐部等),而有些大众层次的体育服务商品则往往是需求难以得到满足(如夏天的游泳池火爆现象)。造成体育服务商品的供给与需求在结构上不平衡的原因主要有:

一是由于人们收入水平的不同造成的对不同层次的体育服务商品需求的不同。人们对各种体育服务商品的需求状况,在很大程度上取决于可支配收入的多少,在收入水平还普遍比较低的条件下,对一些高层次的体育服务商品以及高档次的体育娱乐消费是难以形成大量需求的。例如,在绝大多数的人们还处于低收入水平的情况下,很难设想他们对体育服务商品的需求会集中于一些高层次的体育服务商品,如高尔夫球会员证、游艇俱乐部的会员卡、健身健美俱乐部的会员证,也不可能经常去观看几百元一张门票的足球比赛或参加几百元一小时的壁球、网球等娱乐型的体育消费。因此,在不同层次的体育服务商品供求构成上,必须考虑人们的收入水平状况和经济承受能力,否则也将会造成不同层次的体育服务商品之间的供求结构失衡。

二是由于人们的年龄差别造成的对不同层次、不同种类体育服务商品需求的差别。青年人和老年人、儿童和成年人的爱好、兴趣是不同的。例如,老年人喜欢强身健体、延年益寿的太极拳、气功等体育服务商品,青年人则喜欢健美、减肥、国标舞等体育服务商品。正是因为不同年龄的人们对各种类型的体育服务商品需求表现出明显的差别性,所以只有根据不同年龄层次的人们对体育服务商品需求的不同特点,有针对性地来提供不同种类的体育服务商品,才不至于出现体育服务商品在供求层次上的矛盾。

总之,由于人们的收入水平、年龄、职业、传统习惯、兴趣爱好、体育意识强弱等不同,使人们对体育服务商品的需求也呈现出多样性、多层次性和复杂性,正是由于这一原因,因而经常会出现不同层次的体育服务商品在供求结构上的矛盾。

(3) 体育服务产品供过于求与体育服务商品供低于求的矛盾。这里指的体育服务产品是那些带有社会福利性质的不以营利为目的的体育服务或服务产品。上述的矛盾也就是指未能进入流通领域的体育服务产品大大多于能进入流通的体育服务商品,以及进入流通的体育服务商品又往往不能满足不同层次的社会需求的现象。从数量上看,目前能作为体育服务商品进入流通的体育服务或服务产品的数量,在整个体育服务产品供给中只占据较小的比例,大部分体育服务产品供给不能转化为商品进入流通领域而成为社会财富。这种供过于求和供低于求的同时并存,是体育服务产品和体育服务商品供求矛盾的比较突出的特点。

(4) 体育服务商品供求在季节上的矛盾。这主要是指同类体育服务商品的供给和需求在季节上的差别。这一矛盾的主要表现是体育服务商品供求存在淡旺的悬殊。就体育服务商品供给来说,体育设施供给量是常量,它不随季节发生变化;就体育服务商品来说,体育消费者的余暇时间的分布是不均衡的。一般来说,在节假日期间,人们纷纷外出度假、休闲、娱乐,从而形成对体育服务商品需求的增加。另外,夏季天气炎热,对某些特殊消暑性体育服务商品的需求就相应增加,如娱乐型游泳、水上乐园、造波游乐等。这就构成了体育服务商品供求在季节上的矛盾。

3. 体育服务商品供求的调节

对体育服务供求进行调节,其目标是要保持体育服务供给的基本平衡。为达到这一目标,可根据体育服务供求方面的不同性质的特点,相应采用各种不同的方法和手段来进行调节。各种调节手段大体上可分为经济性调节手段与非经济性调节手段,前者是指运用各种经济杠杆和经济政策措施来进行调节,后者是采用经济手段以外的政策措施来进行调节。

从运用经济杠杆和经济政策措施调节体育服务商品的供求来看,主要包括以下三个方面。

(1)价格杠杆。在各种经济杠杆中,价格是最重要的杠杆。体育服务商品的供给规律和需求规律就是反映供求量与价格变动的内在关系。由于价格变动能同时调节供给量和需求量向相反的方向变动,因此它比其他经济杠杆能更有效地调节供求的平衡,尤其是对一些实行经营型管理的体育场馆的体育服务商品的供求,价格杠杆的调节作用更为明显。当然,价格杠杆调节作用的充分发挥是以建立完善的体育服务商品的市场机制为前提的,因为价格杠杆是通过生产者与消费者的利益机制来实现对供求的调节的。价格提高,体育服务商品的生产者不仅能够补偿消耗掉的活劳动和物化劳动,而且能够从中获得较多的收益,从而使它有能力、有动力提供更多的商品来扩大供给。价格提高对体育消费者所产生的影响则相反。应该承认,我们运用价格杠杆来调节体育服务商品的供求是做得很不够的。长期以来,我们把体育事业作为社会福利来看待,故主要是运用行政手段来代替价格杠杆,致使体育服务商品的价格不能反映供求的状况,也不能随供求的变化而变化,这就在相当程度上丧失了价格本身所具有的调节供求的功能。所以,排斥价格杠杆是造成体育服务商品供求矛盾长期不能得到较好解决的一个重要原因。

(2)税收杠杆。运用税收杠杆来进行调节,其主要作用对象是体育服务商品的供给方面,通过实施不同的税收政策来达到保护、鼓励、促进或限制不同的体育服务商品的供给的目的。例如,为大众健身、娱乐、休闲提供的体育服务商品,可以实行优惠的税收政策或免税来保护和鼓励它的供给。对一些收入较高的体育消费项目,如高尔夫球俱乐部、游艇俱乐部等体育服务商品,则可以课以较高的税收。总之,对于体育服务商品供给,要根据发展体育产业的需要,针对不同层次、不同类型的体育服务商品的供给,实行不同的税收政策。通过税收杠杆对各种体育服务商品供给进行不同的利益调节,使健康的、有益的、符合社会大众需要的和有利于社会主义体育事业发展的体育服务商品供给能得到有效的提高,使体育服务商品的矛盾得到解决。

（3）财政政策。国家的财政政策作为一种经济手段,对体育服务商品供给也具有重要的调节作用。财政政策调节的对象主要是无偿或部分有偿的产品型体育服务供给,以及一些靠自身的经营活动不能做到以收抵支的商品型体育服务商品的供给。前者如运动训练、学校体育教学、业余体育训练等事业型体育单位,后者主要是一些偏远地区的公共体育场馆及一些超大型的公共体育场馆。无偿的或部分有偿的产品型体育服务供给基本上是依靠财政补贴来维持的。因此,财政拨款的多少就在很大程度上决定了它的供给状况。

除了利用经济杠杆和经济政策来调节体育服务商品供求以外,健全体育法规建设、完善政策措施、加强必要的行政管理,也是保证体育服务商品供给、调节供求平衡的不可忽视的方面。

相关链接

健身俱乐部定价目标策略

一、利润最大化定价目标

追求利润最大化,是健身俱乐部定价的终极目标,也是俱乐部在计划期内获得最大利润总额的定价目标。最大利润并不等于最高价格。需求弹性曲线显示随着价格提高,消费者的需求会递减,单纯高价策略,会影响到消费者的数量;单纯低价营销,可以增加消费者的数量,但是由于健身俱乐部消费者参与性的消费形式,决定了健身俱乐部有着最大容纳量的限定。

在健身俱乐部的市场导入期,由于消费者对健身俱乐部健身消费形式的理解能力有限,竞争对手少或者竞争对手刚刚入市场,竞争力不强,消费者对健身俱乐部健身的价格感受模糊,对价格高低认知程度不明显。经营者采取高价格,可以促使投入资金尽快回收,达到实现长期利润最大化的终极目标。

二、取得一定的投资报酬率目标

投资报酬率是健身俱乐部的净利润与总投资之比形成的比率。它是衡量健身俱乐部经营实力和经营成果的主要标志。选择一定的投资报酬率作为定价目标,主要目的在于通过价格手段去获得长期的、稳定的经济效益。

这种定价目标不适用于中小型健身俱乐部,只适用于在市场中占主导地位、规模大、经营管理水平高、竞争力强的高档次健身俱乐部。大型或者超大型健身俱乐部,主要面向城市较高收入消费群体,往往以高价位进入市场,通常配备高级洗浴、桑拿、餐饮、娱乐、停车等服务。其提供服务的水平是中低档次健身俱乐部无法比拟的。大型或者超大型健身俱乐部制定一定的投资报酬率目标是可行的,而中小型健身俱乐部需求弹性相对较大,如果盲目选择取得一定的投资回报率作为定价目标,不但可能使所确定的这一定价目标失去意义,甚至还会给自身带来损失。

三、扩大和维持市场占有率目标

健身俱乐部制定价格,与市场占有率的高低是相互影响、彼此作用的。对于有实力的健身俱乐部,可以在长时间内实行低价,将竞争对手挤出市场或防止竞争对手介入,以维持或扩大市场占有率。

四、稳定价格目标

当市场供求经常发生波动,需要用一个稳定价格来促进市场的稳定时,需要当地处于领导地位的一家或几家健身俱乐部,制定一个稳定价格。同行业中其他健身俱乐部,与之保持一定的比例来制定自身价格。这样定价,可以使价格稳定在一定的水平上,一方面,保证大型健身俱乐部在经营中获得稳定的利润,避免社会公众舆论的攻击;另一方面,由于大型健身俱乐部不轻易降价,中小型健身俱乐部的利润可以得到基本保障,避免价格竞争的不利影响和价格不稳定带来的风险。

五、应付和防止竞争目标

价格不仅可以决定健身俱乐部收入的高低、利润的多少,还可以影响竞争者的行动,同样使竞争者觉得有利可图,吸引资金进入健身市场,使竞争加剧,利润降低;实行低价,会使竞争者觉得无利可图或获利甚微,丧失积极性,也可以将一些潜在的竞争对手挡在市场之外。

价格是最有效而又最敏感的竞争手段,但单纯的价格竞争往往会带来竞争者的报复。所以中小型健身俱乐部往往采用追随定价,不宜首先采用降低价格的营销手段进行竞争,而是将应付竞争作为定价的目标,当大型健身俱乐部降低价格时,中小型健身俱乐部采用顺应降价的办法,应付价格竞争。

六、树立企业形象目标

大型健身俱乐部与中小型健身俱乐部相比较,更加注重形象建设。在进入市场后，依靠大量的广告宣传获得消费者的认同，采用报纸、期刊、灯箱、路牌、电视、网络等宣传手段进行宣传，使大众对健身活动渐渐熟悉，尤其电视媒体所带来的健身明星的动感形象，使得人们对健身俱乐部的健身效能发生转变，由认为是单纯的健身方式，渐渐改变为将参与健身俱乐部当成一种健康的生活方式。在宣传健身的同时，也宣传了健身俱乐部自身。

资料来源：东方奥体健身管理有限公司，"健身俱乐部合理定价策略"，http://mp. weixin. qq. com/s? __biz = MzA3MzY1MDkzNg = = &mid = 214966569&idx = 3&sn = ed9ab030b162c681eb7609a33d83973b。

第四节　体育商业化趋势及利弊分析

一、体育商业化的含义及表现

（一）体育商业化的含义

体育商业化就是指体育服务产品的商品化，也就是指体育服务产品通过市场实现其价值补偿的经济活动过程。

体育商业化实际上就是以体育运动本身所具有的娱乐性而带来的享受、竞技性所带来的刺激为主要产品，以成熟的商业模式为主要运作手段，以平衡各方面利益达到互利互惠目的的一种体育产业化运作的模式。因此体育商业化要求借助市场机制，运用发展商品经济的一般手段、形式和基本的经济规律来兴办体育事业、组织体育活动，以实现其自身生产经营过程中的价值补偿与价值增值。

（二）体育商业化的表现

运动员明码标价自由转会，运动竞赛高额的出场费，以投资的方式运作F1、网球大师杯、黄金大奖赛等商业性体育赛事，用商业手段承办奥运会、世锦赛、亚运会、全运会等大型综合体育赛事，以高额奖金的方式激励运动员、教练员及相关人员努力拼搏，以巨额广告利润回馈的方式盛邀体育明星为企业或产品进行推广或代言，运动员以自己的名声直接参与商业营销活动等，这些均是体育商业化的表现。

你知道吗?

足坛历史上的十大转会

序号	转会球员姓名	转会年份	转会去向	转会费用（万欧元）
1	贝尔	2013	热刺→皇马	10 100
2	C. 罗纳尔多	2009	曼联→皇马	9 600
3	内马尔	2013	桑托斯→巴萨	8 620
4	苏亚雷斯	2014	利物浦→巴萨	8 100
5	J. 罗德里格斯	2014	波尔图→皇马	8 000
6	迪马利亚	2014	皇马→曼联	7 500
7	齐达内	2001	尤文图斯→皇马	7 300
8	伊布拉西莫维奇	2009	国米→巴萨	6 950
9	卡卡	2009	AC米兰→皇马	6 720
10	卡瓦尼	2013	那不勒斯→巴黎	6 400

资料来源：李旭，"足坛10大最贵转会"，http://news.xinhuanet.com/sports/2015-08/07/c_128102488.htm。

二、体育商业化的利弊分析

（一）利在何方

体育商业化运作扩大了体育运动的影响，使体育深入社会生活的各个领域；使体育成为举世瞩目的地球运动；使体育人口不断增多、体育意识不断增强。体育商业化进程提高了企业的知名度和产品的知名度，促进了企业经济效益的提高。我们通过运动竞赛认识了许许多多国际国内著名的品牌。体育商业化经营方式有利于体育运动的发展。金钱导向，有利于体育人才的流动和竞争；众多的赛事，有利于提高竞技运动的水平；广大的球迷，能够一睹各国明星的风采及高水平的比赛。

（二）弊端举例

过度的商业化会玷污体育的形象。奥林匹克的格言是：参与比取胜更重要。更快、更高、更强，和平和友谊是奥运的宗旨；正直、勇敢、友好、竞争、向上是体育运动的魅力所在。但是，随着体育商业化的发展，体育运动演变成为一种

"金钱游戏"。金钱会腐蚀某些运动员的灵魂,有钱就有一切,造成运动员无视法律、胡作非为的事情时有发生。过多的商业化操作会威胁运动员的健康和生命。频繁的赛事,使运动员上场机会增加,但同时受伤的机会也在增加。为了名次、金钱等利益,运动员会不择手段,如服用兴奋剂等,直接危害运动员的身体和生命。体育受到赞助商的控制,各种金钱纠纷日益增多等。

相关链接

单方换广告 恒大惹争议

契约精神在哪里?有钱便能横着来?第二次站在亚洲之巅的广州恒大,在登顶之际,引来无数质疑:2015年11月21日晚,当他们在天河体育场捧起亚冠奖杯时,恒大单方面用"恒大人寿"替换"东风日产"的胸前广告,涉嫌违约。

买下恒大胸前广告的"东风日产",却在举世瞩目的大场面中吃了哑巴亏,该公司发布了一则官方微博,其中写道:在今晚的亚冠决赛中,东风日产发现本该在恒大俱乐部球员比赛服胸前广告上出现的"东风日产启辰T70"却并未如约出现,我司对此表示非常震惊。恒大俱乐部在未征得我司同意的情况下,单方面擅自取消我方的赞助权益,我司非常遗憾。对于此次恒大俱乐部的违约行为,我司希望恒大俱乐部能够给予公开的解释说明,同时,我司也将保留进一步行动的权利。

根据知情人士透露,恒大在一个月前就更换广告事宜与东风日产公司联系,并发去函件,但对方未有回应,在无法沟通和推进的情况下,恒大只能自行更换广告。据了解,恒大俱乐部与东风日产的胸前广告合同从2014年2月起到2016年1月31日止,合同金额超过1亿元。其间,恒大曾在2014年亚冠四分之一决赛用800万元回购一场胸前广告,用于集团旗下"恒大粮油"的推广。本次风波,很有可能将由恒大方面支付补偿金了结。

资料来源:华心怡,"单方换广告 恒大惹争议",《新民晚报》,2015年11月24日。

[**本章思考题**]
1. 试述体育服务商品的含义及体育服务成为商品的原因。
2. 体育服务成为商品的条件有哪些?
3. 现阶段我国体育服务商品生产具有哪些特点?

4. 谈谈发展体育服务商品的途径。
5. 体育服务商品价格的含义指什么？有哪些种类？
6. 体育服务商品价格由什么构成？可分为哪些类型？
7. 概述价格及价格变动与体育服务商品供需的关系。
8. 体育商业化的含义及表现为何？

[本章练习题]
1. 概述体育服务成为商品的原因与条件。
2. 谈谈对体育商业化发展的看法。

本章案例

体育商业化运作模式的典范——尤伯罗斯模式

洛杉矶奥运会组委会主席彼得·尤伯罗斯，首创了奥运会商业运作的"私营模式"。

1984年，42岁的尤伯罗斯，只是好莱坞的一个小型旅游公司的老板，私人家产只有100多万美元。尤伯罗斯上任伊始，洛杉矶奥组委在银行连个户头都没有，他只好自己出资100美元开了一个账户。

尤伯罗斯没有要政府一分钱，凭一张奥运会组委会的招牌，筹资7亿美元，几乎是单枪匹马地筹办了洛杉矶奥运会，其基本商业框架沿用至今。

在"尤伯罗斯模式"中，电视转播权招标和"选择唯一商家模式"（奥运TOP赞助商计划的最早启蒙形式）是核心的组成部分，后来也成为历届奥运会掘金的两大主要手段。

电视转播权招标

在电视转播权的出售中，尤伯罗斯首度采用了招标的办法。组委会规定每个有意竞标奥运会转播权的电视公司须先支付75万美元的定金。这些定金存在银行里，仅每天的利息就有1 000美元。漫长的招标谈判过程结束后，这些巨额利息已经成为组委会的"第一桶金"。

同时，尤伯罗斯亲自出马游说。在美国三家最大的广播公司的竞争中，美国广播公司最终以2.25亿美元买下16天比赛的转播权，并同意提供7 500万美元的技术设备。而在之前最高的电视转播权收入，也不过是1980年莫斯科奥运会的1.01亿美元。

尤伯罗斯还努力将转播权分别卖给了欧洲、澳大利亚的机构,开拓了电视转播权的销售范围,总进账飙升到2.87亿美元。

TOP 赞助商雏形

尤伯罗斯发现,赞助商掏钱的热情取决于宣传回报的多少,他下决心改变以往奥运会赞助小而散的局面,专心"钓大鱼"。

本届奥运会规定,总赞助商数目不超过40家,尽量控制在30家以内,每个行业的赞助商只要1家,底价400万美元,诱导企业之间激烈竞争。这个价格使赞助奥运会的"门槛"比以前提升了许多,但有利于树立一个行业唯一的企业形象。这一招使大公司都全力投入到竞争中来。

可口可乐大战百事可乐而甩出1 200万美元,富士则以700万美元"闪电袭击"击败柯达。

最后,尤伯罗斯以"5选1"的比例选定了32家赞助公司。据统计,本届奥运会组委会共收到企业赞助3.85亿美元,而上一届赞助商达381家公司,总赞助仅为900万美元,还不如可口可乐一家的赞助费。

门票及其他

门票销售是本届奥运会的主要盈利手段之一,尤伯罗斯首次开创了分销奥运会比赛门票的先例,以方便观众通过邮购、上门等各种方式购买。本届奥运会将以前赠送给重要人物的"最佳座位"都分类划分,以不同的价格卖出。他还严格控制赠票,甚至放出话来,即使总统来也得自掏腰包买门票。尤伯罗斯了解美国体育迷的心理,大幅度提高奥运会门票价格,结果反而导致了门庭若市的抢购局面。

数据显示,1984年洛杉矶奥运会每张门票的平均价格为32美元,总收入为1.23亿美元,占该届奥运会全部收入的近1/4。

洛杉矶奥运会还设立"赞助人计划票",凡赞助2.5万美元的个人,可保证奥运会期间每天获得最佳看台座位两个;未取得独家赞助的商家,要想到奥运会做生意,必须缴纳50万美元;另外还发行了纪念币、纪念邮票和纪念章,通过发行25种纪念币和2 000张赞助券,集资近1亿美元……

火炬接力也赚钱

尤伯罗斯标新立异,一改往日圣火只能在优秀运动员之间进行接力的做法——以3 000美元的价码销售火炬接力的1公里传递权。

传统的奥林匹克火炬于1984年5月8日从希腊传到美国纽约市,然后横穿1 500个城镇,到达洛杉矶,全程19 000公里。尤伯罗斯售出了其中10 000

公里的火炬传递,只要愿意出钱,所有的美国人都可以参加接力活动。结果仅这一项,奥运会就获得了3 000万美元的额外收入。

各种"节流"手法

除了以上提及的"开源",尤伯罗斯还使用了各种节流手法。最著名的就是大大加大奥运志愿者的人数。在洛杉矶奥运会时,有28 742名志愿者经过统一和有组织的安排,从事着各类工作:赛场支持、医疗卫生、媒体、陪同代表团和个人、公共关系、鉴定服务、技术和通讯、运输、赛场的入口控制、餐饮、财政、行政管理等。同时,有一支特别的志愿者队伍在奥运会下设的25个分委员会中工作。

除此之外,洛杉矶奥运会尽量不修体育场馆,不新建奥林匹克村,以租借的两座大学宿舍代替。另外,还以拉取的赞助兴建一座现代化的竞赛用游泳池及自行车赛场。

最终,洛杉矶奥运会盈利2.25亿美元,尤伯罗斯本人也赚到1亿多美元,开创了私人举办奥运会的先河并载入史册。

资料来源:"商业模式典型案例",http://www.360doc.com/content/14/0324/22/699582_363438943.shtml。

案例思考题

1. 尤伯罗斯有哪些创举?
2. 为什么洛杉矶奥运会能盈利2.25亿美元?
3. "尤伯罗斯模式"为当代体育商业化运作提供了哪些有益的借鉴与启示?

第五章
体育消费

本章学习要点

- 体育消费的含义
- 体育消费在社会消费结构中的地位
- 体育消费的特点
- 体育消费的类型
- 决定体育消费水平的主要因素
- 体育消费需求增长的原因及增长的主要趋势
- 满足我国居民体育消费需求不断增长的条件与途径

体育消费是现代生活消费的一个重要组成部分,也是体育经济学研究的内容之一。随着我国社会主义市场经济体制的逐步建立,社会生产力水平的不断提高,人民生活水平、消费结构、消费意识和消费习惯的显著变化,以及全民健身上升为国家战略,体育消费领域正不断地得到开拓和发展。同时,体育消费作为现代生活消费的一个重要内容,不仅对整个社会消费结构的改变、消费模式的转化具有十分重要的意义和作用,而且对于促进社会主义初级阶段社会生产力的发展、实现社会主义生产目的,以及推动我国体育产业的加速发展,都具有十分重要的意义和作用。

第一节　体育消费及其特点

一、体育消费的含义

（一）消费的一般含义

　　消费是人类社会经济活动的重要行为和过程,也是社会经济生活的一个重要领域。"人从出现在地球舞台上的第一天起,每天都要消费,不管在他开始生产以前和在生产期间都是一样。"[1]广义的消费包括生产消费和生活消费两个方面。生产消费是指物质生产过程中发生的工具被磨损,原材料、燃料、动力被消耗及劳动者的体力和脑力支出的过程。不过作为生产客体和主体的这种被使用和消耗,属于生产行为和过程本身,因而通常已经包括在生产范畴中了。生活消费则是指人们把生产出来的生活资料或消费品（包括物质消费品、精神文化消费品和服务消费品）,用于满足生活需要的行为和过程。马克思把生产消费称为"与生产同一的消费",把生活消费称为"原来意义上的消费"[2]。生活消费是人们生存和发展的必要条件,通常所说的消费就是指个人生活消费。

　　个人生活消费是各种各样、丰富多彩的,人们的个人消费行为可以从不同的角度来考察:有的消费行为是为了满足生存的需要,有的消费行为是为了满足发展的需要,有的消费行为则是为了满足享受的需要。

　　在商品经济条件下,由于人们的消费收入一般是以货币形式来体现的,因此,个人消费行为过程通常也表现为货币支付的行为过程。也就是说,人们是通

---

[1]《马克思恩格斯全集》第23卷,人民出版社,1972年第一版,第191页。
[2]《马克思恩格斯选集》第2卷,人民出版社,1972年第一版,第93页。

过支付货币、购买商品来满足每个人的各种各样的不同层次的消费需求的。

(二) 体育消费的含义

所谓体育消费,就是指人们在体育活动方面的个人消费支出。体育消费不仅是指人们买票观看体育比赛或体育表演,更主要的是指人们为了取得身心健康、陶冶高尚情操、获得美的享受、欢度余暇时间、提高生活质量、促进体力和智力的全面发展而去从事各种各样和体育有关的个人消费行为。

体育消费可分为狭义的体育消费和广义的体育消费。狭义的体育消费主要指那些直接从事体育活动的个人消费行为,如买票观看体育比赛、体育表演,参加武术、健美、气功、健身等学习班的学费,个人购置的运动器材、健身器材、运动服装等。广义的体育消费则包括一切和体育活动有直接或间接联系和关系的个人消费行为,也就是说,消费者通过支付货币所得到的各种效用,或者说消费者通过支付货币所得到的各种价值和使用价值,均和"体育"有关。如为参加体育活动或观赏运动竞赛表演而需要外出旅行所支付的交通费、住宿费及购买食品饮料等费用。

一定量的体育消费支出,是人们参与体育活动的前提条件,也是体育活动得以存在和发展的前提和保证,同时还是体育消费品市场得以开拓和发展壮大的社会基础。

二、体育消费在社会消费结构中的地位

(一) 人们生活消费的分类和层次

消费是社会生产总过程的一个重要环节,它同生产、交换、分配一起构成互相联系、互相制约的社会生产总过程,使社会生活得以正常进行。马克思说:"没有生产,就没有消费,但是,没有消费,也就没有生产,因为如果这样,生产就没有目的。"[①]生产决定消费,消费又反作用于生产,这是马克思主义政治经济学的基本常识。

社会消费关系是社会生产关系的一个重要方面。因为消费在任何时候都是在一定的生产关系的制约下,在人们相互之间的经济关系中进行的社会行为和过程,也都是一定阶级的经济利益的集中体现。并且,在一定社会里,个人消费的方式、消费的结构、消费的水平、消费的需求是受一定社会生产力发展水平和经济发展速度制约的。一般来说,两者大体是作同方向变动的。社会生产力发展水平比较高、经济发展速度比较快,人们的消费需求、消费方式、消费结构、消

---

① 《马克思恩格斯选集》第2卷,人民出版社,1972年第一版,第94页。

费水平等的增长、变化和提高就相应较快。

生活消费作为人们对消费资料的使用和消耗,是人和物之间、主体和客体之间的物质变换过程。生活消费可分为社会公共生活消费和个人生活消费两大类。社会公共生活消费又称社会集体消费,它指的是众多的消费者在社会或一个集体范围内所进行的消费活动。个人生活消费指的是由消费者分散进行的直接满足个人需要的各种消费活动、消费行为的总和。

个人生活消费可以从不同的角度进行分类。从满足人们需要的角度看,可分为生存消费、发展消费和享受消费;从满足人们需要的不同效能的角度看,可分为吃、穿、住、用、行等消费;从满足人们需要的消费品的价值角度看,可分为低档、中档和高档等消费;从满足人们需要的性质看,可分为物质的、精神和服务的消费。一般来说,满足个人生活消费的层次和序列依次分为生存消费、发展消费和享受消费。生存消费是通过对各种生存资料,包括衣、食、住等基本生活资料的消费而获得实现的,它是恢复体力和脑力、维持劳动力再生产的必要条件,属于低层次的消费。发展消费是通过对各种发展资料的消费来实现的,它是发展人的体力和智力、开发体力和智力资源的必要条件,属于中高层次的消费;享受消费则是通过对各种享受资料的消费来实现的,它是保证人们生活更加舒适愉快、增进身心健康、获取美的享受的必要条件,属于高层次的消费。当然这三者难以截然分开,其界限是相对的、发展变化的。随着社会生产力的发展和人民生活水平的提高,目前属于享受消费的部分,今后可能成为生存消费。但是从一个既定的时期来看,它们之间还是有明显区别的。

(二) 体育消费是属于发展及享受消费

体育消费是社会生产力发展到一定阶段上的产物,因为体育消费是个人在满足基本的生存消费之后追求发展和享受等方面需要的个人消费行为,也是个人在完成正常的工作和必要的家务劳动等时间之外的闲暇时间里的个人消费行为。体育消费作为社会消遣和娱乐消费的重要组成部分,在个人闲暇消费(休闲消费)中占有重要的位置,也是社会大消费结构中不可缺少的分支。因此,体育消费是个人生活消费中属于发展消费和享受消费的一个重要的有机组成部分。当今社会经济发展、余暇时间增加以后,运动休闲已成为一种时尚与潮流。美国人在评价20世纪社会消费观念时说:50年代是烟酒,60年代是吸毒,70年代是跑步;法国某社会学家在概括法国妇女20世纪的消费理念时说:60年代是化妆,70年代是香水,80年代是健美。因此,体育消费是为了追求一种文明、健康、有意义的生活方式,是为了提高生活质量,是一种以休闲、健身为目的的娱乐消费。体育消费的兴起和不断增长,是社会文明进步的表现。

三、体育消费的性质和特点

(一) 体育消费的性质

马克思主义政治经济学的基本原理告诉我们,社会经济制度的性质和特点决定了社会消费的性质和特点,也就是说,生产资料所有制的性质和特点决定了消费资料所有制的性质和特点。消费资料所有制是反映消费关系的最基本的经济范畴。所谓消费资料所有制,就是通过消费资料的关系所反映的人与人之间的相互关系,包括消费资料的归属、占有和使用关系。消费资料所有制是决定整个消费活动性质和特点的具有根本性的经济条件,消费资料所有制直接决定消费关系的性质。因为人们有无消费资料以及拥有的消费资料数量的多寡和质量的好坏,直接决定消费的水平和消费的结构,体现着消费的社会性质。

社会主义生产资料公有制和社会主义消费资料所有制,决定了社会主义消费关系的性质和特点,同时也决定了社会主义条件下体育消费关系的性质和特点。由于社会主义全民体育消费资料是由全体劳动人民共同占有,劳动者在体育消费中处于平等的地位,因此体育消费关系所体现的是社会主义的生产关系和消费关系。也就是说,体育消费是满足人民群众不断增长的物质和文化生活需要、实现社会主义生产目的、提高生活质量、促进人的全面发展的重要手段,同时也是普及全民体育意识、提高整个中华民族的身体素质和国民体育运动水平的重要途径。

(二) 体育消费的特点

在社会主义市场经济条件下,体育消费的基本特征表现为以下几点。

1. 社会主义体育消费是文明、健康、科学的体育消费

社会主义体育消费坚持科学社会主义的人生观、价值观和幸福娱乐观,体育消费要有利于人们德、智、体、美全面发展,使人们在闲暇时间里过上真正有意义的幸福生活,在全社会形成一种文明、健康、科学的体育消费方式和风尚,从而促进社会主义精神文明建设。因此,社会主义体育消费既要坚持反对腐朽、庸俗、低级趣味的生活方式,同时也禁止那些损害人们身心健康、违背社会主义原则的有害的体育消费方式。社会主义国家采取经济的、行政的和宣传舆论等各种手段对体育消费行为加以科学引导和指导,从而使体育消费能够体现社会主义精神文明的特点,成为一种促进人们健康成长、丰富生活、欢度余暇的科学的积极的消费方式。

2. 体育消费与经济增长的同步性

体育消费与经济同步增长是实现社会主义生产目的的需要,也是社会主义

基本经济规律发生作用的重要体现。按社会主义基本经济规律的要求组织经济活动,最主要的就是要正确处理好积累与消费、生产与生活的相互关系,努力做到在生产发展的基础上,有计划、有步骤地提高全体社会成员的消费水平。同时,社会主义生产的根本目的在于最大限度地满足全体人民日益增长的物质文化生活需要,而体育消费能满足人的发展和享受的需要,因此,体育消费是实现社会主义生产目的的重要途径。所以,体育消费与经济同步增长的过程,就是社会主义生产目的的实现过程,也就是人们物质文化娱乐生活不断满足和提高的过程。因此,体育消费的增加与经济增长同步进行是社会主义体育消费的一个重要特征。

3. 体育消费需求弹性较小

由于体育消费不属于生存消费,从人类需要的紧迫程度来看,对于体育消费的需求远远不如维持生存消费的食品等消费资料那样必不可少,也不如医疗卫生、教育消费那样迫切,因此体育消费的需求弹性较小。

4. 体育消费项目具有流行周期

体育消费项目的流行周期比较短,一般为3—5年。在流行时,社会对此体育消费项目的需求比较大,流行周期过后,社会对此类体育消费的需求会不断降低。

5. 不同地区体育消费水平差异明显

由于受经济发展水平的影响,一般地说,沿海经济发达地区、大中城市的体育消费水平相对比较高;农村地区、边远山区的体育消费水平相对较低。即使在同一地区,体育消费也表现出一定的层次性:经济条件好的体育消费者参与较高级的体育消费项目,如高尔夫球、游艇等;经济条件较差的体育消费者则可能选择收费较低廉的体育消费项目,如乒乓球、羽毛球、篮球、游泳等。

6. 社会主义初级阶段体育消费主要表现为商品性体育消费

当前我国正处在社会主义初级阶段,生产力发展水平比较低、商品经济不发达是社会主义初级阶段经济制度的本质特征。商品经济条件下的各种消费行为,主要是通过对商品的消费得到实现的。商品经济是社会主义市场经济内在的固有属性,无论生产资料还是消费资料都是商品,都必须通过市场交换才能进入消费领域。从体育部门来说也是这样,体育部门的改革要引进市场经济的竞争机制,体育场馆从行政型管理向经营型管理的转变,其实质就是要求人们承认和接受体育部门的产出是商品而不是产品。也就是说,不仅和体育有关的产业部门提供的体育消费品是商品,而且体育产业部门所提供的体育服务也越来越多的以商品的形式在市场上出现,这样社会主义初级阶段体育消费很大部分必然表现为商品性体育消费。

但是,就目前来说,我国商品性体育消费的比重还比较低,这是因为长期以来我们把体育事业单纯看作社会福利事业,长期实行行政型管理方式。因此,体育部门的产出和体育部门所提供的各种体育服务,通常是无偿向社会提供的。随着经济体制改革的不断深化,这种局面已经开始打破,但就目前来说,还是有相当一部分体育服务是无偿或部分有偿地向社会提供的,这就造成体育服务的商品率还比较低。随着我国社会主义市场经济体制的逐步确立,随着我国体育部门改革的不断深化,随着我国体育产业化进程的积极推进,我国商品性体育消费的比重将不断提高。这是社会主义初级阶段体育消费发展的必然趋势。

由于社会主义初级阶段体育消费主要表现为商品性体育消费,因而人们在体育消费领域中所形成的相互关系,必然主要为商品货币关系。因为在社会主义初级阶段的体育消费水平首先取决于人们的收入水平,收入水平主要通过货币收入来衡量,消费者货币收入的多少直接决定着消费者个人及其家庭的消费水平及生活改善的程度,同时也决定消费者及家庭体育消费水平的高低。在体育消费品价格一定的条件下,消费者的货币收入越多,可以购买到的体育消费资料或体育服务也越多。因此,在货币作为商品价值的直接体现而存在,货币作为社会财富一般代表的情况下,社会主义初级阶段的体育消费关系仍然是一种商品货币关系,社会主义初级阶段体育消费关系是仍然与物结合着并通过物表现出来的。

7. 体育消费品市场对体育消费需求具有重要影响作用

我们知道,商品最终进入消费领域,社会再生产过程才算最后完成。商品进入消费领域,必然经过市场这一环节。市场是联结生产与消费的纽带和桥梁。因此,在社会主义市场经济条件下,一切消费资料都只能通过市场才能进入消费领域,社会主义生产目的才能真正实现。同样,体育消费品也只有通过体育消费品市场才能被体育消费者消费,体育消费者也只有通过市场购买到各种体育消费资料,才有现实的体育消费过程。因此,市场在满足体育消费者的消费需要中起着重要的影响作用。体育消费品市场的供应状况制约着体育消费者体育消费水平的提高和改善。当体育消费品市场供应充裕、内容丰富、品种齐全、价格合理时,体育消费者就有充分的挑选余地,这样可以满足不同层次的体育消费需求;反之,如果体育消费品市场供应紧张、内容单调、品种又少,且价格昂贵,则会极大地影响甚至阻碍体育消费者的积极性和热情。

第二节 体育消费的类型及效益

一、体育消费的类型

(一) 体育消费资料的分类

人们进行体育消费,就必须消耗掉一定的体育消费资料。不同的体育消费资料具有不同的形态和功能。从满足体育消费者消费需要的不同功能出发,体育消费资料可进行如下分类:以满足人们视觉为主的观赏型体育消费资料,如各种体育比赛、体育表演、体育影视录像、体育展览等;也有以满足人们参加体育活动的需要,且在其中起防护作用或工具器材等作用的实物型体育消费资料,如各种运动服装、运动器材等。体育消费资料的功能一般是不能相互替代的,因而它们之间的功能界限是比较明显的,如台球桌、乒乓球、羽毛球、网球等。但有些体育消费资料的功能则和一般生活消费资料的功能没有什么两样。如运动服装、运动鞋等,在体育活动时能发挥其保护和工具性的功能,但在平时也能够穿着使用,因而这些体育消费资料的功能和一般生活消费资料的功能可以相互替代。

从体育消费资料的自然形态看,体育消费资料可分为体育实物消费资料和体育服务消费资料两大类。所谓体育实物消费资料,是指由和体育有关的产业部门生产的、以物质产品形态存在的体育消费资料,如各种运动器材、运动服装、运动食品和饮料、体育图书和报纸杂志等。体育服务消费资料则是由体育产业部门提供的以流动形态存在的体育消费资料,它是以一定的服务活动方式来满足消费者的体育消费需求的,如各种健康咨询、体育表演、体育比赛等。一般来说,在生产力水平不高的情况下,体育实物消费资料的消费比重较大,而体育服务消费资料所占的比重则比较小,这是因为有些体育实物消费资料的功能可以代替一般生活消费资料的功能。随着社会经济的发展、生产力水平的提高、人们收入水平的增加和体育意识的增强,体育服务消费的比重有日益增大的趋势。

(二) 体育消费的类型

根据体育消费者通过支付货币而获得的体育消费品的不同功能,体育消费者的消费行为可分为以下三大类。

1. 观赏型体育消费

观赏型体育消费是指人们用货币购买各种入场券、门票,以通过观看、欣赏达到视觉神经满足为目的的各种消费行为,如观看各种体育比赛、体育表演等。

这种观赏型体育消费者大部分是属于各种各样的"体育迷"。

2. 实物型体育消费

实物型体育消费是指人们用货币购买各种和体育活动有关的体育实物消费资料的消费行为,如购买运动器材、运动服装、运动鞋、运动饮料以及各种体育报纸、杂志、图书、画册等。这种实物型体育消费者可分为两部分:一部分是为了直接参与各种体育活动而购买各种体育运动器材、运动服装等体育实物消费资料;另一部分则是为了增加"动口的素材",了解体育的动态而订阅各种体育报纸杂志,也有的是为了显示对体育的偏爱而购买各种体育实物消费资料。这部分人一般不直接参与体育活动的行列,但也属于"体育消费者"。

3. 参与型体育消费

参与型体育消费是指人们用货币购买各种和体育活动有关的体育服务消费资料的消费行为,如为参加各种各样的体育活动、健美训练、健康咨询等所支付的各项费用。一般来说,参与型体育消费者在其参与过程中直接消费了有关部门所提供的各种体育服务消费资料。因此对参与型体育消费者而言,其参与过程就是消费过程。

当然,不同类型的体育消费行为在现实生活中是相互交织在一起的,很难划分清楚,但在一定的条件和环境下,从特定的角度来考察还是可以区分的。

二、体育消费的效益

(一) 体育消费是一种健康投资

我们知道,衣食住行上的消费支出所得到的效益是看得见、摸得着,能马上见效的,因此人们往往会不惜重金、慷慨解囊。而在体育活动方面的消费支出,有些人也许会觉得不合算,认为这是无偿耗费。其实体育消费并不是一种无偿支出,体育消费也是一种投资,是增强人的身体素质、调节生活节奏、获取美的享受、维持并强化脑力劳动和体力劳动的一种必不可少的有偿投资,亦可称"健康投资""发展投资"或"享受投资"。因为花费在体育消费上的各种支出,也可以得到相应的补偿。例如:观赏型体育消费支出,使消费者的视觉感官得到了美的享受;参与型体育消费支出则使消费者体质得到增强,闲暇时间过得充实、愉快,从而满足了劳动者不断增长的精神文化生活的需要。因此,体育消费是一种积极的、有偿的个人消费投资。

(二) 体育消费的效益分析

体育消费作为一种健康投资,必然有它的消费效益。所谓体育消费效益,就是指人们通过消费一定的体育消费资料而实际得到的体育消费需求的满足程度。体育消费效益可以从经济效益的角度来考察,也可以从社会效益的角度来考察。而且在许多场合,体育消费的经济效益和社会效益是相互交融的,很难严格区分,因此我们把它归为社会经济效益。同时,体育消费的效益和体育本身的功能和作用又有千丝万缕的联系,但又有所不同。下面,着重考察分析体育消费的社会经济效益。

(1) 体育消费有助于人们通过参加各种各样的体育活动,来增强和提高劳动者的身体素质和智力的开发,避免和防止各种疾病和职业病的发生,增加劳动者的出勤率和工作效率,从而提高整个社会的劳动生产率。

(2) 体育消费有助于增加对各种运动器材、运动服装、运动饮料、运动食品、体育娱乐、体育旅游、健美训练、健康咨询以及体育报纸、杂志、图书、画册等体育实物消费资料和体育服务消费资料的社会需求,并为生产部门提供各种体育消费资料的需求信息,从而可以促进和加速我国体育产业以及和体育有关的产业的迅速发展。

(3) 体育消费有助于体育场馆设施向全社会开放,从而可以增加体育场馆的经济收入,提高体育场馆的使用率和社会效益。

(4) 体育消费有助于满足人的发展和享受等方面的需求,陶冶人的高尚情操,激发人们进取、拼搏的精神,培养人们的竞争意识和团队协作精神,促进人的全面发展,实现社会主义生产目的。

(5) 体育消费有助于增强人们的体育意识,提高整个社会的体育运动水平和人民群众参加体育活动的兴趣和积极性,扩大我国的体育人口,从而推动群众性体育运动的蓬勃开展、体育社会化的进程以及全民健身战略的实施。

(6) 体育消费有助于社会主义精神文明建设,激发人们的爱国主义激情,增强民族自豪感和自信心,增强振兴中华的决心和信心,从而推动社会文化的建设和发展,加速社会主义物质文明和精神文明建设的进程。

第三节 体育消费水平的衡量

一、体育消费水平的含义

体育消费水平是指按人口平均的体育实物消费资料及体育服务消费资料的消费数量,可用价值(货币)单位来表示。体育消费水平表明一定时期内人们体育消费需要的实际满足程度,即反映人们实际消费的体育消费品数量的多寡和质量的高低。通常情况下,人们体育消费水平的高低直接反映了一定时期内社会生产力和社会经济的发达程度,也反映了一定时期内社会体育意识的增强状况,同时也反映了社会经济文化的发展状况。体育消费水平比较高,体育消费在生活消费中所占的比重比较大,一般来说是属于小康型和富裕型的消费结构。同时,研究体育消费水平可以了解不同层次的体育消费需求,因为不同的体育消费水平所反映的对体育消费品的需求是不一样的。体育市场的开发,应根据不同水平、不同层次的体育消费需求,开发生产不同类型、不同价格的体育消费品,才能满足不同的体育消费需求。

二、决定体育消费水平的主要因素

体育消费水平的高低受社会经济发展的制约,同时也受社会文化背景、传统消费习惯和消费意识的影响。体育消费领域的开拓和发展不是偶然的,它是和整个社会生产力的发展水平、社会经济发展状况、体育社会化程度的高低、全民体育意识的强弱分不开的。当今世界上许多经济发达的国家,一般说来,也是体育社会化程度较高、全民体育意识较强的国家,因此这些国家的体育消费水平也相应较高,而发展中国家、经济相对落后的国家的体育消费水平就相应较低。

(一)社会经济发展状况是决定体育消费水平高低的最主要因素

我们知道,体育消费是属于发展消费及享受消费,一般地说,经济发达国家体育消费水平都是比较高的。据有关资料表明,经济发达国家人们日常生活中用于体育消费方面的开支通常占整个社会消遣和娱乐消费的30%—40%。美国人的消费观认为,体育消费应占消费总额的20%左右。

你知道吗?

美国人的体育消费概况

美国的体育产业规模庞大,经营模式成熟,涉及职业比赛、休闲、健身、器械制造、媒体传播、娱乐时尚等众多行业。

职业体育是美国体育产业最具影响力的一个领域,美国劳工统计局2013年公布的数字显示,美国有13 880名专业运动员,206 808名教练与审核员,16 410名裁判员等比赛官员。美国橄榄球联盟(NFL)、美国职业篮球联盟(NBA)、美国冰球联盟(NHL)、美国职业棒球联盟(MLB)这四大职业体育运动组织是美国职业体育产业的支柱。美国四大职业体育联盟有着巨大的影响力和创造财富的能力,据调查,约有27.9%的美国人是NFL球迷,12.9%的美国人是 MLB 球迷,9.6% 的美国人是 NBA 球迷,四大联盟目前的年收入在 230 亿美元左右。

户外运动产业是美国最具特色、发展最为完备的产业。早在 20 世纪五六十年代,美国联邦政府就通过颁布《计划 66》《可持续多用途法案》《户外休闲法案》,鼓励和推动美国户外运动产业的发展。进入 21 世纪,奥巴马总统又于 2010 年发布《21 世纪美国大户外运动战略》,进一步动员美国公民参加户外运动。美国每年有 1.4 亿以上人口参加户外运动,其中高尔夫产业、冰雪产业、野营露营产业是参与人数较多的产业板块。

美国的健身业市场规模大,占美国整个体育产业的 1/3 左右,整体经营水平高,组织化程度高。美国人有健身消费的意识和习惯,也有经济水平和时间的保证,这造就了全球最大的体育健身娱乐市场。在美国,有大约 130 万人直接服务于娱乐休闲行业。休闲体育带动了旅游、交通运输、食宿、体育用品等方面的消费,极大地推动了美国体育产业的发展。近年来,参加健身运动的美国人越来越多。据国际健康及运动俱乐部协会统计,2005 年美国的健身俱乐部会员仅为 4 130 万人,到 2012 年增至 5 020 万人。美国 30 500 个健康俱乐部在 2012 年获得 2 180 亿美元收入。

资料来源:张伟,"美国体育产业:经营模式成熟规模庞大",《经济日报》,2014 年 10 月 28 日,http://culture.people.com.cn/n/2014/1028/c172318-25920291.html。

(二) 体育社会化程度高低及体育意识强弱是决定体育消费水平高低的重要因素

体育社会化程度比较高、体育意识比较强的国家,体育人口也比较多,从而人均体育消费水平就比较高。因为体育消费水平的高低是和社会生产力发展水平、经济实力强弱分不开的。体育消费水平的不断提高,已成为经济发达国家居民消费结构变化的重要趋势,这种变化趋势是符合当代社会经济发展规律和现代生活方式发展变化规律的,也是符合体育社会化发展规律的。

> **你知道吗？**
>
> **法国体育人口与体育消费的相关数据**
>
> 　　法国具有崇尚运动休闲的传统，拥有庞大的体育人口和较为完整的体育产业体系。据法国青年与体育部的统计，法国人口仅为 6 400 万，但是法国体育人口占到了总人口的近七成。2007 年法国体育用品零售商联合会进行的一项综合性研究发现，51.6% 的年龄在 4—65 岁的法国人在闲暇时间参加有规律的体育活动。巨大的体育人口从消费和投资等需求方面支撑起了占法国国民经济重要地位的体育产业群。
>
> 　　根据资料显示，法国体育用品零售市场在 2009 年达到了 91 亿欧元。法国市场一直保持着每年 4% 以上的增长率。2008 年，人均消费额为 132.2 欧元。
>
> 　　据相关数据显示，超过 3 400 万名法国人经常做运动，其中 1 800 万人喜欢骑自行车、1 400 万人喜欢游泳、1 260 万人远足、800 万人慢跑步，另外有 700 万人滑雪。年龄在 25 岁以下的人士是最大的户外运动消费者，法国人每年在运动方面的花费超过 270 亿欧元。其中，个人的消费最大，占总销售额一半，政府则占 41%，而企业只占 9%。
>
> 资料来源：懒熊体育，"2 500 亿，法国体育产业蓬勃发展原因是什么？"，http://industry.sports.cn/news/others/2015/0602/105026.html。

三、我国体育消费水平分析

（一）我国体育消费水平现状

目前，我国居民用于体育消费方面的支出，还没有确切的、权威的专项统计数据。但据有关专家估算：1998 年我国体育消费为 1 400 亿元人民币，占 GDP 的比重为 1.74%，人均为 107.69 元/年。其中城市人均为 200 元，合计为 760 亿元，农村人均为 32 元，合计为 294.4 亿元，加上运动鞋运动服等则为 1 400 亿元[1]。2004 年，我国体育服务业创造的增加值为 146.5 亿元，人均约 11.27 元，体育相关产业创造的增加值为 448.1 亿元，人均约 34.47 元。合计约为 594.6 亿元，人均约 45.74 元[2]。

2014 年中国体育及相关产业总规模达到 13 574.71 亿元，实现增加值

---

[1] 《中国体育报》，1999 年 8 月 25 日。
[2] 张林，"中国体育及相关产业测算报告"，《上海体育学院学报》，2008 年第 6 期。

4 040.98亿元,占当年 GDP 的 0.64%。若按 2014 年末中国大陆总人口13.6782亿人计算,则人均约 992.43 元人民币①。

> **相关链接**
>
> **部分国家居民人均体育消费支出一览**
>
> | 国家 | 人均体育消费水平(美元/人民币) |
> | --- | --- |
> | 英国(2013 年) | 619.6/3 965.4 |
> | 法国(2013 年) | 310.4/1 986.6 |
> | 德国(2011 年) | 470.4/301.6 |
> | 澳大利亚(2009 年) | 487.4/3 119.4 |
> | 日本(2012 年) | 192.0/1 504.0 |
> | 韩国(2011 年) | 235.0/1 440.6 |
> | 中国(2014 年) | 155.1/992.4 |
>
> 备注:①美元兑人民币按1∶6.40 计算;②中国是占 2014 年全国体育及相关产业总规模的比例。
> 资料来源:陈华,"中国体育产业迎来了黄金时代",《解放日报》,2014 年 9 月 6 日。

据调查资料显示,1998 年上海市民的人均消费性支出为 6 866.41 元,而体育消费只占其中的 2.75%,人均约为 188.83 元。2008 年上海市民人均体育消费年支出约为 922.49 元(户均 2 582.97 元),约占 2008 年上海城镇居民人均消费性支出的 4.76%。经过十余年时间的发展,上海市民人均的体育消费支出增加了 733.66 元,增加了近 4 倍;在生活消费中所占的比重增加了近 2 个百分点,说明上海市民的体育消费支出正处于快速增长阶段。但是和发达国家相比较,上海市民体育消费的整体水平并不高。例如:1988 年美国户均体育消费约为 800 美元(按当时的人民币比价约为 6 600 元,是 2008 年上海市民体育消费的 2.56 倍)。1993 年日本户均体育消费约 7.58 万日元(按当时的人民币比价约为 5 600 元,是 2008 年上海市民体育消费的 2.17 倍)。由此可见,上海作为我国经济最发达的城市,市民家庭体育消费的总体水平也是比较低下的②。

---

① 编者根据相关资料整理。
② 钟天朗,《体育消费研究》,复旦大学出版社,2013 年,第 75 页。

> **你知道吗?**
> **我国居民体育锻炼的消费支出**
> 　　调查结果显示,在参加体育锻炼的人群中,有 68.1% 的人有过体育消费,其中,58.5% 的人全年消费总额在 500 元之内,与 2007 年同类调查结果相比,人均消费水平有所提高,由原有的全年人均消费水平 593 元提高到 645 元。从消费项目来看,购买运动服装鞋帽、体育器材的人数比例有所下降;从各项目的消费金额来看,支付体育锻炼场馆费用的人均消费最高,为 612 元。相比以往,购买运动服装鞋帽、体育器械的人数比例虽然减少,但人均消费金额有较大幅度提高,购买运动服装鞋帽由原有的 381 元提高到 556 元,购买体育器械由原有的 247 元提高到 410 元。
> 　　资料来源:国家体育总局,"2014 年 6—69 岁人群体育健身活动和体质状况抽测调查结果",http://www.sports.cn/politics/yw/2014-08-06/2343707_3.html。

(二) 我国体育消费水平低下的原因

造成我国目前体育消费水平相对低下的原因是什么?

1. 社会生产力还不够发达,人均收入较低

我国的社会主义社会还处在初级阶段,社会生产力还不够发达,经济发展速度也不快,人民的生活消费水平虽然已经有大幅提升,但要全面建成小康社会还需要时间。尽管 2015 年我国人均 GDP 已经超过 8 000 美元,但是仍然低于世界平均水平,若与欧美等经济发达国家人均 GDP37 000 美元相比较则差距更大,而且我国目前人均收入仍排在世界 60 位左右。据有关调查表明:有超过 40% 的被调查者认为影响其参与体育消费的主要因素是经济收入较低。因此,人们还拿不出更多的钱来从事体育消费。

2. 体育人口比较少,国民体育意识不强

我国人民的消费观念、消费意识、消费结构还没有根本变化,各种传统的、陈旧的消费观念、消费意识还根深蒂固地占据着人们的头脑。因此在生活消费中,往往只注重各种实物消费,轻视或忽视各种服务消费,因而造成体育消费水平的低下。从体育人口来说,到 2014 年年底,按"每周参加体育锻炼频度 3 次及以上,每次体育锻炼持续时间 30 分钟及以上,每次体育锻炼的运动强度达到中等及以上"的标准,我国达到"经常参加体育锻炼人"的比例为 31.2%(含 6—19 岁儿童青少年人群)[①],而发达国家一般均在 50% 以上。此外,中国人比较注重"食补",保健品、营

---

① 国家体育总局,"2014 年 6—69 岁人群体育健身活动和体质状况抽测调查结果"。

养补充剂铺天盖地,市场极大;中国人也比较注重吃喝,饮食文化源远流长;中国人还比较注重"莺歌艳舞",卡拉 OK、KTV、夜总会、大浴场等文化娱乐场所夜夜灯火通明,就是体育消费场所相对冷清,这是一种观念和意识的差异。

3. 体育市场开发定位的偏差

体育进入市场以后,一些体育经营单位一味追求效益高、收费多的体育项目,体育消费变成了"贵族"消费,一般老百姓不敢问津。即使是公共体育场馆所提供的体育服务产品的价格也不便宜。因此,我国目前还没有足够的可供人们从事各种类型的体育消费的体育场馆设施及各种体育实物消费资料和体育服务消费资料,从而制约了体育消费水平的增长。

相关链接

上海某体育中心主要经营项目及价格表

项　目	时　间	收费标准
足球7人制	周一至周五:9:00—18:00	500元/小时
	周一至周四:18:00—21:00	600元/小时
	周五:18:00—21:00	700元/小时
	周六至周日:9:00—21:00	700元/小时
足球11人制	周一至周日全天	2 100元/小时
游泳	周一至周五:7:00—9:00	20元/人
	周一至周五:15:30—21:00	30元/人
	周六、周日:9:00—12:00	30元/人
	周六、周日:12:00—21:00	35元/人
羽毛球	周一至周五:7:00—12:00	25元/小时
	周一至周五:12:00—17:00	35元/小时
	周一至周五:17:00—22:00	45元/小时
	双休日及国定节假日:7:00—17:00	40元/小时
	双休日及国定节假日:17:00—22:00	45元/小时
网球	周一至周五	110元/小时 150元/小时(灯光场地)
	双休日及国定节假日	130元/小时 180元/小时(灯光场地)

（续表）

项　目	时　间	收费标准
乒乓球	周一至周五:7:00—12:00	25元/小时
	周一至周五:12:00—17:00	35元/小时
	周一至周五:17:00—22:00	45元/小时
	双休日及国定节假日:7:00—17:00	40元/小时
	双休日及国定节假日:17:00—22:00	45元/小时
篮球	周一至周五9:00—16:00	100元/小时 （散客5元/人 不限时间）
	周一至周五16:00—22:00	150元/小时 （散客10元/人 不限时间）
	周六、周日9:00—22:00	150元/小时 （散客10元/人 不限时间）
台球	9:30—15:00	30元/小时
	15:00—次日凌晨1:00	42元/小时
健身卡	会员制	2 500元/1年卡 3 360元/2年卡
	非会员制	任何项目100元/次
少儿武术太极拳散打跆拳道空手道	月卡	450元
	季卡	1 200元
	年卡	4 200元
保龄球	周日23:00—周五18:00	普通价10元/局　会员价9元/局
	9:00—13:00	普通价10元/局　会员价9元/局
	13:00—18:00	普通价16元/局　会员价14元/局
	18:00—23:00	普通价21元/局　会员价19元/局
	23:00—02:00	普通价14元/局　会员价12元/局
	周五18:00—周日23:00及节假日	普通价15元/局　会员价13元/局
	9:00—13:00	普通价20元/局　会员价18元/局
	13:00—18:00	普通价20元/局　会员价18元/局
	18:00—23:00	普通价26元/局　会员价23元/局
	23:00—02:00	普通价18元/局　会员价16元/局
陈式太极拳	年卡	10 000元

资料来源：上海某体育发展中心官方网站。

所以,在经济发展和人民生活水平逐步提高的同时,必须从我国的实际情况出发,通过大众传播媒介和各种渠道,大力宣传体育消费的社会经济效益,以促进和推动我国人民消费观念、消费意识和消费模式的变化,积极地引导我国人民的体育消费行为,以缩短我国人民体育消费水平与发达国家的差距。

四、衡量体育消费水平的指标体系

衡量体育消费水平的高低,一般可用以下几个主要的定量指标。

(一) 体育消费价值总量

体育消费价值总量,是指在一定时期里体育消费者用于支付体育消费方面开支的货币总量。它所反映的是一定时期里整个社会体育消费水平的高低,因此是一个综合性指标。

(二) 体育实物消费资料的消费总量

体育实物消费资料的消费总量,是指在一定时期里社会所生产的全部体育实物消费资料中已被消费者购买的那部分消费资料总量。有两种表示方法:一种是用体育实物消费资料的产品数量表示,即已被购买并进入消费领域的体育实物消费资料的数量;另一种是用价值(货币)单位来表示。由于各种类型的体育实物消费资料的物理性能不一样、形态不一样、价值量大小也不一样,故难以做出正确的评价计算。因此,一般计算体育实物消费资料的消费总量都以货币单位来表示。体育实物消费资料的消费总量指标,一方面反映了一定时期内和体育有关的产业的生产及有效供给情况;另一方面也反映了社会对体育实物消费资料的有效需求状况。

(三) 体育服务消费资料的消费总量

体育服务消费资料的消费总量,是指在一定时期里社会所提供的体育服务消费资料中已被消费者所购买的那部分价值量。由于在社会主义市场经济条件下,体育服务消费资料越来越多地以商品形式出现,因此这种体育服务消费资料的消费量也可用货币单位来表示。通常情况下,这一指标的高低能大体反映社会体育服务消费资料的市场供需状况,同时也能反映体育产业部门的生产状况及大众体育的普及程度。

(四) 余暇时间里用于体育消费的时间总量

余暇时间是指除了正常的工作、满足基本生理需要(吃饭、睡觉)、必要的家务劳动以及照料和教育后代等的时间之外,可供个人自由支配用于学习、交际、娱乐、休息等活动的自由时间。社会所拥有的余暇时间总量归根到底取决于社会生产力的发展水平。一般来说，科学技术的进步、社会生产力的发展和人们的余暇时间的增加是成比例的。余暇时间是人们参与各种余暇消费的前提条件，也是人们参与体育消费的重要条件。因此，余暇时间里用于体育消费的时间总量也是衡量社会体育消费水平的重要标志。

此外，还可以对不同年龄的体育消费者（老、中、青、少、幼），不同职业的体育消费者（工人、农民、解放军、干部、教师等），不同文化程度的体育消费者（大学、中专、初中、高中、小学等），不同地区的体育消费者（农村、城市、乡镇等），不同家庭收入的体育消费者等进行分类统计评估，以了解社会上各种各样家庭和个人的体育消费水平及体育消费的实际状况。

相关链接

我国城镇居民体育消费统计指标与编码

指标名称	指标编码
一、体育健身活动支出	6220
（一）球类健身活动	6221
（二）水上健身活动	6222
（三）冰雪类健身活动	6223
（四）操类活动	6224
（五）野外拓展活动	6225
（六）民族传统体育活动	6226
（七）棋牌类活动	6227
（八）各类体育项目培训	6228
（九）租赁场地、体育器材	6229
二、观赏体育竞赛表演门票支出	6241
三、体育用品及体育信息支出	6270
（一）运动服装、鞋帽类	2600
1. 运动服装	2101
2. 运动鞋类	2301
3. 运动帽类	2401

（续表）

指标名称	指标编码
（二）健身器材	6111
（三）体育用品	6114
（四）体育音像制品	6123
（五）体育报纸、杂志、书籍	6125
四、体育消费时间	6280
（一）参加有偿体育健身时数	6281

资料来源：杨涛等，"我国城市居民体育消费统计指标体系的构建及优化研究"，《体育科研》，2014年第3期。

第四节 体育消费需求的增长趋势

一、体育消费需求增长的原因

体育消费需求是指一定时期内人们对各种体育消费资料的需求状况。体育消费需求是人们在满足基本的生存消费需求之后，用于追求发展和享受方面的消费需求。体育消费需求是一个变量，从发展趋势来看，体育消费需求是逐步上升，且呈不断增长趋势。体育消费需求不断增长的原因主要有以下几个方面。

（一）社会经济发展是导致体育消费需求增长的最根本原因

根据中共十八大提出的奋斗目标，未来我国经济将以年平均7%左右的速度增长，到2020年人均国内生产总值将比2000年翻两番，那时我国居民的生活水平将达到相当于世界中等发达国家居民的生活水平。因此，随着社会生产力的发展、社会消费基金的增长、人们收入水平的提高、生活质量的改善，必将导致我国居民消费结构的重大变革，整个社会消费需求在范围上、内容上、数量上和质量上都将随之扩大和提高，从而引起体育消费需求的增长。

（二）我国政府启动内需、扩大消费需求的各项政策措施的出台，也将有效地推动体育消费需求的不断增长

社会消费有效需求不足是当前困扰我国经济健康发展的一个棘手问题。经过30多年的改革开放，我国的综合国力、生产力发展水平及人民生活水平均上

了一个新台阶,社会主义中国的市场已经告别了短缺经济,如今无论什么商品似乎都供给过剩。但人们惊奇地发现,余暇产业及闲暇消费却有着旺盛的市场潜力,服务消费和文化消费将成为21世纪我国城市居民个人消费需求的热点。体育产业和体育消费作为余暇产业和闲暇消费的重要组成部分,正以其自身所具有的强身健体、延年益寿、欢度余暇、提高生活质量等方面的独特魅力,开始受到越来越多的城市居民的青睐,并逐步成为政府启动内需、扩大消费需求、带动社会经济增长的不可忽视的重要力量之一。因此,我国政府启动内需、扩大消费需求的各项政策措施的出台,特别是各种鼓励及扶持余暇产业及闲暇消费政策措施的出台,必将有效地推动体育消费需求的不断增长。

(三)体育消费需求,作为较高层次的发展消费需求和享受消费需求,将随着人们收入水平的提高而较快增长

人们的消费需求一般可以分为生存消费需求、发展消费需求和享受消费需求三个方面。生存消费需求是人们的最基本消费需求,当生存消费这一基本的消费需求满足以后,发展和享受方面的消费需求的增长要快于生存方面消费需求的增长。这是因为在社会消费需求中,生存消费需求、发展消费需求和享受消费需求三者绝不会也不可能按一定比例扩大和增长(即不可能等比例增长)。其中,属于基础层次的生存消费需求由于受自然消费力(生理需要)的制约程度较高,总是有一定界限的,增长到一定程度它就不会再增长(或缓慢增长)。相反,属于较高层次的发展消费需求和享受消费需求主要受社会经济因素的制约,人们的自然生理因素对它的制约较小,因而从增长趋势来看就具有无限性。所以,当人们的生存消费需求基本满足以后,消费需求的增长必将主要向发展消费需求和享受消费需求方向扩大和延伸,这两类消费需求在总消费的比重中将逐步增长。德国统计学家恩格尔对此曾作过专门研究,并形成了举世公认的定律——恩格尔定律。恩格尔认为,随着家庭收入的增加,用于饮食的费用占收入的比重就越小,而用于文化、娱乐、卫生、服务等方面的费用所占的比重就越大,用于衣着、住宅、燃料及照明等的费用所占的比重则无大的变化。改革开放30多年,我国城乡居民的收入水平有极大的提高。这种收入水平的增长趋势,也必将带来体育消费需求的增长趋势。因此,体育消费需求作为较高层次的发展消费需求和享受消费需求,必将随着人们收入水平的提高而实现较快增长。

相关链接

我国城乡居民收入水平增长一览表

单位:元

年份	城镇居民人均可支配收入	农村人均纯收入
1978	383	132
1990	1 510	686
2000	6 280	2 253
2005	10 493	3 255
2010	19 109	5 919
2011	21 810	6 977
2012	24 565	7 917
2013	26 955	8 896
2014	28 844	9 892
2015	31 195	10 772

资料来源:编者根据《中国统计年鉴》相关数据整理。

(四)体育产业的发展和体育市场的拓展,会引发、刺激人们体育消费需求的迅速增长

有效推进我国产业结构的调整和升级,实现国民经济结构以较大步伐转向现代经济结构,这是21世纪初期我国经济发展的一个重要举措。经过30多年的改革开放,我国三大产业结构的比例已经从1993年的21∶52∶27上升到2000年的17∶52∶31,2015年则达到9∶40.5∶50.5。其中,第三产业得到迅速的发展。与此同时,国家有关部门又提出了今后一段时期我国第三产业重点发展的两个方向和10个新的增长点。两个方向:一是大力发展就业容量大的第三产业,创造更多的就业岗位;二是积极开拓潜力大、预期效益好的第三产业。10个新的增长点是:(1)旅游业;(2)住宅业;(3)新型流通业;(4)社区服务业;(5)信息服务业;(6)咨询、广告服务业;(7)文化产业;(8)体育产业;(9)科技服务业;(10)金融保险业。由此可见,体育产业就是其中重要的组成部分。因此,加快我国体育市场的发展是21世纪初叶我国调整产业结构,尤其是大力发展第三

产业的迫切需要,也是扩大内需、拓展我国的体育产业和培育新的经济增长点的迫切需要。因此,体育产业的发展和体育市场的拓展,会引发、刺激人们的体育消费需求的增长。这是因为体育消费需求的弹性比较小,且是可以诱导的。体育市场上体育消费品数量的增加和质量的提高,新产品、新品种、新型体育消费项目的出现,都会促进体育消费者的体育消费需求增长以及激发新的体育消费欲望的产生。与此同时,人们体育消费需求的增长,又会反过来促进体育消费品的生产和开发,从而带动整个体育消费品市场的扩展和体育产业的发展,进而引起和激发新的更高层次的体育消费需求增长。

(五)现代社会生活方式的变化,居民生活质量的提高,极大地增加了对体育消费资料的社会需求,从而推动体育消费需求的不断增长

现代社会正朝着电子化、信息化、自动化的方向发展,知识经济的浪潮正向我们奔腾涌来,人类社会已开始进入以生产、分配和利用知识与信息为基础的知识经济时代。在知识经济时代,一方面知识与信息正在取代资本与能源成为创造财富的主要资产;另一方面人们在日常工作生活中的脑力支出日益增加,体力支出日益减少,各种现代社会生活方式病应运而生并有着蔓延的趋势,患各种心血管疾病、高血压病及肢体障碍的人数逐年增加。为了克服这种现代生活方式病,保持充沛的体力和精力,维护身体健康,以便在工作之余调剂这种紧张、繁忙、单调、枯燥且高度专业化的工作节奏,人们将更多地借助于体育运动、体育活动、体育锻炼来弥补现代生活方式所带来的"运动不足"。这是现代社会生活方式发展变化的普遍规律,也是现代都市人生活消费变化与生活质量提高的重要内容。同时,每周40小时工时制的推广和家务劳动的进一步社会化,人们的余暇时间也有了极大的增加,这也为大众参与体育健身、休闲、娱乐等消费活动提供了条件。因此,现代社会的发展对体育的需求将越来越迫切,而体育消费需求的增长也是适应现代社会生活方式变化、提高我国居民生活质量的迫切需要。这些都将极大地增加对体育消费资料的社会需求,从而推动体育消费需求的不断增长。

(六)全民健身计划的实施和推广也会带动体育消费需求的增长

制订和推广全民健身计划,是我国党和政府维护和保障公民参与体育权利的体现,也是国民经济和社会发展的需要。全民健身计划的实施对象是全体中国公民,其中青少年儿童是基础,职工、农民、战士、知识分子等是全民健身的骨干队伍。随着全民健身计划的实施与推广,大众的体育意识将不断增强,我国的体育人口将不断壮大,这样对体育健身、休闲、娱乐等社会体育产品的市场需求也将不断增加,从而导致了体育消费需求的不断增长。

（七）我国人口年龄结构变化，特别是老龄社会即将到来将推动体育消费需求的增长

据国家统计局公布的 2015 年全国 1% 人口抽样调查的相关数据显示，我国 65 岁及以上人口为 13 755 万人，占全国总人口的比重达到 10.1%，我国已经步入老龄社会。预计到 21 世纪中叶前，我国 60 岁及以上老年人口将达到 4 亿多，占那时中国总人口的 1/3，占全世界老年人口的 1/4①。而实际上北京、上海等一些大中城市早已经步入老龄社会。据上海市民政局发布的数据显示，截至 2015 年 12 月 31 日，上海 60 岁及以上老年人口 435.95 万人，占户籍总人口的 30.2%；65 岁及以上老年人口 283.38 万人，占户籍总人口的 19.6%②。因此随着我国人口年龄结构的变化，对体育消费品的需求较为迫切的中老年人将大幅度增加。由于中老年人对健身、强体、祛病、抗衰老等方面的渴望比较强烈，这必将极大地增加对体育服务消费品的社会需求，从而导致体育消费需求的增长。

除了以上几个方面的原因之外，和体育有关的产业的发展和开拓，体育消费品数量的增加和质量的提高，新产品、新品种、新的体育消费项目的不断出现，都会激发人们体育消费需求的增长和新的体育消费欲望的产生。同时，人们体育消费需求的增长，又反过来促进体育消费品的生产和开发，从而带动体育消费品市场的扩展，引起和激发新的更高层次的体育消费需求。因此，在社会主义社会体育消费需求是呈增长趋势的。

二、我国居民体育消费需求增长的主要趋势

（一）我国居民消费结构变化的趋势

随着社会生产力的发展和人民生活水平的提高，我国居民消费结构变化总的趋势是：用于食品的部分将不断下降，实现从"吃饱"向"吃好"转化；文化娱乐等消费开支将不断上升。但由于我国目前仍处在社会主义初级阶段，人均国民生产总值仍居世界后列，恩格尔系数仍为 30% 左右，因此，文化娱乐、体育消费不可能增长过快。

（二）我国现阶段体育消费需求增长的主要趋势

在社会主义初级阶段，特别在当前，我国社会生产力水平还不高，人均国民收入还居于世界后列。因此，对绝大部分劳动者来说，生存资料，特别是"吃"的部分在消费支出中占相当大的比重。但随着社会经济的发展和人民生活水平的

---

① 《法制晚报》，2006 年 8 月 13 日。
② "2015 上海市老年人口和老龄和事业监测统计调查报告"，http://www.shrca.org.cn/5763.html。

不断提高,我国居民的消费结构将发生深刻的变化。1978 年我国城镇居民的恩格尔系数为 57.5%,农村居民的恩格尔系数为 67.7%;2007 年我国城镇居民的恩格尔系数为 36.3%,农村居民的恩格尔系数为 43.1%;2015 年我国居民的恩格尔系数已下降到 30.6%①。这种消费结构的变化趋势将极大地促进精神文化体育娱乐等方面消费的增长。

根据国内外社会消费结构变化的实践和我国近年来社会消费结构已经和正在发生深刻变化的事实,在未来社会经济发展中我国体育消费需求增长趋势主要表现为以下三个方面。

1. 实物型体育消费需求将迅速增长

实物型体育消费需求的迅速增长,主要是指运动服装、运动鞋、小型运动器材及家庭多功能健身器等体育实物消费资料需求的迅速增长。这种实物型体育消费需求增长的原因有以下两个方面:一方面原因在于运动服装、运动鞋这类体育消费资料兼有运动和日常生活两方面的效用,加上这些消费品新型的款式、流畅的线条、丰富的色彩、强烈的时代感和个性感,开始受到越来越多的体育消费者,特别是青少年体育消费者的青睐;另一方面原因在于这些小型运动器材价格相对低廉,一般个人完全有能力支付,加上全民健身战略的实施,这些小型运动健身器材对经常参加体育活动、健身活动的人来说,也是必备和常备的"工具"。因此,随着我国体育社会化程度的提高和体育人口的增加,实物型体育消费需求将迅速增长。

2. 观赏型体育消费者队伍将日益壮大

随着我国体育事业的发展、体育运动水平的提高,以及体育事业的进一步对外开放,国际体育交流必将日益扩大,各种各样的体育比赛、体育表演,特别是大型的国际、洲际体育赛事在我国举办,必将极大地提高我国人民的体育意识和体育欣赏能力及欣赏水平,各种各样的"体育迷"也将不断涌现,这样,观赏型体育消费者队伍在我国将日益壮大。

3. 参与型体育消费将日益兴旺

随着社会主义市场经济体制的逐步建立和我国体育改革的进一步深化,各种体育服务项目正方兴未艾。特别是一些健身娱乐场所和健身锻炼、咨询、辅导等有偿服务形式的不断涌现,必将极大地提高体育消费者的消费兴趣,满足体育消费者的消费欲望,拓宽体育消费者的消费路子。同时,体育的功能、体育消费

---

① 王保安,"2015 年恩格尔系数下降到 30.6%",http://news.xinhuanet.com/finance/2016-01/19/c_128643958.htm。

的效益也将被越来越多的人所认识,从而促使更多的人参与体育消费过程,加入全民健身行列,成为体育人口,这样参与型体育消费必将兴旺发达、丰富多彩。

但是,我们也必须清楚地看到,由于我国社会主义正处在初级阶段,社会生产力还不够发达。尽管 2015 中国全年国内生产总值 67.67 万亿元,排名世界第二,仅次于美国,但人均 GDP 为 5.2 万元,约合 8 016 美元,与美国、日本、德国、英国等发达国家 3.7 万美元以上的水平仍有很大差距。因此,我国体育消费需求的增长将是一个缓慢的过程,即使到了 2020 年中国居民的体育消费水平也最多只能达到经济发达国家 21 世纪初期的平均水平。

三、满足我国居民体育消费需求不断增长的前提条件

(一) 发展社会生产力、增加国民收入

在社会主义初级阶段,人们的体育消费需求的满足程度、人均体育消费水平的高低,主要取决于人们消费收入水平的高低。人均消费收入越多,能够用于体育消费的支出也就越多,反之则越少。在其他条件下不变的情况下,人均消费收入的增加取决于消费基金的增加。消费基金的增长,从根本上来说取决于国民收入的增长。因此,大力发展社会生产力,提高劳动生产率和经济效益,不断增加国民收入总量,是提高体育消费水平的主要前提条件,也是满足体育消费需求增长的主要前提条件。

(二) 制定我国体育消费市场的开发战略

战略问题是带有全局性根本性的问题。制定我国体育消费发展战略,对我国体育消费领域的开拓和发展具有重要意义,也是满足人民群众不断增长的体育消费需求的重要前提条件。

根据我国经济发展战略和实现体育社会化的总体要求,结合我国目前体育消费的现状及全民健身战略的实施要求,制定我国体育消费发展战略的基本指导思想应该是:一是要和建立中国特色消费模式相适应;二是要和我国产业结构的调整、第三产业的开发,特别是要和我国体育产业的发展战略相适应;三是要和实现我国全民健身战略和体育社会化总体目标相适应;四是要和我国人民的消费习惯、爱好和能力相适应。

体育产业的发展战略及体育市场的开发战略是指导我国体育产业及体育市场开发的纲领。根据我国目前体育产业、体育市场的发展现状及体育消费者对体育消费项目的需求状况,借鉴国外体育市场发展的一般轨迹,参照国务院《关于加快发展体育产业促进体育消费的若干意见》的基本精神,未来我国体育产业发展的战略重点及体育市场开发的战略重点应放在体育服务消费品市场的开

发方面，特别是要加大对体育健身休闲娱乐市场和运动竞赛、体育表演市场的开发力度，并以此来带动和促进体育消费水平的提高。

1. 体育健身休闲娱乐市场的开发战略

（1）体育健身休闲娱乐市场开发的战略重点。体育健身休闲娱乐市场是体育市场的重要组成部分，也是我国体育部门面向市场走产业化发展道路、开展体育经营活动的主要内容之一。体育健身休闲娱乐市场的开发，应该和我国目前体育消费者的兴趣爱好及实际体育消费能力相适应。从我国目前体育健身休闲娱乐市场的供应现状及社会对体育健身休闲娱乐产品的需要状况来看，当前及未来10年之内我国体育健身休闲娱乐市场的开发，不仅要加大对广大体育消费者所喜爱的足球、篮球、游泳、羽毛球、网球、乒乓球等传统体育消费项目的开发力度，而且体育健身休闲娱乐市场开发的战略重点应放在为大众强身健体、延年益寿、欢度余暇提供服务的体育健身、休闲、娱乐产品的市场供应方面。

（2）注重相关的体育健身休闲娱乐市场的开发。

第一，中老年的"银发健身市场"，如气功养生、康复咨询、运动处方等保健型、康复型的体育健身娱乐产品；

第二，日益受到男女青壮年青睐的"青春美容健美健身市场"，如以减肥、健美、形体训练为主要内容的参与型体育健身娱乐产品；

第三，深受年轻家长喜爱的少年、幼儿体育培训市场，如游泳、体操、乒乓球、网球、足球、棋牌等培训班，以及各种体育俱乐部、体育学校、体育幼儿园等；

第四，满足现代都市居民回归大自然、欢度余暇迫切愿望的趣味性、休闲性较强的娱乐型体育健身休闲市场，如多功能水上体育娱乐场所、体育游乐、体育旅游等体育健身休闲娱乐产品；

第五，为外商及国内部分白领阶层人士休闲、健身、娱乐、公关及商务活动提供服务的"多功能高档体育健身休闲娱乐市场"，如高尔夫球俱乐部、网球俱乐部、保龄球俱乐部、游艇俱乐部等。

与此同时，要根据各地体育市场的特点及大众的体育消费爱好，着力开发一些深受大众欢迎、群众喜闻乐见、具有中国民族特色的体育健身休闲娱乐产品，以满足不同层次体育消费者的体育健身休闲娱乐消费的需要。

2. 运动竞赛体育表演市场的开发战略

（1）运动竞赛体育表演市场开发的战略重点。运动竞赛体育表演市场也是我国体育产业的重要组成部分，也是观赏型体育消费者和参与型体育消费者的主要消费场所。体育部门面向市场走产业化发展道路，在很大程度上与运动竞赛体育表演市场的经营开发活动有关，而且体育消费者的体育消费支出在很大程度上也和运动竞赛体育表演市场的经营开发活动有关。根据我国目前运动竞赛体育表演市场的运行现状及社会对运动竞赛体育表演市场产品的需求状况来看,当前及未来10年之内我国运动竞赛体育表演市场开发的战略重点应放在已经进入职业化管理的各类竞赛项目的市场开发上。在进一步完善足球市场开发的基础上,特别是要加大对篮球、排球、乒乓球、网球等一系列拥有众多球迷基础、具有巨大市场潜力的运动项目的开发力度,以吸引更多的观赏型体育消费者。

(2)注重相关的运动竞赛体育表演市场的开发。

第一,积极开发社会体育竞赛市场。特别是那些参加人数多、活动项目多、内容丰富、涉及各阶层与各方面的社会体育竞赛活动,如职工运动会、老年人运动会、社区运动会以及行业、系统、企业运动会等。同时,要积极开发各种各样融健身、休闲、娱乐、趣味等一体的社会体育竞赛活动,如3口之家乒乓球比赛、青少年3人制篮球比赛、羽毛球擂台赛等。社会体育竞赛市场的开发,不仅可以促进和推动全民健身战略的实施,具有极好的社会效益,而且可以通过实行有偿服务获取较好的经济效益,同时也能提高体育消费者的体育消费水平。

第二,积极开发商业性体育竞赛市场。特别是积极引进国外一流的球队、一流的运动员来华进行各种商业性体育比赛,这样一方面可以让我国的球迷也能一睹世界著名球星甚至是世界顶级球星的迷人风采,提高我国体育竞赛市场的观赏价值,另一方面也可以不断提高我国运动员的实战能力。

四、满足我国居民体育消费需求不断增长的途径

(一)重视我国体育产业及和体育有关的产业的开发,是满足体育消费需求不断增长的主要途径

为了满足人民群众不断增长的体育消费需求,社会就必须为消费者提供较充裕的各种各样的体育实物消费资料和体育服务消费资料,这样就需要拥有发达的体育产业及和体育有关的产业。当今世界上经济发达、体育社会化程度较高、人均体育消费水平较高、全民体育意识较强、体育人口众多的国家,都把体育产业及和体育有关的产业作为重要产业,放在相当重要的地位。

因此,要满足我国人民不断增长的体育消费需求,就必须重视对我国体育产业及和体育有关的产业的开发和利用,加速体育实物消费资料和体育服务消费资料的生产,逐步完善我国体育消费资料市场。特别是对当前人民群众比较迫切需要的以健美、保健减肥、运动康复等为主要内容的体育服务消费资料及与此相关的小型运动器材、运动服装、运动鞋、多功能家庭健身器以及体育报纸、杂

志、图书、画册等体育产业及和体育有关的产业的重点开发，从而为体育消费者提供高质量、高水平、高效益的体育消费资料，拓宽和完善体育消费资料市场，以满足人民群众不断增长的体育消费需求。

（二）加强对体育消费的宣传和引导，是满足体育消费需求增长的重要途径

这就要求我们的广播、电视、报纸、杂志等大众传播媒介，大力宣传体育消费的作用和意义，大力宣传体育消费的社会经济效益，逐步引导我国人民的体育消费行为，并使之合理化。

同时，在经济发展和劳动生产率提高的情况下，我国要加快落实职工休假制度，并提高家务劳动社会化的程度，这样可以增加我国人民余暇时间的总量，从而为人们从事体育消费提供足够的时间保证。

现有的体育场馆设施应该全天候向全社会公众开放，并且要相应增加体育场馆设施的建设投资，兴建、扩建和改建一批体育场馆和体育设施，特别是深受人民群众欢迎的小型体育活动场所。今后在新建居民住宅小区和卫星城镇时，要充分考虑人民群众体育活动场地的配套建设，从而为人们从事各种各样的体育消费提供条件。

除此之外，体育消费的发展要走引进和独创相结合的道路。从我国目前的生产力发展水平和居民实际消费能力出发，可适当引进一些国外先进的时尚体育消费项目，以满足一部分体育消费者的消费需要。但是，体育消费发展的立足点还是应从我国的实际出发，充分利用我国的条件、资源，挖掘富有民族特点和民族传统的体育消费内容，这样才能形成具有中国特色的体育消费模式，满足各种层次的体育消费需求。

[本章思考题]

1. 体育消费的含义指什么？
2. 体育消费在社会消费结构中的地位如何？
3. 体育消费具有哪些特点？
4. 体育消费可分为哪些类型？
5. 试分析体育消费的效益。
6. 决定体育消费水平的主要因素有哪些？
7. 试分析体育消费需求增长的原因。
8. 试分析我国现阶段体育消费需求增长的主要趋势。
9. 满足我国人民体育消费需求不断增长的条件与途径有哪些？

[本章练习题]
1. 概述决定体育消费水平高低的主要因素。
2. 谈谈对我国居民体育消费水平现状及发展趋势的看法。

本章案例

健身消费潜力巨大　带动体育资源流动和市场繁荣

不久前,一张北京市民在雾霾弥漫的街边公园跳广场舞的图片疯传网络,引发了网友热议。即使大雾袭城,也无法阻挡人们锻炼身体的热情。这,其实是如今全民健身热情高涨的真实写照。同时,它也反映出我国健身消费形式缺乏的现状以及普通民众缺少科学健身意识的尴尬。如何让体育健身消费更好、更快地"跑"起来,值得每个消费者深思。

健身人数稳步增长

华灯初上,北京西城区金中都公园迎来一天中最热闹的时刻。众多原本互不相识的市民,因为跳舞、踢毽、跑步等运动聚集起来。和中老年人相比,年轻人则更愿意把自己的健康交给健身房和体育馆。记者来到北京天宁寺桥附近的一家健身房,发现15台跑步机全部都在使用中。工作人员告诉记者:"平时,在中午休息时间和晚上下班时间,健身房基本都是满负荷运转,只有早上人比较少。"离开这家健身房后,记者又尝试预订周末的什刹海体校羽毛球场,被客服告知:"已无场地,节假日可能需要提前一周预订。"

与此同时,马拉松赛事持续火热。据统计,2015年仅田协注册在案的跑步赛事数量就激增到130场左右,一年当中平均每3天就有一场马拉松赛事上演。不少跑步爱好者反映,一些热门赛事甚至需要提前抢名额。

这些现象的背后,是逐步增强的城乡居民体育锻炼意识。老百姓参加体育锻炼的积极性增高,经常进行体育锻炼的人数百分比明显增加。国家体育总局发布的《2014年全民健身活动状况调查公报》显示,2014年全国共有约4.1亿20岁及以上年龄段的城乡居民参加过体育锻炼,比2007年增加0.7亿人。全国经常参加体育锻炼的人数百分比为33.9%,比2007年增加5.7%。

体育运动参与人数增加的同时,是我国人均体育消费水平大幅度提高的现状。就近就便锻炼和"花钱买健康"已经得到越来越多人的认可。调查显示,目前从人均消费金额来看,"场租和聘请教练"的消费额度最高,人均876元,其他依次是购买运动服装鞋帽623元、购买体育器材496元,与2007年相比,消费水平明显提高。

健身消费需求和消费能力的攀升,也带动了体育产品消费。记者了解到,阿里平台过去一年产生的体育消费产品主要集中于休闲类。其中,户外、水上类产品占比超过40%;室内瑜伽、骑行、攀岩类产品的增长率更是超过90%;体育运动器材、鞋帽等产品上升了30%左右。

"从数据角度看,成立仅几个月的阿里体育2015年通过阿里平台进行的体育类消费达到1370亿元,预计2016年将会突破2000亿元。"阿里体育COO余星宇说。

流行互联网+健身

在产后不到1年的时尚辣妈张洁眼中,没有什么比恢复自己变形的身材更加重要。对她来说,每天去健身房并不容易,安装在手机里的健身软件便成了她塑身的主要工具。

对于这些健身软件,张洁如数家珍:"每个软件的功能各有侧重,里面有免费的健身视频和教练,还可以和社区里的其他爱好者交流,看上好的器材还可以直接点击购买。"健身之余,欣赏微博红人的健身视频、在朋友圈晒健身图,已经成为张洁生活的一部分。

健身与互联网结合后,也变得时尚起来,快速渗透人们的生活。符合需求的消费模式很快会吸收众多参与者,资本也助推其快速成长。而类似的软件也越来越受到年轻人的欢迎。

记者在苹果应用商店里搜索运动软件,结果达5 000多个,而在三年前几乎没有太多的相关信息。如今,"咕咚""悦跑圈"等五花八门的运动APP迅速挤占了健身爱好者的手机内存。这些运动APP有的致力于跑步计数,有的侧重于互动交友,有的专注于健身指导。

以相对活跃的运动类APP"咕咚"为例,资料显示目前该APP的注册用户为2 400万人,日活跃用户高达200万人。用户在"咕咚"上选择的运动方式主要是跑步和骑行,使用最多的是工具属性功能,可以与咕咚智能手环在运动轨迹监测等方面配合使用。而"运动圈""咕咚吧"等运动社交功能则确保了用户参与积极性的不断提升。

《中国体育产业发展报告(2015)》指出,运动类APP的根本赢利点在于对大数据的积累和挖掘。体育健身的目的是管理个人健康,涉及康复、营养、养生、形体管理等多方面内容。而运动类APP通过对用户的大数据分析,为用户提供有针对性的健身菜单,必然会带动健身爱好者的消费热情。值得一提的是,这种数据是不断更新变化的,健身群体也是不断增加的,潜藏着巨大的市场潜力。

作为体育健身消费的重要载体,运动场馆业也在寻求突破。一些健身房通过微信服务号或者手机软件推广产品、招揽用户,推出健身教练上门服务,取得不错的宣传效果,用户也享受到便利。

不少由政府主导的体育场馆在传统运营过程中缺乏亮点。体育场馆通过借助互联网,盘活体育场馆资源,为大众健身提供服务,使百姓充分享受价格低廉的公共体育服务。

"去运动"是湖北省体育局打造的融体育事业和体育产业于一体的公共体育服务平台,运行不到一年,已几乎囊括了湖北省所有的国有和民营体育资源。人们只需在"去运动"的移动客户端上进行简单操作,便可以免费或低价享受政府购买的公共体育服务。"去运动"平台为政府提供了场馆运营管理以及购买公共服务的依据。政府根据从平台采集到的数据,对场馆进行考核和补贴,改变管理"拍脑袋"、拨款"靠估摸"的做法。

万亿市场服务待提升

2014年末,国务院印发《关于加快发展体育产业促进体育消费的若干意见》,将全民健身上升为国家战略;2015年,体育产业全面发展,压抑许久的健身消费需求快速释放,打开了体量巨大的消费市场。

国家体育总局局长刘鹏表示,到2020年,人民群众的体育健身意识会普遍增强,经常参加体育锻炼的人数将达到4.35亿,身体素质稳步提高,人均体育场地面积达到1.8平方米。覆盖城乡的全民健身公共服务体系进一步完善,体育消费总规模将达到1.5万亿元。"体育消费将成为促进体育产业发展、拉动内需和形成新经济增长点的动力源。"刘鹏说。

前景向好,并不代表前途无忧。和体育产业发展成熟的国家相比,我国当前的体育消费结构还存在很多问题:运动场馆运营不佳、体育服务消费占比低、健身消费文化和观念滞后等。

余星宇认为,中国体育的群众基础虽然庞大,但普及程度不高,导致全国近200万个体育场馆中近90%处于亏损状态。因此,如何将运动基础设施、运动场馆跟人相结合,以数据的思维进行运营是问题的关键。

"中国体育消费中的参与性消费目前仍然是比较低的。随着人民群众生活水平的不断提高,我们仍然有很大的消费空间。"体育总局体育经济司副司长陈恩堂说。

消费不足的背后,也是专业人才、服务等资源的稀缺,做好健身消费供给侧改革刻不容缓。记者了解到,我国体育产业目前的产值有80%是衣服、鞋帽等制造业贡献的,而与老百姓密切相关的体育健身服务、运动场地、专业教练等方面都还需要更多的有效供给。

调查显示,在我国20岁及以上年龄的人群中,参加锻炼的人中有56.5%的人通过自学掌握体育锻炼技能。在学校学习获取体育锻炼技能的人数占比为19.9%,参加社会短训班和从事过专业训练的人数占比分别为4.4%和2.2%。

从体育产业结构而言,越是成熟的体育市场体育服务业占比越高。北京体育大学管理学院副院长林显鹏认为,按照发达国家的规律,体育服务业应该占到体育产业的60%以上,而目前我国只占到20%,可见增长空间非常庞大。

满足消费需求的同时,体育健身成本也值得关注。目前,高额的健身费用对一些人群来说还是有些重。调查显示,我国20岁及以上年龄的城乡居民中,有39%的人认为目前体育锻炼消费价格水平偏高。

当前,我国很多地区已经在尝试推进个人医保账户资金用于支付体育运动健身费用,以刺激健身消费。云南省体育局局长何池康认为,医保卡用于体育健身消费,一方面可以促使公众加强身体锻炼,提高身体素质;另一方面,医保卡的使用可以增强体育健身功能,带动体育健身产业蓬勃发展。

资料来源:王轶辰,"健身消费潜力巨大　带动体育资源流动和市场繁荣",《经济日报》,2016年4月6日,http://www.ce.cn/cysc/newmain/yc/jsxw/201604/06/t20160406_10162112.shtml。

案例思考题

1. 为什么说"健身消费潜力巨大"?

2. 为什么说"体育消费将成为促进体育产业发展、拉动内需和形成新经济增长点的动力源"?

3. 体育消费可以进一步带动哪些市场繁荣?你认为中国的体育消费市场应该如何开发?

第六章
体育资金的来源及效益分析

本章学习要点

- 世界各国体育资金来源概况
- 改革以后我国体育经费的筹措、分配与使用
- 体育投资经济效益的含义及特点
- 提高体育投资经济效益的意义和途径

市场经济是竞争经济,资金是各个竞争主体赖以生存和参与竞争的物质基础之一。体育资金是体育事业得以顺利进行和发展的财力保证,也是体育产业生产和再生产的物质条件。积极地开发、合理地分配、有效地使用体育资金,对于体育事业的加速发展、建立起新型经营机制和补偿机制、提高体育资金的使用效益、不断满足日益增长的体育消费需求等均具有重要意义。

第一节 体育资金的来源

一、体育资金的含义及其来源

(一)体育资金的含义

资金是国民经济中财产、物资的货币表现。体育资金是指用于发展体育事业的人力和物力的货币表现。体育资金是体育事业发展的前提条件。从政府部门来说,就是一种体育投资,即在整个国家财政支出中,有一部分是专门用于体育事业的投资,是国民收入的再分配。体育资金包括货币资金、实物资金两方面内容。货币资金是指占用在银行存款、现金以及有价证券等方面的资金,它是财产物质的货币表现,是取得财产物质的前提条件;实物资金是指占用在固定资产、材料、低值易耗品等方面的资金,它是货币资金的转化形式。用于发展体育事业的人力、物力和财力的消耗,就是体育资金的消耗。努力以最少的人力、物力和财力消耗,获得最大的体育成果,是体育资金使用、管理的目的。

(二)体育资金来源概况

世界各国和地区由于社会制度不同、经济管理体制不同,体育资金的来源、结构也不同。概括起来大致有以下三种类型。

1. 国家财政"拨款型"

以苏联和东欧一些国家为代表。这种类型的国家的体育经费主要来自社会公共消费基金,从国家财政中的体育拨款和各系统的体育支出中开支,以行政手段列入预算,定量下达。

国家财政"拨款型"这种类型的优点在于:投资总额由国家预算统一管理,可以使体育工作保持和国民经济发展相适应的水平;体育部门有相对稳定的经费保证,可以提高基层工作的计划性;可以加强体育经费的管理,能够分类进行指令性使用,保证各类体育工作按比例均衡地发展;体育资金的分配可以根据人口分布等社会因素综合平衡,保证所有居民都能在均等的经济条件下从事体育活动。国家财政"拨款型"这种类型的缺点在于：经费由国家包揽，使体育部门产生依赖性；不注意价值规律的作用，投资效益差；单纯靠行政命令投放资金，容易产生主观性和片面性。

2. 体育组织"筹款型"

以美国、意大利等国家为代表，主要通过各种体育组织向社会集资。如各种体育俱乐部会员交纳的会费、门票收入、电视转播费收入以及私人、企业的各种捐助。政府给一定补贴，主要用于大赛前的强化训练。例如：美国代表团参加1984年奥运会需用7 100万美元，而政府仅捐助了400万美元，只占6%；洛杉矶奥运会的承办与运营，政府则一分钱都不给。

体育组织"筹款型"这种类型的优点在于：能够发挥体育组织的经营主动性，提高经营的效益；积极扩大了与社会各界的联系。体育组织"筹款型"这种类型的缺点在于：削弱了政府对体育的领导权；体育组织容易受赞助商的控制，自主性受到侵害。例如，为了迎合某些赞助商的利益诉求，组委会不得不改变竞赛的赛程。同时受经济形势和市场行情的影响，经费来源难以稳定。在经济高涨时，赞助商会慷慨解囊，当经济不景气时，赞助商原来的承诺也会取消，并且容易导致盲目追求利润和过多的商业化操作甚至背离体育的主要宗旨。

3. 国拨自筹"结合型"

这是以德国、奥地利、瑞士等国家为代表的一种体育经费来源模式，这些国家的体育经费，政府一般给1/3左右，其余则通过体育组织自筹解决。如1992年德国体联的总收入为70亿马克，其中：会员会费收入约28亿马克，占40%；广告赞助和门票收入约为17.5亿马克，占25%；各级政府资助约17.5亿马克，占25%；其余收入(指各俱乐部的各种经营收入)约为7亿马克，占10%。

国拨自筹"结合型"这种类型的优点在于：政府给予必要的拨款，可以确保体育组织的基本工作条件和国家体育计划的实施；能促使体育组织发挥体育的经济功能，调动"以体养体"的积极性和主动性；有助于体育组织和社会各界的沟通和联系，增加企业商界团体的社会责任感，并对体育工作实行监督；由于体育部门吸收居民的游资，增多了居民参加体育活动的机会和权利，有利于发展和推动大众体育活动的开展。国拨自筹"结合型"这种类型的缺点主要在国拨自筹的比例上有争论和分歧。体育组织总希望政府能够尽量多给一些钱，这样可以减轻自己的经营压力，而政府主管部门总希望少给一些，这样可以减少财政的负担。

20世纪80年代以来，原来那些以拨款型或筹款型为主的国家都逐步向结合型转变。例如：苏联1987年起实行体育经费自筹、自负盈亏，主要是通过发行彩票、印刷出版、自办企业、举办比赛、开展科技服务及向外输出教练等途径。美国1987年公布了新体育法，决定每年赞助美国奥委会3 600万美元作为运动员的强化费，从而打破了政府从来不对体育组织拨款的惯例。为了备战悉尼奥运会，俄罗斯政府投入1 500万美元，澳大利亚政府出资1.33亿美元。2002年世界杯赛场建设资金短缺时，韩国政府财政拨款1 803亿韩圆（1.64亿美元）支援，以保证2002年世界杯足球赛的顺利进行。

你知道吗？

发达国家体育经费来源渠道

国家	政府对体育的投入		社会对体育的投入	
	总值（亿美元）	占GDP比例（%）	总值（亿美元）	占GDP比例（%）
德国	58.88	0.35	159.73	0.95
英国	26.19	0.24	192.38	1.76
法国	26.68	0.42	157.07	2.47
意大利	24.88	0.20	142.87	1.15
西班牙	13.02	0.23	81.02	1.43
瑞士	5.02	0.20	86.47	3.44
瑞典	4.73	0.18	20.4	0.78
芬兰	5.09	0.33	13.38	0.87
葡萄牙	4.15	0.61	8.43	1.24

资料来源：史松涛，"国内外体育经费来源渠道的比较分析"，《未来与发展》，2007年第9期。

二、我国体育经费的来源

（一）改革以前我国体育经费的主要来源

新中国成立以后到1978年实行改革开放以前，我国体育经费的来源主要靠国家财政拨款和地方财政拨款。

财政拨款，是指国家各级财政部门拨给全额预算管理单位的正常经费、差额预算管理单位差额补助费以及各种专项拨款等①。其来源包括以下三个途径。

1. 国家预算中的直接体育拨款

这是国家财政预算中,对中央和地方体育运动委员会管理的体育事业所支出的体育经费。根据我国现行的体育管理体制,中央体育事业经费是由中央财政负担的,地方体育事业费是由地方财政负担的。国家财政部门每年都要为发展体育事业,拨出一定数量的体育事业费和体育基本建设费。国家财政预算中的体育拨款,是我国体育资金的主要来源,也是发展体育事业的根本保证。

> **你知道吗？**
> **新中国成立初期至1977年之前国家对体育事业的财政投入**
>
> 新中国成立初期至1977年,近30年国家对体育事业的财政投入合计为22.8亿元,平均年增长率为15%,体育事业经费占国家财政支出的比例为0.2%左右,人均体育经费不到0.4元。
> 资料来源:国家体育总局,《改革开放30年的中国体育》,人民体育出版社,2008年。

2. 国家各系统、政府各部门和地方政府对体育运动的间接拨款

这是国家有关系统、有关主管部门和地方政府为管理各自的体育事业而支出的体育经费。例如:学校体育活动经费包括在教育事业费中;军队的体育经费包括在军事训练和军事教育费中;文化、卫生部门预算拨款的体育经费用于本系统的体育活动。又如,我国各省市大型体育场馆的建筑费中,地方政府的拨款资助占50%左右。尤其是在大型体育基本建设和举办较大规模运动会时,地方政府是乐于进行一些体育投资的。比赛的胜负名次直接影响该地的声誉,群众体质的强弱关系到经济的发展,观赏性高的比赛是活跃人民文化生活的重要内容,兴建体育场馆设施有利于市政建设和文化教育事业的发展。上述这些均属

---

① 全额预算管理单位是指没有稳定的经常性业务收入或收入较少,一般占单位经常性支出的30%以下,各项支出全部或主要由国家预算拨款。差额预算管理单位是指有一定数量的、稳定的经常性业务收入,一般占单位经常性支出的30%以上,但不足以解决本单位的经常性支出,需要财政补助其差额费。专项拨款,是指各级财政部门或主管部门根据体育事业单位填报的"专项资金申报表",经审核同意后,拨付给体育事业单位的具有特定用途的经费。它包括大到修缮费,如大型体育场馆的修缮费;大型购置费;大型业务费,如大型运动会经费等。

于国家预算中的间接体育支出。

3. 其他社会团体的体育开支

共青团、妇联等社会团体,为青少年、妇女和儿童参加各种体育活动,也会拨出一定数量的体育经费。这不仅是关心、培养和保持青少年、妇女和儿童身心健康的有力措施,也是体育事业由国家办和社会办相结合的重要手段。

这一时期体育经费来源存在的主要问题是:体育经费在国家财政预算中占的比例太低,不能适应体育事业发展的需要;造成体育场地严重不足,设施陈旧落后;体育经费分配不合理,主要用于竞技体育(一般为75%左右);体育部门缺乏自我的造血功能,躺在国家身上吃大锅饭。

(二)改革以后我国体育经费的筹措、分配与使用

1. 社会主义市场经济与体育经费的筹措

市场经济是一种以市场为基本手段配置社会经济资源的经济。当代中国体育是在社会主义市场经济条件下运作的,随着社会主义市场经济体制的逐步建立和完善,我国体育经费的来源开始从一元向多元转变。其主要筹措途径有以下几条。

(1)政府财政投入。《中华人民共和国体育法》总则第二条明确指出:"国家发展体育事业,开展群众性的体育活动,提高全民族身体素质。"这是以法律条文的形式规定了政府在发展体育事业中应负的责任。《体育法》之所以要明确体育事业发展中的政府责任,就是因为体育是关系到国民体质状况和健康水平的社会公益事业。在全社会推广和普及体育运动,有利于提高国民的身体素质,有利于改善人们的生活质量,有利于增强民族自信心、自豪感,有利于促进经济发展和社会稳定。同时,体育运动也是一国综合国力强弱和文明程度高低的重要标志。基于体育事业在现代社会正在发挥着越来越重要的作用,政府逐年增加对体育事业的投入就是必要和必然的。《体育法》第六章第四十一条明确规定:"县级以上人民政府应当将体育事业经费、体育基本建设资金列入本级财政预算和基本建设投资计划,并随着国民经济的发展逐步增加对体育事业的投入。"这说明我国政府已充分认识到了体育事业在社会生活中的重要作用。现在的问题是如何切实贯彻落实《体育法》中的相关规定,确保各级财政对体育事业能有一个稳定和持续增长的投入,切不可因为体育部门要发展体育产业就减少对体育事业的财政投入。明确政府对体育事业发展应负的责任,确保财政拨款逐年增长,对体育事业在社会主义市场经济条件下高效运作具有至关重要的作用。

改革开放以来,随着国家经济形势的好转、财政收入的增加,政府不断加大

对体育事业的投入,体育事业经费一直保持较高的增长率。改革开放30多年来,全国体育事业经费以每年平均12.13%的速度增长,其中2001—2006年,平均增速达到了23.12%。可见,国家投入是我国体育事业资金来源的重要渠道,是我国体育事业迅速发展的有利保障。

相关链接

中国各级财政对体育事业经费的投入概况

1978—2006年各级财政对全国体育系统共投入资金1 196.6亿元,其中中央财政共投入218亿元,地方财政共投入978.6亿元。新中国成立初期至1977年,国家对体育事业的财政投入为22.8亿元。将两个历史时期作比较,政府对体育事业的财政投入扩大了52倍。1978年体育事业的财政投入为2.5亿元,2006年增加到215.7亿元,扩大了86倍。从财政投入的全国人均体育经费来看,1982年体育事业的财政投入为4.14亿元,人均0.4元;2006年财政投入215.7亿元,人均16.6元,扩大了42倍。

资料来源:国家体育总局,《改革开放30年的中国体育》,人民体育出版社,2008年。

(2)社会筹集。社会筹集包括集资和捐资两种形式。集资,是指体育事业单位经有关部门批准从社会或单位内部职工中筹集的闲散资金。捐资,是指体育事业单位接受国内社会各界、海外华人、国际组织和国际友人援助、赞助或捐赠的资金。社会集资和捐资的主要内容包括以下五个方面。

一是吸收企业赞助和各界捐赠。随着体育社会地位的不断提高,各社会团体和企业资助体育的积极性越来越大。体育观众多、影响大,捐赠、赞助体育事业和体育比赛,既有助于提高社会团体和企业的知名度,又可以获得广告宣传的效益,有利于扩大产品销路,促进生产和销售。近年来,一些国有、集体企业,从利润留成中拿出一部分资金,对中央和地方的运动队进行赞助;有的大企业集团直接办优秀运动队或职业体育俱乐部,主动资助体育事业的社会团体和企业已越来越多。

二是发行体育彩票。发行体育彩票是世界各国普遍采用的筹集体育经费的有效手段。我国在1984年北京国际马拉松比赛中做了有益的尝试,第一次公开发售"发展体育奖"奖券获得成功。这为以后体育彩票的发行打下了良好的基础。广东省为筹备第六届全运会建设资金,发行全运会体育奖券,筹集资金近 3 000万元,相当于国家投资广东省用作"六运会"场馆建设和维修费的 2 倍。我国为举办第 11 届亚运会,发行国家体育彩票 4 亿元。亚运会通过发行体育彩票等社会集资方式,及时地解决了资金不足的问题。发行体育彩票,不仅受到群众欢迎,而且得到国家政策上的支持。1994 年经国务院批准中国体育彩票正式发行,发行量从最初的 10 亿元,至 2015 年增长到 1 664 亿元。截止到 2015 年年底,全国共发行体育彩票 10 445 亿元,获公益金 2 899 亿元。由此可见,发行体育彩票已成为我国体育筹资的重要渠道。

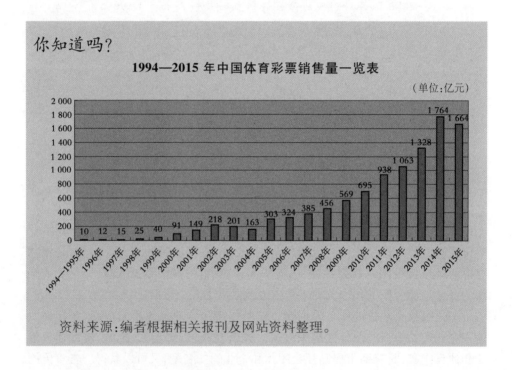

资料来源:编者根据相关报刊及网站资料整理。

三是建立各种类型的体育基金会。体育基金主要来源于社会各界资助体育事业发展的捐赠资金。这其中既有政府支持组织、企业合资组织的基金会,也有海外侨胞、港澳台同胞捐赠建立的体育基金会,如霍英东体育发展基金、曾宪梓足球发展基金、女足建设与发展基金等。总之,体育基金要不断拓宽资金来源渠道,积极争取境内外社团、企业及个人的捐赠和赞助,增加基金的总量;并通过基金储蓄、投资等多种手段的科学运作,确保现有基金的不断增值,使之成为体育经费的重要来源之一。

四是银行借款。通过银行信用的渠道来筹措资金,这是市场经济条件下一种最基本的融资渠道和方法。它以信贷的形式从国家银行或商业银行借入一部分资金进行投资。为加强信贷资金的管理,企业必须遵守银行借款的管理原则,接受银行监督。银行借款的管理原则包括:一是要按计划进行借款和使用;二是要有相应的自筹资金担保;三是按期还本付息。同时,投资者申请向银行借款,还要具备下列条件:第一,借款方必须具备法人资格,即拥有自己经营的财产,依照法定程序建立的能够独立行使民事权利、承担民事责任的经济组织;第二,建设条件具备,能够保证借款建设的项目如期投入经营活动之中;第三,投资建设的项目具有一定的竞争力,投资预期收益率较好,能够按期还本付息。此外,体育经营单位向银行借款时要根据自身还本付息的能力、利率的高低,采用不同的借款方式。银行借贷方式有短期贷款、银团贷款、项目贷款和买方贷款等。向银行借款的利率按中国人民银行规定的贷款利率执行。利息按借款金额、借款期限与借款利息率计算。其中利息的计算有单利和复利两种计算方法。一般一年以下的按单利计算,超过一年的按复利计算。

五是发行股票与债券。随着市场经济体制的完善和企业制度的建立,通过发行股票与债券的方式来筹集社会闲散资金用于体育产业部门建设,将是一条重要渠道。股票是一种与企业同存的出资证明。股票可以出售、转让、馈赠或作为遗产由继承人继承,但不得从企业撤回投资,除非企业结业清理。因此,通过发行股票来筹集资金,可以将投资风险分散化,是一种最可靠的资金来源。债券是注明面值、利息率和还本期的代表债权的证书,是一种长期借款的证明书,是企业筹集资金的一种特殊方式。发行债券与发行股票一样,都需要经过批准才能发行。但两者有重要区别:

- 从筹资性质来看,发行债券是借入资金,筹资者到期要还本付息;而发行股票筹集的资金是自有资金,股东是企业的主人,拥有所有者权益。
- 从发行主体来看,债券的发行者可以是股份公司,也可以是非股份公司;而股票的发行者必须是股份公司。
- 从证券持有者的身份看,债券持有者是证券发行者的债权人,体现借贷关系;而股票持有者是股份公司的股东,体现为投资关系。
- 从本金回收方式看,债券在约定期内债权人能收回本金及利息;而股票不能退股,但可通过转让收回资金,还可以分得红利。
- 从取得利益的稳定性看,债券可以获得固定利息,基本不受发行者投资与经营状况的影响,风险相对较小;而股票收益不稳定,收益大小取决于企业盈利的多少与经营状况的好坏,具有较大风险。

总之，金融证券化是当今世界金融业的发展趋势，证券融资以其灵活、直接、资金成本较低的优势，成为资金市场融资的主要手段，并且可以在更大的范围内吸纳社会闲置资金，增强企业的经济实力，扩大经营规模。如商业性的股份制体育俱乐部，可以通过发行体育彩票、俱乐部债券或股票，在全社会范围筹集资金，从而拓展资金来源的渠道。然而，发行股票与债券筹集资金的方式各有差异，各有利弊。作为体育经营筹资者来讲，可以根据具体情况，通过比较做出最佳选择。

相关链接

中国证券市场上的体育上市公司概况

北方五环，是中国首家体育上市公司。注册总资本为 12 600 万元，是一家以文化体育基础设施及其服务设施的开发建设为主的股份制企业，1993 年底创立，1996 年 7 月 1 日在深圳证券交易所上市。

中体产业，是中国第二家体育上市公司。注册总资本为 180 509 万元，是一家以体育用品的生产、加工、销售，体育场馆、设施的建设、开发、经营，承办体育比赛，体育运动产品的生产、销售，体育运动设施的建设、经营，体育俱乐部的投资、经营，体育健身项目的开发、经营，体育专业人才的培训，体育信息咨询等为主的股份制企业，1998 年 3 月 27 日在上海证券交易所上市。

资料来源：编者根据相关报刊及网站资料整理。

（3）多业助体的经营创收。在社会主义初级阶段，我国生产力水平还不高，发展体育事业单纯靠国家拨款，资金有限。体育部门和体育组织有必要从事多业协作的经营创收，这是一项利国利民、有利于体育事业发展的有效措施。同时，体育部门和体育组织经营创收也有可能：一是可以通过提供体育服务产品创造收入；二是利用空闲的人力、物力、财力（场馆、设备、器材、房屋、场地等）搞多种经营，从提供社会服务中获得收入。体育部门和体育组织经营创收的渠道大致归纳以下几个方面。

一是体育健身娱乐服务。为社会群众提供身体锻炼、康复保健、体育娱乐等所需要的场地、器材、技术辅导、康复方法和运动处方等项服务并从中获得收入。

二是体育竞技表演服务。组织在训及退役的优秀运动员，提供高水平的运动竞赛和体育表演，以满足观众需要，并获得门票收入。

三是体育咨询培训服务。运用体育技术和专业知识，向广大体育消费者提供各种体育咨询、培训等项服务并创造收入。这其中包括为培养竞技运动人才和后备队伍而进行的业余体育训练等有偿服务，以及为科学地进行体育锻炼，提高体育运动水平进行的体育科技服务。

四是体育相关产业服务。体育部门利用自身优势开发与经济、文化艺术、旅游、科技、卫生等相融合的多种经营服务收入，主要包括：体育器材的生产和经营；运动服装、运动鞋的生产和经营；体育场馆、游泳池、高尔夫球场等的设计和建设；体育系统各类机构兴办的为运动员和体育工作者服务的招待所、宾馆和娱乐场所；体育书刊、音像制品的出版和发行；体育场馆等体育设施内开设的餐厅、小食部、食品店、商店；以体育为媒介的广告等各项经营创收。

五是开发各种体育无形资产，例如场地广告、比赛冠名等。

总之，体育部门和体育组织多业助体的创收途径是多方面的，关键在于要不断更新观念，勇于开拓和实践，改变过分依赖国家拨款的倾向，注重调动全民办体育的力量，发挥体育的经济功能，努力增加体育经营收入，使跨世纪的体育事业有更雄厚的物质基础。

(4) 利用外资。随着我国对外开放的发展，利用外资进行体育产业经营投资，也是一条重要渠道。例如：20世纪90年代福建曾在4年内，引进外资25亿元人民币，进行体育场馆设施建设。利用外资通常有两种形式，一是接受贷款；二是外商直接投资。在这两种形式中，体育产业投资建设主要是利用外商直接投资这种形式。在利用外资的过程中，作为体育产业投资者来讲，要做好或注意以下几方面的工作：要正确确定利用外资的适度规模，要考虑到自己的偿还能力与消化能力；要正确选择利用外资的方式；要加强对外商的资信调查和市场信息收集，以便有效地利用外资；要认真搞好可行性研究，全面评估自有资产，防止资产的流失，保证利用外资达到应有的投资效益。

(5) 项目融资。按照政府对公共项目的招标做法，一般都是采取BOT(建设—经营—移交)的模式。采取这种模式的一个前提是：后续的经营能够有可预期的、稳定的现金流，以收回建设方的投资。但是对于一个体育场，建成之后的经营很难带来稳定的现金流，因而盈利前景不被看好。而在PPP(public-private partnership)模式中，政府首先对投资项目进行公开招标，然后与中标企业共同投资建设，并且交由企业方经营，最后双方依照协议分配项目收益。一定年限之后，项目产权移交给政府。北京奥运会的主场馆"鸟巢"就是采取这种模式。

> **相关链接**
>
> **"鸟巢"的融资模式**
>
> 　　鸟巢的建设资金中,北京市政府占58%（20亿元）,中信集团联合体占42%（15亿元）。根据协议,中信集团联合体得到"鸟巢"30年的特许经营权。中信集团与北京市政府商定,在这30年内,"鸟巢"如果有盈利,政府不参与分红;如果出现亏损,政府也不补贴。30年后,中信集团联合体要保证把一个设施完好、能够举办国际A级赛事的体育场移交给政府。
>
> 　　资料来源:易武,"中信的奥运'鸟巢'投资路径",《经理人》,2008年8月11日。

2. 社会主义市场经济与体育经费的分配

体育经费分配就是体育经费作为稀缺资源如何合理配置的问题,也就是"切准蛋糕"的问题。在计划经济体制下,体育经费在分配环节上主要是均分均占,效益低下。由于经费投入没有产出效益指标的约束,争抢投入以及"好哭的孩子多吃奶"的现象比较突出。在市场经济体制下,由于体育经费来源多元化以及各体育职能单位涉及市场的程度不同,体育经费在分配原则和分配机制上有别于计划经济体制下的体育经费分配方式是必然的。

社会主义市场经济是一种利用计划和市场两种手段调节整个社会经济活动的经济形态,也是一种试图把市场调控手段在微观上的高效率与计划调控手段在宏观上的合理性、科学性结合起来的经济形态。因此,在这种经济体制下体育经费的分配应遵循以下几个重要原则。

（1）效益至上原则。体育经费短缺是现阶段制约我国体育事业发展的重要因素。解决经费短缺,除了增加投入之外,合理分配现有资金、提高资金的使用效益也是一个重要途径。效益至上原则就是要改变过去只考虑投入不考虑产出的分配方式,以及"不患寡而患不均"的均分观念,以经费使用的预期收益作为经费分配的首要尺度,按照"评估—投入—再评估—再投入"的操作方式去动态地配置体育经费这一稀缺资源,使有限的资金发挥更大的作用。同时也应指出,这里说的效益既包括社会效益,也包括经济效益,不能单纯地以经济效益或社会效益的好坏来决定经费拨付额度,以免走入"一强调经济效益,就忘记体育工作的社会责任,牺牲体育事业追求金钱;一强调社会效益,就不讲投入产出,不注意增收节支,忽视经济效益"的误区。

（2）投入定位原则。在社会主义市场经济条件下，体育事业是"为提高科学文化水平和居民素质服务"的一项产业。从产业运作角度看，体育经费的分配过程也就是体育资金的投入过程。投入定位原则就是要按照"凡是个体能干的，集体不要去干；凡是集体能干的，国家不要去干"的思路，合理划分各类体育投资的领域和范围。因此，财政投入的体育经费只能投放到基础性建设、基础性研究，以及一些尚无条件走向市场的奥运项目。社会筹集的体育经费，尤其是各类专项基金，在分配上尽可能体现捐资人的意志，主要用于全民健身计划的实施，以体现"取之于民，用之于民"的宗旨。产业创收的体育经费则应作为体育产业的投资，重点用于发展体育本体产业，以促进我国体育产业步入"生产—积累—再生产—再积累"的良性循环。

不同的经费来源在分配上形成不同的投入定位，一方面使得确实需要政府资助的事业单位和领域能得到相对较多的投入，从而能更好地达成事业发展目标；另一方面也使得有商业开发潜能和具备经营条件的单位因"断奶"而不得不走依托社会、面向市场、独立经营、自我发展之路，从而在市场经济的海洋中，在不断满足广大消费者多样化体育需求的进程中，独立地开创自己的事业。

（3）坚持统筹兼顾、结构平衡的原则。体育经费分配是社会主义分配关系的一个组成部分，更是社会主义体育事业再生产的一个重要环节。它关系到各方面的经济关系，关系到各级体委、各体育事业单位和体育工作者个人的物质利益。所谓结构平衡，是指各项体育事业之间的比例和各项体育事业内部的比例，以及它们在各地区的合理布局；所谓统筹兼顾，就是指正确处理需要与可能、局部与全面的关系，保证重点、兼顾一般，统筹合理地分配体育经费。

体育经费是发展体育事业的物质条件，是为体育事业的发展服务的。因此，在体育经费分配上不仅要注意结构平衡，以保证各项体育事业按比例地协调发展，而且要坚持统筹兼顾，既不能搞绝对平均主义，也不能只顾一点，不及其余。这样，才能调动各方面的积极性、主动性和创造性，使社会主义体育事业更快更好地发展。

（4）坚持有效和节约的原则。在社会主义初级阶段，一定时期内的国民收入和财政支出中能够用于体育事业的经费总是有限的。特别是目前我国生产力水平还比较低，经济还不够发达，社会主义现代化建设的任务十分繁重，各项重点建设项目和国民经济技术改造所需要的资金量又很大。在这种条件下，国民收入和财政支出中的体育拨款是有限的。因此，如何合理、有效地分配和使用体育经费就显得非常重要。根据我国体育事业发展的实践，要做到有效地分配体育经费，必须正确处理好竞技体育经费和体育科教经费的分配比例，以及竞技体育内部的重点项目和非重点项目经费分配的比例。体育振兴要依靠科学技术进步。长期以来,竞技体育和体育科教经费分配比例是不够协调的。每年竞技体育经费大约占体育事业费的70%左右,而体育科研经费只占1.2%,体育教育费所占比重也很少。由于体育科教经费分配过少,体育科教事业发展滞后,在很大程度上影响了我国体育事业的发展。体育科学技术是跨世纪体育运动发展的关键,体育教育是整个体育事业发展的基础。适当提高体育科教经费分配的比例,从长远看必将促进各项体育事业的发展速度。当前,我国竞技体育重点项目和非重点项目的经费分配也不够合理。对一些已经取得世界先进水平的奥运项目的经费分配过少,而对某些奖牌较少而我国目前水平又比较落后的项目,以及某些短期内不可能进入奥运会的项目则分配过多。从实现我国奥运会的战略目标出发,应适当地调整各运动项目的分配比例,对奥运会重点项目集中经费、重点保证,对非重点项目实行有限投入和社会投入。只有这样,才能扭转过去竞技体育摊子大、战线长、效益差的被动局面,使有限的经费收到最佳的经济效益。勤俭建国、厉行节约,是我国社会主义现代化建设的法宝。勤俭节约,并不是说该花的钱也不花,该办的事也不办,而是要用尽可能少的经费去完成既定的体育工作任务。因此,我们办一切事情都要遵循艰苦奋斗的精神,挖掘内部潜力,努力增收节支,不断提高经费的使用效果。

(5) 坚持量入为出,留有余地的原则。体育经费主要来源于国家的财政预算投放。在一定时期向体育拨款的数量不会变化很大,体育部门的自身创收也是有限的。所以,体育经费的分配必须量力而行,必须根据体育事业发展的需要和财力的大小,确定这个时期内各项体育事业的发展规模和速度,不能搞"赤字"分配。体育事业的发展也不是一帆风顺的,总会遇到各种矛盾及某些意外情况。为了保证体育事业的顺利发展,调节随时出现的不平衡现象,就必须在体育经费分配中留有余地。

3. 社会主义市场经济与体育经费的管理

体育经费的管理是指国家对体育事业单位财务收支所采取的管理办法。由于体育事业单位的业务性质不同,财务收支状况差别很大,为了充分调动各部门、各单位和广大职工当家理财的积极性,国家根据体育事业单位的不同类型、不同性质和收支的具体情况,确定为以下几种管理形式。

(1) 全额预算管理。所谓全额预算管理,就是把单位的各项收支全部纳入国家预算,进行全额管理。它适用于没有稳定的经常性业务收入或收入较少(一般占单位经常性支出的30%以下),各项支出全部或主要由国家预算拨款供应的事业单位。对全额预算管理单位,实行"全额预算包干,超支不补,结余留用"的预算管理办法。

随着社会主义市场经济和体育事业的发展,对其中一些有条件的单位,应开展有偿服务和经营活动合理组织收入,提高经费自给水平和自身发展能力,创造条件逐步从全额预算管理向差额预算管理过渡。这样,不仅可以促使单位进一步加强内部经费管理工作,而且可以通过组织收入,缓解经费供需矛盾,减轻财政压力,促进体育事业发展。

(2)差额预算管理。所谓差额预算管理,是指对有稳定的经常性业务收入的单位,采取全面核定收支、收支挂钩、以收抵支后,其支大于收的差额由财政拨款补助的办法。这种办法适用于有一定数量的经常性业务收入(一般占单位经常性支出的30%以上),但还不足以解决本单位的经常性支出,需要财政补助的单位。体育主管部门对这些差额预算管理单位实行核定收支、定额(或定项)补助、增收节支留用、减收超支不补的办法。对有条件逐步向自收自支管理过渡的差额预算管理单位,应逐年减少事业费补助,在其主管部门和财政部门规定的期限内达到经济自立,实行自收自支管理。

(3)自收自支管理。所谓自收自支管理,是指单位实行以收抵支、经费自给的一种形式。它适用于有稳定的经常性收入,可抵补本单位的经常性支出,但尚未具备企业管理条件的事业单位。实行自收自支管理的事业单位,结余部分按一定比例上交主管部门统一管理使用,具体上交比例由财政部门会同其主管部门核定。其职工的工资、福利和奖励等均执行国家对事业单位的有关规定。实行自收自支管理的事业单位仍属预算内事业单位,应按规定编报年度财务收支计划和决算,接受财政监督。对有条件向企业管理过渡的自收自支管理的单位,主管部门和财政部门应规定期限,促其实行企业管理。实行企业管理后,执行国家对企业的有关规定。

(4)企业化管理。所谓企业化管理,是指单位实行独立核算、自负盈亏的一种管理形式。此形式适用于体育事业单位所属的部分有条件的体育场馆和娱乐性体育场所,以及事业单位举办的经营实体。其财务管理按照同行业的财务管理办法执行。其实现利润按一定比例上缴主办单位纳入单位预算,抵顶预算支出。

综上所述,体育事业经费管理体制的主要内容有经费管理级次和经费管理形式两个方面。它体现着国家对体育事业单位的责、权、利,以及国家、单位、个人三者之间的分配关系。

第二节 体育投资的经济效益分析

体育投资与物质生产投资一样,也是为发展社会生产力所必需的经济活动,也需要考核经济效益。提高体育投资的经济效益,是体育领域经济活动的核心问题。研究体育经济学的最终目的,就是要通过揭示体育经济运动的客观规律性及其特点,寻求提高体育经济效益的途径和方法,以推动体育事业较快发展。明确体育经济效益的内涵,并对其进行考核、评价、比较,有利于树立社会主义市场经济体制下体育产业的观念,有利于优化体育资源的配置,有利于促进体育产业更好地为社会主义市场经济发展服务。

一、体育投资经济效益的含义及特点

(一) 体育投资经济效益的含义

1. 经济效益的一般含义

人类的生存与发展依靠社会再生产的不断进行和扩大,而社会再生产的进行与扩大要求少投入、多产出,也就是以较少的劳动占用和消耗,取得较多的劳动成果。经济活动中的这种劳动占用或劳动消耗与劳动成果之间的比例,就反映了它的经济效益。

经济效益是指人们在经济活动中的劳动耗费和劳动成果之间的比较,简称投入和产出的比率。有三种结果:产出/投入 > 1,为正效益;产出/投入 < 1,为负效益;产出/投入 = 1,则没有效益。

2. 体育投资经济效益的含义及主要内容

在计划经济体制下,一般对经济的考核局限在物质生产领域,而把体育看作纯福利事业,似乎经济效益与体育无关。社会主义市场经济理论的确立,使属于上层建筑领域的体育跨入了第三产业的行列。体育虽然属于非物质生产部门,但由于它的投资主要是用于增强人民体质、提高劳动者素质,而劳动者是生产力的第一构成要素,因此,用于培养具有强壮体质的劳动者的投资,在性质上与用在生产各种生产资料的投资一样,都是发展社会生产力所必需的。由此可见,体育投资与物质生产投资一样,也是经济活动,同样存在经济效益问题。

体育运动总是消耗和占用一定的社会劳动(人力、物力和财力),并创造出一定数量的体育服务这种特殊的消费品。这就表明体育运动过程也是一种经济活动过程。要评价这种经济活动的有效性,就必须对劳动投入与产出成果进行

比较，而反映这种对比关系的概念就是体育经济效益。

体育经济效益是从社会一般经济效益的概念派生出来的。我们通常所说的经济效益，是指人们在生产过程中劳动的耗费和占用与所取得的有用成果的比较，即投入与产出的对比。经济效益的高低，一般是对于物资生产领域经济活动有效性的大小而言的。

体育运动成果和社会一般生产活动成果相比，有其特殊性，从而体育部门的经济效益和物资生产部门的经济效益在它们的内容和表现形式上都有明显的区别。所以，我们把体育部门的经济效益称为体育经济效益，以表示体育经济效益和社会一般经济效益的区别。

所谓体育经济效益，就是指人们在体育这一经济活动中所消耗和占用的一定的社会劳动与所取得的有用体育成果的比较。体育活动所消耗和占用的社会劳动，也就是投入到体育领域的人、财、物等各种体育资源。讲求体育经济效益，就是要以等量的体育资源的消耗和占用，取得最大的有用体育成果。所谓有用体育成果，是指符合社会需要的体育劳动，它体现社会受益程度。

对于有些体育活动成效的评价，还可以用体育的经济效果一词来表示，因为体育经济效果同体育经济效益一样，其主要含义是劳动与劳动成果的对比关系。但是，不能在等同的意义上使用它们，因为两者的着重点是不同的。体育经济效果的着重点不在于体育活动成果本身，而体育经济效益的着重点则在于体育活动的有用成果，即社会受益程度。体育劳动中有用成果越多，社会受益程度就越高，体育经济效益也越大；反之，则与此相反。所以，用体育经济效益来评价体育经济活动的成果，是完全可行的。

体育投资经济效益的内容包括三个方面的数量对比关系：第一，体育活动的劳动消耗与体育成果的对比。其中，劳动消耗包括活劳动和物化劳动的消耗。第二，体育劳动的劳动占用与体育成果的对比。劳动占用是指物化劳动的占用（活劳动是不能占用的），包括体育场馆、设备、耐用体育器材和备品。第三，体育成果与社会需要或社会受益程度的对比。社会受益程度在各种对比关系中处于中心地位，这是由社会主义生产目的所决定的。体育活动成果——体育服务——满足人们的健身、娱乐享受、提高运动技术水平等需要的程度，是体育经济效益的主要内容。

确立体育经济效益的概念，对体育经济效益进行考核、评价、比较，有利于树立社会主义市场经济体制下的体育产业的观念，有利于促进体育部门加强管理，自觉运用价值规律、供求规律和竞争规律，不断地调整体育结构，优化体育资源配置，使体育自身的优势和潜力得到充分发挥和挖掘。这不仅能增强体育的自我发展能力和活力,而且还能促进体育产业更好地为社会主义市场经济建设服务。

3. 体育经济效益与体育经济功能、体育经济收入的区别

在社会主义市场经济体制下,人们对体育经济效益的内涵和外延还不十分清楚,常常将它与体育经济功能、体育的经济收入混用,为此,有必要从概念上加以阐释。

体育经济功能是体育对国民经济和社会发展所起的促进作用。这种促进作用可以从三个方面理解:一是为增强人民体质、提高劳动者素质,为经济建设服务;二是作为社会精神文化的一部分,特别是竞技体育起着为国争光、振奋民族精神、加强民族团结、鼓舞各条战线上的广大群众为建设社会主义强国而奋斗的作用;三是体育部门的经营产出为社会生活和生产服务,并直接取得经济成果。体育经济功能既体现体育在物质文明建设上的成果,也体现体育在精神文明建设上的成果。然而它不涵盖体育投入的多少,也不说明其经济效益的大小和好坏。

而体育经济效益不仅体现体育投资这一经济活动在物质文明建设上的成果,同时还反映体育投入的多少,更重要的是它所关心的是体育投入与产出之间的比例关系,利用这种比例关系说明体育经济效益的大小。但是,两者之间存在因果联系,前者是后者的原因,后者是前者的结果,若没有前者,后者就不能产生。从最终的结果来看,体育投资所带来的成果是劳动者体质的增强、身心的协调发展、劳动能力的提高等。它们在物质生产过程中转化为劳动生产率的提高、物质财富和国民收入的增加等社会效益,这实际上就是体育的经济功能,是一种体育投资的间接性经济效益。

体育的经济收入所反映的是某项体育活动以货币价值单位表示的"产出"量,这种产出充其量只能是体育投资所得到的体育成果的一部分。并且,它也不反映该项体育活动的"投入"量,所以也就无从比较体育活动投入与产出的比例,同样不能说明这种体育经济效益的大小与好坏,从而与体育经济效益的功能作用存在区别。例如,我们假定某项体育活动以货币表示的经济收入的"产出"量为 10 000 元,但其"投入"量也为 10 000 元,那么,这项活动的经济效益为零。如果这项活动的"产出"量从 10 000 元提高到 15 000 元,但其"投入"量也相应从 10 000 元提高到 15 000 元,虽然其经济收入增多了 5 000 元,但它的经济效益并没有相应提高,仍为零;如果其"投入"量从 10 000 元提高到 20 000 元,那么,它的经济效益不仅没有提高,相反还会下降,出现负效益。因此,"经济收入"只表示货币产出量,并不反映体育活动的投入量,某项体育活动的经济收入多,并不

一定能说明该项活动的经济效益好。

（二）体育投资经济效益的特点

在探讨体育经济效益的概念和实质的基础上，还必须深入探讨体育经济效益的特点，因为体育的经济效益和社会一般的经济效益既有共性，又有个性，即特点。弄清这两者的共性及它们的个性将有助于我们建立体育经济效益指标体系和对提高体育经济效益途径的探索。

1. 体育经济效益与社会一般经济效益的共同点

体育经济效益与社会一般的经济效益的共性，主要表现在以下几个方面。

（1）两者的根本含义相同。体育经济效益和社会一般经济效益的根本含义，都是投入和产出以及产出与社会受益程度的比较。两者最佳值都表现为用尽可能少的劳动消耗和占用，创造出尽可能多的满足社会和个人需要的使用价值。

（2）两者的主要原则或评价标准基本相同：一是用一定的劳动投入，力争取得尽可能多、尽可能好的劳动成果产出；二是人民群众应该得到物质、精神生活的更多实惠；三是应当有利于经济资源的合理利用；四是应当有利于国家的整体利益和长远利益。

（3）两者的基本指标都包括三个方面的内容：一是劳动消耗，包括活劳动和物化劳动的消耗；二是劳动占用，包括实物形式的和价值形式的；三是劳动成果，即使用价值总量和产品价值总量。

2. 体育经济效益区别于社会一般经济效益的特点

体育经济效益和社会一般的经济效益相比，也呈现明显的区别。体育经济效益区别于物质生产部门经济效益的特点即个性，是由体育部门的劳动及其成果的特殊性决定的。体育经济效益的主要特点，可以归纳为以下几个方面。

（1）体育投资经济效益体现的是实物型投入与非实物型产出的对比关系，即投入与产出的内容不完全相同。物质生产部门经济效益所体现的投入与产出对比关系的内容都是实物性的。就是说，它的投入是实物性的，表现为各种物化劳动和活劳动的消耗；它的产出也是实物性的，表现为各种劳动产品数量的增多和质量的提高。体育部门的经济效益则与此不同，在它所体现的投入与产出对比关系的内容中，只有投入的实物性而没有产出的实物性。就是说，体育部门的劳动所消耗的劳动资料，例如体育场馆、各种体育器材与设备等是实物性产品，但体育部门劳动者的直接成果却不是实物性产品，而是体育服务这种非实物性消费品。这种实物性投入与非实物性产出的对比关系，在多数情况下，很难用准确的价值量表示出来。有人之所以误认为体育部门只有"投入"，没有"产出"，是单纯的消费部门,就是因为他们没有看清体育经济效益具有非实物性产出的特点。

(2) 体育投资经济效益具有间接性,即投资所发挥作用的实现形式不同。物质生产部门的投资所发挥作用的实现形式是直线的,它表现为直接的物化的生产力,其结果是物质产品数量的增加和质量的提高。因此,物质生产投资的经济效果具有直接性,它通常是有形的,易于被人们觉察。体育部门的投资发挥作用的实现形式是间接的,它表现为间接的潜在的生产力。因为体育投资是用于提高劳动者体质的投资,其结果只表现为劳动者体质的增强。只有当这些体质增强了的劳动者投身到物质生产中去,并把提高了的劳动能力发挥出来并创造出更多的物质财富时,才表现出体育投资的经济效益,可见体育经济效益具有间接性。它是无形的,易于被人们所忽视。

(3) 体育投资经济效益具有迟效性和长期性,即投资发挥作用的见效时间不同。物质生产投资发挥作用的见效时间一般都比较快,但见效后其持续时间比较短。除少数投资项目,如大型水利工程等外,物质生产投资的经济效益具有速效性,有些物质生产部门和自动化产出成果,其数量甚至可以用分、秒等时间单位计算出来。但是,其有用成果从产生到效能消失的时间比较短,这在许多易耗品生产部门表现得更为突出。体育部门的投资则与此不同,它发挥作用的见效时间比较迟,但一旦见效,其持续时间比较长。任何一种体育成果,例如一个人体质的增强或运动技术的提高,一般要经过长时间持续不断的教学、训练过程,这个过程的周期是比较长的,少则几个月,多则几年甚至十几年,人们在此期间进行连续不断的投资,但迟迟见不到明显的效益。可见,体育投资的经济效益具有迟效性。但是,体育成果一旦出现,则能长期起作用,个人的社会受益的时间可能会持续终生,甚至会遗传到下一代。因此,体育投资的经济效益还具有长期性,它对改善民族子孙后代的身体素质有着长远的战略意义。

二、体育投资经济效益的评价指标

(一) 体育投资经济效益指标的实质及评价时要注意的问题

1. 体育经济效益指标的实质

体育经济效益是和一定的社会生产关系相联系的,评价体育经济效益的指标也必然和一定的社会生产关系相联系。在不同的制度下,由于体育的性质不同,因而评价体育经济效益的社会标准也不相同,从而不同社会的体育经济效益反映不同的社会生产关系。

社会主义体育事业是建立在生产资料公有制基础上的,社会主义国家发展体育的目的并不是为了获取利润,而是为了增强劳动者的体质,提高全民的健康水平和满足人民的文化生活需要。因此,社会主义国家评价体育经济效益,主要是以实现社会主义生产目的的程度来衡量的,实现程度越大,体育的经济效益就越佳。体育经济效益指标,就是体育从各种不同角度满足人民群众健康和文化生活需要程度的反映。

2. 评价体育投资的经济效益时要注意的几个问题

(1) 体育投资经济效益的评价不能用"投资回收期"的长短来测定。因为体育经济效益的评价,不能像对物质生产投资的经济效益那样,通过税收、利润、利息率等指标来进行测算。

(2) 体育投资经济效益的评价不能直接用"净产值增量"来计算。因为对体育部门的投入,最终受益的是社会全体成员,而对体育部门来说一般不会通过增加净产值来体现。

(3) "经费自给率"(即收入与支出的比例)不是衡量体育投资经济效益的指标。因为体育投资主要用于增强劳动者体质和培养体育人才,以经费自给率作为衡量标准,会导致体育事业单位(这主要是指体育训练单位和教学单位,不包括公共体育设施)单纯追求收入的不良后果,影响体育人才的培养。体育经济效益的评价指标,应根据体育事业的特殊性和体育经济效益的特点来确定。

(二) 评价体育投资经济效益的指标体系

评价体育经济效益的每项指标,都是在一定范围内和一定程度上反映投入和产出的关系,不能反映体育经济效益的全貌。因此,要全面衡量体育的经济效益,就必须有一个综合性的体育经济效益的指标体系。这个指标体系可分为两个层次:一是反映整体体育经济效益的基本指标;二是反映部分投入要素体育经济效益的结构指标。

1. 评价整体体育经济效益的基本指标

整体经济效益的基本指标是从影响体育经济活动和产出量的全部投入要素出发,来反映全国、地区和基层体育单位的体育经济效益指标体系的基础层次。基本指标有两个:

(1) 全部投入要素生产率。全部投入要素生产率是从静态上反映全国、地区或基层体育单位体育经济效益的指标。基本公式为:

全部投入要素生产率 = 体育成果/全部体育投入要素价值

全部投入按其形态可分为两类:一类是物化劳动,一类是活劳动。

全部投入要素价值 = 固定资产原值 + 平均流动资金余额 + 工资总额

体育成果也可分为三类:一类为群众体育成果;一类为竞技体育成果;一类为体育教育科技成果。

群众体育成果可表现为：一定时期内体育人口及其增量、达到体育锻炼标准的人数、国民体质和健康水平等体质增强率和体育运动普及率。所谓体质增强率，是指全国中、高等学校中达到《国家体育锻炼标准》的总人数与全国中、高等学校学生总数之间的比例，这个指标反映全国青少年体质增强的程度。所谓体育运动普及率，是指全国体育人口（以每周参加3次体育活动，每次30分钟为标准）与全国人口（限于6—60岁的人口）之间的比例，这个指标反映我国体育运动的普及程度。

竞技体育成果可表现为一定时期内达到运动健将等级的运动员人数（运动员成才率与淘汰率）、获得国内外重大比赛奖牌数（奖牌耗资率和获奖运动员、队培养周期），以及门票、广告、转播权、冠名权等其他体育服务的货币收入。

体育教育科技成果表现为一定时期内各类体育院校培养的体育人才数量、体育运动技术专利数等。

(2) 全部投入要素边际生产率。全部投入要素边际生产率是每新增加一单位投入量与新增产出量的比率。它从动态上反映体育整体经济效益的变化趋势。其基本公式为：

全部投入要素边际生产率 = 一定时期体育成果增加量/相应时期全部体育投入要素增加量

一般情况下，边际生产率应逐步增长，至少不能为负。如果边际生产率停滞或下降，说明体育事业的发展主要是依靠增加人力、物力的投入，该地区或单位的体育经济效益下降，不应扩大投资；若为负数，说明为负体育经济效益，应停止投资。

2. 评价整体体育经济效益的结构指标

整体体育经济效益的结构指标是通过计算各种体育投入要素的生产指标来间接反映各投入要素的结构变化的。由于基本指标综合反映了整体体育经济效益水平，要进一步分析体育经济效益变化的原因，可在对全部投入要素进行科学分类的基础上，分别对各部分投入要素计算其生产率。它是体育经济效益指标体系的第二个层次。这部分指标包括以下几个。

(1) 劳动生产率。计算公式为：

劳动生产率 = 体育成果/体育工作者人数

(2) 工资产出率。计算公式为：

工资产出率 = 体育成果/工资总额

在全部投入要素中，劳动力是最主要的投资要素，这两个指标分别从不同角度观察劳动力投入与全部产出成果的对比关系,研究劳动力投入效益在整个体育经济效益中的地位和作用。

(3) 资金产出率。这一指标从资金占用的角度研究体育经济效益,计算公式为:

资金产出率 = 体育成果/(固定资产净值 + 平均流动资金余额)

(4) 物质消耗产出率。该指标反映所费与所得的关系,在消耗不变的情况下,成果越多越好;或者在成果一定的情况下,消耗越少越好。计算公式为:

物质消耗产出率 = 体育成果/实际消耗的全部物质生产要素

(5) 技术增产率。该指标是为突出技术进步因素对提高体育经济效益的作用而设置的,单独考察用于技术进步投入的体育经济效益情况。计算公式为:

技术增产率 = 体育成果增加量/技术进步投入

(6) 投资边际产出率。该指标实质是部分投入要素的边际产出率。计算公式为:

投资边际产出率 = 一定时期体育成果增加量/相应时期固定资产和流动资产投入增加量

总之,上述指标是从不同角度对体育经济效益进行评价的,应用时要以基本指标为主,结构指标为辅,同时要注意分子指标与分母指标在时间上的可比性。

3. 评价体育投资经济效益的其他指标

评价体育投资经济效益的每项指标是在一定范围内和一定程度上反映投入与产出的关系,它不能反映体育投资经济效益的全貌,因此要全面衡量体育投资的经济效益,就必须有一个综合性的评价体育投资经济效益的指标体系。根据体育部门的劳动所具有的业务特点,评价体育投资经济效益的指标可以分为四大类:一是劳动消耗指标;二是体育业务效果指标;三是体育社会效益指标;四是体育经济效益指标。又可分为微观与宏观两个方面:

(1) 微观体育投资经济效益的评价指标。微观体育投资经济效益是指各个体育服务生产经营单位的体育投资的经济效益。它表现为体育服务生产经营单位劳动的占用和消耗同有用体育服务的对比关系。主要评价指标包括:体育设施服务率、体育经营单位经费自给率、体育设施场地利用率、体育设施设备完好率、优秀运动队经费使用效益、运动员淘汰率、奖牌耗资率、运动员人均竞赛费、参赛运动员人数、观众人数、运动竞赛收支状况、体育院校经费使用效率、人均有用体育科研成果率、运动员输送率等。

(2) 宏观体育投资经济效益的评价指标。宏观体育投资经济效益是指整个体育领域服务耗费和占用与有用体育成果总量的对比关系。宏观体育投资经济效益的评价指标主要有：体质增强率、体育人口占总人口的比率、体育人才与总人口的比率、人均平均寿命、体育人才的培养周期、国际比赛获奖牌数量等。

三、提高体育投资经济效益的意义和途径

（一）提高体育投资经济效益的意义

讲求和提高体育投资的经济效益是体育运动存在和发展的一个基本条件。体育投资经济效益的提高，不仅意味着在既定的条件下，可以向社会提供更多更好的体育服务产品，而且也意味着体育部门本身的加速发展。

讲求和提高体育投资的经济效益是社会体育经济活动的中心和核心。要解决需求增长和资金不足的矛盾，最有效、最现实的途径就是提高投资的经济效益，从粗放型向集约型转化，走内涵扩大再生产的道路，增加科技的含量。

讲求和提高体育投资的经济效益，也是实现我国体育战略目标的需要。我国体育发展两个战略目标（奥运增光计划和全民健身计划）的实施，要靠体育人口的扩大和体育人才的不断涌现。通过提高体育投资的经济效益，可以使有限的体育资源得到充分利用，也能发挥人、财、物的最大潜力，从而使公民的体育意识不断增强，体育人口不断增加，体育人才不断涌现，这样两个战略目标才能早日实现。

（二）提高体育投资经济效益的主要途径

1. 搞好体育事业的宏观决策

体育事业的宏观决策，是指体育工作者在从事和发展体育事业的过程中，寻求并实现全局性的最优化预定目标的活动，它具有明显的全局性、战略性和整体目标性。宏观决策中最关键的是投资决策。

2. 突出重点，把有限资金用在刀刃上

（1）奥运项目要重点投资。国家体总将运动项目分为三类：第一类为奥运重点项目及我们在奥运会中的优势项目；第二类为我们在奥运会上的弱项及非奥运项目，但在我国发展得非常好的项目（如武术等）；第三类为一般的体育项目，如蹼泳、跳伞、海模、摩托车、无线电运动等项目。国家将对第一类项目进行重点投资，对第二类项目采取国家投入及社会资助的形式，对第三类项目则采取主要依托社会办的形式。

（2）改革训练体制和竞赛体制。训练体制，特别是比较"热门"项目的初级训练，逐步走向市场，走社会化发展道路，应该是一种方向。有条件、有能力、有兴趣的单位和个人都可以根据自身条件设置优秀运动队，或承担初级训练的任务。逐步建立多渠道、多层次的培养优秀运动员和高水平运动队的社会化训练体制。在竞赛体制方面，要依托社会来举办各类运动竞赛，实行运动竞赛的公开

招标,逐步减少(或取消)竞赛经费的政府拨款,大力开发运动竞赛的无形资产。

(3) 加强体育投资的管理及体育的科学研究,向管理、向科技要效益。所谓投资管理,是指体育部门以获取最佳的投资效益为目的,在其所管辖的范围内对体育投资活动或体育经营活动所进行的计划、组织、指挥、协调、监督等一系列的组织和实施活动。体育投资管理的任务是：实现人、财、物的合理分配和合理使用,理顺经济利益关系,调动各方面的积极性,以提高体育投资的经济效益,促进体育事业的发展和人们体育消费水平的提高。要完成这些任务,必须采取现代化的管理。现代化管理的主要标志是：管理制度现代化、管理机构现代化、管理方法现代化、管理手段现代化、管理人员素质现代化等。

(4) 加强科学研究,实现体育科学技术现代化。原国家体育总局主任伍绍祖曾提出：社会化、科学化是体育腾飞的两翼。以科技促进效益提高的主要内容包括：训练设施的科学化、现代化,训练方法、手段、理念的科学化、现代化以及运动基础设施的科学化、现代化等。

[本章思考题]
1. 试述世界各国体育资金来源概况。
2. 改革以前我国体育经费的主要来源有哪些?
3. 概述改革以后我国体育经费的筹措、分配与使用情况。
4. 体育投资经济效益的含义是什么?
5. 体育经济效益与体育经济功能、体育经济收入有什么区别?
6. 体育投资经济效益具有哪些特点?
7. 试述提高体育投资经济效益的意义和途径。

[本章练习题]
1. 概述社会主义市场经济条件下体育经费的筹措渠道。
2. 如何提高体育投资的经济效益?

本章案例

资本+体育,中国体育产业新格局

从万达大手笔并购瑞士盈方、世界铁人公司等海外体育资产,到体奥动力80亿元"天价"拿下中超联赛媒体版权,再到大量体育创业项目获创投基金青睐……过去一年,在国务院《关于加快发展体育产业促进体育消费的若干意见》政策利好刺激下,各路资本以前所未有的热情涌入体育产业,上演一出出跑马圈地的投资大戏。

2015,堪称中国体育产业的资本元年。

资本狂潮席卷体育产业

临近岁末,各路资本追捧体育产业的势头不减,圈内又有重磅消息:先是华人文化产业基金与中信资本联手入股英超劲旅曼城俱乐部母公司城市足球集团,之后阿里巴巴拿下FIFA俱乐部世界杯冠名权。一年间,类似的投资大手笔频频夺人眼球。

万达,这个中国最大的商业地产商,在1月以4 498万欧元收购西班牙马德里竞技俱乐部20%股权,吹响了进军体育产业的号角。之后,万达又先后并购盈方体育传媒集团和世界铁人公司,前者拥有包括世界杯足球赛在内的多项国际赛事市场营销权及媒体版权,后者则独家拥有铁人三项赛事的主要品牌。凭借这一系列海外资产收购组合拳,万达掌控了体育产业的上游资源,一跃成为全球最大的体育公司之一。

成立于2009年的华人文化产业基金,2015年也高调涉足体育产业。5月,华人文化控股的体奥动力拿下中国之队未来4年的媒体版权。4个月后,体奥动力又以令人咋舌的80亿元拍下未来5年中超联赛的全媒体版权。此外,华人文化还将投资触角伸向海外,与中信资本共同出资4亿美元入股城市足球集团,意图建立起一个跨国足球商业平台。

继2014年入股广州恒大足球俱乐部后,阿里巴巴2015年在体育领域也多次出手。5月,阿里巴巴签约赞助美国Pac-12(太平洋十二校联盟),获得NCAA在华赛事的独家转播权。临近年尾,阿里巴巴又成为世俱杯独家冠名赞助商。这也是中国企业第一次冠名国际顶级足球赛事。

独立不到两年的乐视体育,扮演了"融资客"和"投资人"的双重角色,大笔融资的同时也在不断"烧钱"。5月,乐视体育以首轮8亿元人民币的融资额,创下了中国体育产业首轮融资纪录,而投资方包括万达集团和马云旗下的云峰基金。资本迅速膨胀的乐视体育在资源上也快速扩张,过去一年多疯狂购买赛事版权。据介绍,乐视体育目前已拥有 280 多项赛事、1 万多场比赛的直播权益,涵盖欧洲顶级足球联赛、ATP 和 WTA 网球巡回赛、一级方程式赛车等中国观众关注的大小赛事。此外,乐视体育还涉足赛事运营、智能装备开发、场馆运营等领域,力求构建一个覆盖上中下游的完整产业链。

还有不少上市公司通过成立专项投资基金来切入体育产业。据不完全统计,已有贵人鸟、探路者、雷曼光电等 7 家上市公司在年内分别牵头设立了体育产业基金。从运作情况来看,由贵人鸟联手虎扑体育、上海景林投资管理有限公司成立的动域资本,目前投资项目已达到 30 个左右,在业内领跑。

欣欣向荣背后的隐忧

巨头涌入,资本布局,中国体育产业正以前所未有的爆发态势迅猛发展。然而,欣欣向荣的背后存在隐忧。

"有些项目就是瞎投,浪费资源。"青岛英派斯健身集团总裁丁利荣认为,体育产业受到资本追捧是好事,但眼下不少投资人对体育行业认识不够深刻,投资带有一定盲目性。

以顶着"互联网+"概念光环的体育类 APP 项目为例,近两年以场馆预约、教练预约、健康指导和数据收集管理为主的 APP 如雨后春笋般出现,不少项目动辄获得数百万元甚至上千万元的融资,但内容同质化严重,有成熟稳定盈利模式的少之又少。

曾长期从事股权投资的丁利荣表示,资本进入体育产业,就应当脚踏实地为中国的体育人群提供优质的产品和服务,真正创造价值,而不是去炒作概念。

同样令人担忧的是,赛事版权市场已出现非理性竞争态势。体奥动力以近乎竞争对手两倍的报价抢得中超联赛版权,引来业内一片惊叹和疑虑。较之目前每年 8 000 万元的版权费,5 年 80 亿元的价格堪称天价。除此之外,腾讯砸下 5 亿美元获得 NBA 今后 5 年的国内网络独家直播权,价格是之前新浪签约时的 5 倍;苏宁旗下的 PPTV 则以 2.5 亿欧元拿下西甲未来 5 年的媒体版权。这样的版权价格是否虚高,见仁见智,但如何收回购买版权的巨额成本,却是投资者必须应对的挑战。

"挑战非常大。"关键之道体育咨询公司总裁张庆认为,光靠版权分销,体奥动力无论如何是赚不回来 80 亿的。走用户收费这条路,短期内也不现实,因为中国观众长期习惯免费收看转播,培养付费意识需要一个较长的过程。

有分析认为,借中超题材谋求资本运营,才是体奥动力及背后东家华人文化打的如意算盘。可资本市场毕竟有风险,一旦融资速度赶不上版权成本的攀升,体奥动力可能面临资金方面的风险,进而给中超联赛乃至各支俱乐部的正常运转带来不良影响。

打造完整产业链,通过版权赛事的播出带动下游产品的售卖,是乐视体育、PPTV期待实现盈利的路径。但有业内人士表示,全产业链体育公司并没有成功先例可循,在全面铺开产业链前,变现只是一个存于预期中的可能。

此外,随着整个市场被炒热,一些非核心赛事的版权报价与其受关注度也不再一致,屡屡出现相对的天价。"一些公司的心理是,即便买回去什么推广都不做,也不愿意赛事落在对手手上。"一位不愿透露姓名的业内人士说,高昂的版权费用抬高了行业准入门槛,使得赛事版权沦为资本巨头间的"垄断"游戏,这将阻碍体育产业的多元化发展。

张庆表示,任何行业在爆发期都会经历一轮非理性的投资热潮,但如果行业没有稳定的盈利回报,没有一些成功的样板企业,投资热持续不了多久。"再过一两年,浪潮退去,就能看得出谁在裸泳。"

借鸡生蛋,更要养鸡下蛋

火热的市场上有人跟风投资,还有人为找一个合适的投资对象犯难。"不缺钱,缺好项目。"张庆告诉记者,这是不少投资机构对当下国内体育产业的看法。

从体育产业发达国家的情况看,以职业联赛为代表的竞赛表演业是体育产业的核心,对体育中介、体育场馆、体育传媒、体育用品等相关产业具有强劲的拉动作用,因此资本竞争十分激烈。

但放眼国内,除了中超、CBA和中网具有较高商业价值外,其他受市场认可的体育赛事寥寥无几。更为关键的是,中超和CBA的运营权以及明星运动员等核心体育产业资源仍集中在体育主管部门手中,市场化程度较低,民间资本难以深度介入。正是在这一背景下,万达、华人文化等资本巨头才将投资目光投向了海外。

张庆认为,从投资的角度看,在海外资产相对便宜时去收购一些优质标的,无可厚非。况且,国外赛事资源在国内落地以后,国外先进的人才及管理经验也会随之引进,这对国内体育产业也有裨益。但从长远看,培育自主品牌赛事,无疑更能让中国体育产业受益。

"买一个现成的赛事IP(版权)当然省事。这在刚开始是个捷径,但随着竞争者越来越多,成本也会不断提高。"张庆表示,"我们呼唤资本更多地投资于中国本土的体育版权内容,在未来打造出有国际影响力的自主体育产品。"

不过,好的赛事需要历史积累,培育一项品牌赛事往往需要数年甚至数十年。因此,资本要有足够的耐心。

其实在体育赛事之外,还有许多有潜力的体育产业资源亟待开发。

体育产业研究专家鲍明晓认为,体育产业未来会呈现一种融合发展的趋势,比如体育旅游、运动康复、体育保险等。体育与其他行业的黏合度越来越高。这不仅有助于资本投入多样化,也能挖掘更丰富的商业模式。

实际上,体育产业市场巨大而分散,企业的运作不应仅仅局限于某种模式。在经营策略的选择上,"借鸡"与"养鸡",互补为好,而非非此即彼的唯一选择。

摘自:高鹏,"资本+体育,中国体育产业新格局",http://news.xinhuanet.com/sports/2015-12/28/c_128573677.htm。

案例思考题

1. 各路资本为何要"以前所未有的热情涌入体育产业"?
2. 各路资本涌入体育产业后可能带来哪些隐忧?
3. 各路资本应该如何进入体育市场?

第七章
体育部门的劳动和劳动报酬

本章学习要点

- 体育部门劳动资源的结构与素质
- 提高体育部门劳动效率的途径
- 教练员和运动员的劳动特点
- 教练员和运动员劳动报酬的具体形式

人收入的分配是经济关系中的一个重要环节。相对于国民经济其他部门而言，体育部门工作者的劳动及劳动报酬本身有其特殊性，在社会主义市场经济条件下又表现出许多新的特点。本章着重对体育部门的劳动资源、劳动效率及劳动报酬等方面进行分析论述。

第一节 体育部门劳动资源的开发

一、体育部门劳动资源的结构

体育部门的劳动资源，是指在体育部门中从事体育事业或从事与体育事业直接相关工作的具有劳动能力的体育工作者和体育劳动者的总和。

对于体育部门劳动资源的结构，可以从不同的角度进行分类。从劳动者劳动力支出的角度，可以把体育部门的劳动者分为以体力支出为主的劳动者和以脑力支出为主的劳动者；按劳动者在体育事业中的劳动分工和职能，可划分为管理人员、科技人员、服务人员等；按经费来源划分，我国目前的体育部门劳动者可分为三类人员，即国家对经费予以全额拨款单位的人员、差额拨款单位的人员和自收自支单位的人员。

如果按工作性质和所属部门来划分，体育部门的劳动资源可分为三个部分，即体育事业人员、体育行政人员和体育企事业实体人员。

（一）体育事业人员

凡专门从事体育工作，其工资、奖金、集体福利等费用主要来自国家财政划拨的体育事业经费，这类工作人员属于体育事业人员。主要包括：高水平运动队的工作人员，包括教练员、运动员、管理人员（业务、政工和行政人员及其他人员等），他们是体育服务的直接生产者和直接为体育服务生产服务的人员；竞技体校教练员，他们从事体育竞技项目的训练，担负着为高水平运动队和体育院校培养后备人才的任务；体育运动学校的教练员，他们以向高水平运动队培养、输送运动员为主要目标，同时担负着为小学培养体育师资的任务；单项运动学校的教练员，他们担负着从事一个项目的专门训练，直接为高水平运动队和各类体育院校培养后备人才的任务；体育中学的教练员，他们担负着为高水平运动队和高一级训练机构培养后备人才的任务；重点业余体校的教练员，他们为高水平运动队和高一级训练机构培养和输送后备人才；普通业余体校教练员，他们主要为高一级训练机构培养后备人才；高等体育院校的教职工，他们担负着教学、训练、科研和管理的任务,以出人才、出成绩、出成果为主要目标;体育科技人员,包括各级体育科研机构中专门从事体育科学研究的研究人员、技术人员、实验员以及科研院所的一般职工及勤杂人员。

（二）体育行政人员

体育行政人员是指各级体育局以及党和国家各部门的体育干部,包括各级体育机关从事党政工作和业务工作的干部、各类体育组织(如我国大多数的单项运动协会等)从事体育工作或为体育工作服务的人员。

属于国家编制的行政人员,其职责是通过管理和组织体育工作,为发展体育事业服务。随着我国国家公务员制度的推行,体育行政人员作为国家公务员,有着统一的工资标准,经费主要来源于各级财政。

（三）体育企事业实体人员

这主要是指在经费上自收自支的各种体育企事业单位人员,包括直属国家体育总局的几大企业单位和类似体育报社等事业单位,以及我国体育改革以来出现的体育事业实体人员,这些体育事业实体人员的经费基本上全部自筹或半自筹,如体育系统的各类体育场馆及国家体育总局下属的各体育协会。

另外,由外资、中外合资、集体和私人等各类民营资本经营的体育实体,其经营和人员多寡全部依托市场,因而它们的从业人员不属于全民所有制编制的国家工作人员,也不属于我们要研究的体育部门劳动资源的范畴。

二、体育部门劳动者的素质

在体育部门的劳动者中间,运动员、教练员是有别于其他部门劳动者的特殊群体。因此,运动员、教练员的素质高低关系到我国体育整体水平的高低。具体而言,体育部门劳动者的素质是一个综合性指标,包括体力、智力和政治思想素质等几个方面。

（一）体育部门的劳动者须具有良好的体力素质

随着竞技体育水平的提高和社会体育群众性的普及,现代体育发展已呈现出整体化、高强度的特点,这要求体育部门的劳动者具备良好的体力素质。不仅在以体力劳动为主的劳动中体力素质具有重要作用,就是在以脑力劳动为主的劳动中,体力素质仍然具有重要作用。体育部门劳动者的体力素质只有同现代体育发展的整体水平,包括竞技水平、体育设施水平、体育人口和管理现代化的水平相适应,同体育服务生产的实际水平相适应,体育部门劳动者的整体素质才能得以提高。

体育部门劳动者体力素质的提高,涉及优生优育、体育、卫生、衣食住行等与健康有关的全部因素。新中国成立以来,随着社会进步,人民的健康水平已有很大提高,但与迅速发展的体育事业的要求相比,体育部门劳动者的体力素质仍有一定差距。所以,提高体育部门劳动者的体力素质仍然是发展体育事业的重要物质条件。

(二) 现代体育的发展要求体育部门的劳动者具有较高水平的智力素质

智力是劳动者素质的重要内容。同没有单纯的脑力劳动一样,也没有单纯的体力劳动。不用说在以脑力劳动为主的劳动中,就是在以体力劳动为主的劳动中,智力因素的作用也非常重要。一定时期劳动者的智力,是生产力发展的结果,是历史上全部生产经验、思维能力、文化专业知识等积累的结晶。在体育服务生产中,体育部门劳动者的智力素质是体育事业进一步发展的最强大的推动力量。

文化素质是智力素质的一个重要内容,在现代体育发展突飞猛进的今天,体育部门劳动者的文化素质愈益显出其主要作用。以我国竞技体育为例,在2008年北京奥运会上中国运动员能够取得如此辉煌的成绩,正是科学训练和科学管理的结果,其中包含了先进的选材、训练、营养、管理、心理研究等经验和技术。各级教练正是精心地应用、科学地控制了这些因素,使这些因素在训练全过程的每个环节中协调地发挥作用,才保证了训练的顺利实施。这种多因素所产生的"综合效应"集中到一点,就是运动成绩的提高。

由于我国体育部门训练体制的缺陷,造成体育部门劳动者(特别是各类运动员)的文化素质总体水平并不高。这种状况不仅不能同体育发达国家相比,就是同国内其他行业相比,也显得较为突出。近年来国家虽采取了一系列措施提高教练员和运动员的文化素质,但仍显不足,成为亟须解决的问题。

体育部门劳动者必须具备的专门技术知识及技能也是智力素质的重要内容。体育教练员不仅要认知本专业的专项运动技术理论和训练方法,还要具备与本专业有关的自然科学知识和社会科学知识,以及思想政治工作理论、组织管理理论等广博的理论知识。一般管理人员除了解体育运动知识之外,还必须具备丰富的专业管理知识和业务能力。体育科技人员则应熟练掌握本专业理论和技能,熟知专业技术和理论发展的新成果及其应用,具有较高水平的分析综合能力和外语能力。

(三) 体育部门劳动者的政治思想素质要同市场经济、体育事业发展的要求相适应

(1) 体育部门所有的劳动者,须认清我国所处的历史阶段和基本国情。我国正处在社会主义初级阶段,正在逐步实行社会主义市场经济体制。这要求体育部门的劳动者在思想观念上跟上时代步伐,要求懂经济、懂市场,树立公平、效率和竞争、风险等市场经济意识。

（2）体育部门的劳动者必须在政治上坚持爱国主义和集体主义精神，遵守社会主义道德和法律规范，遵守体育部门劳动者的职业道德。

（3）体育部门劳动者必须具有高尚的品德素质，这是体育事业不断进步的思想保证。体育劳动者如果品德素质不高，在物质利益上就会斤斤计较，一切向钱看；在比赛场上就会弄虚作假，不讲比赛风格和职业道德，甚至违法乱纪，干出有害于人民和社会的事来。所以，高尚的品德素质是体育部门劳动者适应现代体育发展所必须具备的素质。

三、体育部门的劳动效率

（一）体育部门劳动效率的特殊性

体育部门是一个生产性的部门，体育部门劳动者的劳动是社会主义生产过程的一个必要环节的劳动，体育部门劳动者的劳动既能创造适合人们需要的使用价值，又能创造价值。所以，体育部门本身也存在一个劳动效率的问题。

对物质生产部门而言，劳动效率可以用同一劳动在单位时间内生产某种产品的数量来表示，或者可以用生产单位产品所耗费的劳动时间来表示。对体育部门来说，劳动效率就是要提高职工的工作效率和教练员、运动员生产体育服务产品的劳动效率，也就是提高训练质量。

体育部门劳动效率同一般物质生产部门相比较，其特殊性在于：以体育部门工作者的工作效率和训练质量为标志的体育部门的劳动效率，单位时间内生产的体育服务产品量或单位产品体育服务量所耗费的劳动时间，均不易量化和计算。但如果在体育部门内部两个体育单位或劳动者个人之间进行横向比较，体育部门劳动效率问题的存在又是显而易见的。

（二）评价体育部门劳动效率的指标

由于体育部门劳动效率同物质生产部门相比有其特殊性，所以，评价体育劳动者的劳动效率综合起来看应主要从以下几个方面着手。

1. 经济指标

实行生产、经营的体育企事业实体，如经营性体育场馆，进入市场、实行市场化或半市场化运作的单项体育协会等，因其经费自筹或国家差额拨款，所以，在经营运作上须规定一定的经济指标，如成本、产值、利润等。凡达到指标计划或超过计划要求的，说明劳动效率较高；反之，则劳动效率较低。

2. 业务指标

对竞技体育而言，运动员和教练员是体育服务的生产者，他们的主要任务是发展竞技体育，提高竞技水平，培养各个层次的体育人才，创造好成绩和取得好的比赛名次。所以,衡量竞技体育劳动效率的指标也只能是业务指标。这主要包括:各种层次的运动队培养和输送出的体育人才的数量,亦即输送率;在各种层次的比赛中的成绩和名次,这是衡量竞技体育运动教练员和运动员劳动效率的主要指标。

3. 科技成果指标

衡量体育科技人员的劳动效率,是科技人员的科技成果。体育科技成果包括体育自然科学和体育社会科学的研究成果。体育自然科学包括原有技术的总结提高、新技术的开发和器材设备的更新等。体育社会科学包括各学科各领域的新成果、新进展、理论与实践相结合的程度,以及新学科的创立等。

(三) 提高体育部门劳动效率的意义

提高体育部门劳动效率的意义在于:第一,我国要建设体育强国,无论是推行全民健身计划,还是要在世界体坛上拿出我国体育的强项精品,都亟待提高体育部门的劳动效率。第二,提高体育部门的劳动效率有利于科学训练,提高训练质量,从而在耗费同等劳动时间的条件下生产更多的体育服务产品,满足人们享受的需要。第三,体育部门劳动效率的提高,意味着体育行政人员工作效率的提高和体育事业人员运动训练质量的提高,人、财、物做到最佳使用,这将会大大提高整个体育部门的经济效益。第四,体育重要的经济功能是促进整个社会生产力水平的提高,体育部门劳动效率的提高将会强化体育部门的这一经济功能。

(四) 提高体育部门劳动效率的途径

1. 深化体育管理体制的改革

从目前来看,我国体育系统、各种运动队以及体育教育、科研单位大多是政府和事业型管理体制,条条块块分割,各成体系、各自为政,在人才资源使用上不易达到合理配置,在分配上则不易打破大锅饭,已很不能适应社会主义市场经济发展的要求。体育管理体制改革的核心是运行机制的转换。体育行政部门要切实转变职能,要放权,把更多的权力赋予单项运动协会,充分发挥单项协会的作用,使有条件的单项运动协会逐步与体育行政机关分离,由直接管理转向间接管理,由行政管理型向事业经营型转变,由综合型向系统型、专业型转变,使其成为责、权、利相统一的实体化事业单位,拥有人、财、物等较充分的权限。国家体委(1998年改组为国家体育总局)从1988年开始进行机构改革,逐步实现了协会实体化改革的任务。这是市场经济规律的体现,也是体育部门在劳动资源利用上的活力所在。

2. 提高体育劳动者的素质

人是掌握生产资料的主体,劳动者的素质高低直接关系到劳动效率水平的高低,在现代体育不断发展进步的今天,体育服务生产中体育科学知识所占的比重在不断提高,知识更新的速度加快、周期缩短,提高体育部门劳动者的素质就显得更加迫切和重要。

教育是提高体育部门劳动者素质最主要、最重要的手段。我国体育教育发展至今天,已形成了以多层次、多规格、多形式办学来教育培训体育人才的基本格局。针对体育部门劳动者文化水平不高、知识结构层次偏低的状况,国家体育总局很早就采取了高水平运动队向运动技术学院过渡,体育院校举办二年制专科班,开办附属竞技体校、函大、夜大和体委主任培训班等措施改变现状,并且收到明显成效,使我国体育部门劳动者的学历水平、文化素质不断提高。与此同时,对体育管理人才和科研人才的培养教育也予以重视和加强,我国许多体育院校目前已设置了体育管理专业。在体育科研领域中,高学历的大学生和研究生被充实到自然科学和社会科学领域研究中。

不容忽视的是,在我国建立社会主义市场经济体制和对外开放的今天,提高体育部门劳动者适应在市场经济条件下发展体育事业的素质和搞好体育事业的对外开放尤为重要。懂一点市场经济知识,具备市场经济的观念和意识,学习外国先进的体育技术和体育经营方式,是现代体育部门劳动者所应具有的素质。

3. 加强体育科学技术研究

科学技术是第一生产力,体育科学技术的进步对体育部门劳动效率的提高具有举足轻重的作用。首先,科学技术作用到劳动资料上,可以发挥劳动资料的经济效益。在体育科技进步的推动下,体育场地、体育器材设施等体育部门劳动资料的质量不断提高。电子计算机技术进入体育领域,推动了运动训练和竞赛所必需的邮电、通讯、交通和管理的现代化。同时,科技创新使新材料不断问世,明显推动了体育运动水平的不断提高。其次,体育服务的生产过程,实际上是对人的加工过程。科学技术在这个生产过程中的作用,可以提高劳动者素质,开发体育人才资源。最后,体育管理现代化是现代体育发展的趋势。科学技术在体育管理中的作用,可以不断提高管理的科学化水平,在竞技体育发展战略的制定、人力、物力、财力的合理配置,运动项目的合理布局等方面,都将提高到一个新的水平。

相关链接

国家队运动员素质教育的内容

国家队运动员素质教育的内容为"4+X"的模式。"4"是总局办公会定下的4个内容,即训练基础知识;体能训练、损伤预防和伤病康复;励志、文明礼仪和就业指导。"X"是广泛征求运动队和专家的意见后,提出的有关文化教育方面的需求(图7-1)。

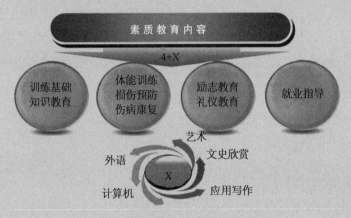

图7-1 "4+X"模式

要把满足运动队的需求作为开展素质教育的方向。通过走访运动队和征求专家的意见,我们认为在不同的素质教育方向上要有不同的侧重点。

- 训练基础知识要围绕准确理解教练意图,提高训练质量来开展。
- 体能训练、损伤预防和伤病康复要围绕提升体能训练科学化水平,提高体能训练质量和伤病的预防来开展。
- 励志教育要围绕艰苦奋斗、刻苦训练、为国争光和感恩的主题来开展。
- 礼仪教育要围绕提高运动员文明水平和公众形象来开展。
- 就业指导要围绕国内外运动员退役后的成功转型案例、择业的必备条件、个人品牌塑造等来开展。
- 文化教育要围绕运动员的文化学习和爱好来开展。通过开设各式各样的学习班,如外语、计算机、应用文写作、书法、绘画和音乐欣赏等最大限度满足运动员学习需要,丰富运动员的业余生活。

资料来源:国家体育总局,"国家队运动员素质教育方案",http://www.sport.gov.cn/n16/n1077/n1467/n1701156/n1701206/1750044.html。

第二节　体育部门工作者的劳动报酬

一、教练员和运动员的劳动特点

体育部门劳动者的劳动同社会生产其他部门相比,具有自身的特殊性。体育部门工作者包括运动员、教练员、裁判员、各类体育管理人员、体育科研人员、各类体育院校教职员工和后勤人员等。其中最主要的是教练员、运动员的劳动有自己的特点。

（一）教练员的劳动特点

教练员是指在训练机构担负各项运动技术教学与训练任务的体育工作者。在实行教练技术职务聘任制的单位,包括高级教练、教练和助理教练。教练员的劳动具有如下特点。

1. 教练员的劳动是一种复杂的脑力劳动

（1）劳动（训练）对象的复杂性。教练员的劳动（训练）对象是人,人是有思想的动物,而且人体的遗传基因、智力素质和个性心理特征都是不同的。训练时,在技术上要因人制宜、因材施教。这就要求教练员不仅要熟悉专项运动技术的理论与知识及其训练方法,还要懂得与本项运动技术及训练方法有关的自然科学知识和社会科学知识,具有一定的组织管理能力,懂得如何处理好各种人际关系。只有这样,才能做到科学训练,不断提高运动员的运动技术水平。

（2）劳动过程的复杂性。当代国际体坛强手如林,运动技术差距日益缩小。要想在重大国际及地区比赛中战胜对手,取得好成绩,教练员必须认真学习国内外先进的运动训练经验,扬长避短,研究和创造具有自己特色的新动作、新技术和新战术。

经验证明：如果教练员因循守旧,缺乏创新意识,要想在大赛中战胜对手、夺取胜利是很困难的。只有那些善于学习,对信息高度敏感,博采众长,实行"拿来主义",并能在训练中不断创新的教练员,才能在竞争中处于领先地位。

因此,教练员劳动过程的复杂性表现为学习—模仿—创新的过程。中国乒乓球运动能长期称霸世界乒坛,其秘密就在于两个方面：一是人才辈出；二是技术创新。中国跳水运动能够长期称王世界跳台,其秘密也在于敢于创新,创造他人敢想而不敢做的高难度动作。中国男子足球运动水平上不去的原因有很多,但是教练员缺乏创新精神是其中重要的因素之一。

2. 训练周期长,劳动成果见效慢

物质生产部门劳动者的劳动成果,可用年、月、日、小时、分钟,甚至秒来计算。劳动成果需要的劳动周期一般都比较短,而且立竿见影,一目了然,容易计算。

而体育部门则不同。由于体育运动规律的特殊性,教练员的劳动成果不是立竿见影的,而是要经过较长的周期才能反映出来。优秀运动员的成才是社会劳动的结晶。

教练员的劳动是为了社会培养体育人才和创造运动成绩,人才的培养和运动成绩的提高具有连续性、继承性和周期性的特点。虽然这与教育劳动相似,但也存在根本区别。学校教育的层次性、专业性较强,学生经过一定的学制学习取得毕业文凭,就成为社会培养的人才。运动员虽然也要经过不同层次、不同专项的训练,但是他们不以文凭为标志,而是以运动成绩和运动等级为标志。任何一个优秀运动员的培养都不是一个教练、一所学校或者一个训练周期所能办到的,它是社会劳动的结晶,是若干训练周期的产物。所谓训练周期,是指教练员对运动员反复训练的时间。从客观上来说,一个优秀运动员的运动生命是一个大周期,中间分若干小周期。在每个动作的训练上,又分为许多个子周期。运动员在他的运动生涯中要经过许许多多的训练周期,全部周期总长达几年甚至十几年才能见效。因此,教练员的劳动成果需经过较长的时间才能见效。

3. 任务重,压力大,可变因素多

运动员的比赛成绩名次,不仅反映教练员的训练质量和训练水平,也关系到教练员的前途,有时甚至还关系到国家和民族的声誉,因此教练员的劳动任务重、压力大。

教练员长期的艰苦劳动能否得到社会承认,还要看运动员的比赛成绩(即看结果)。但运动竞赛,特别是大型国际比赛,由于运动员的水平接近,受到心理、生理状态以及天时、地利、人和等各种外部因素的影响和作用,赛场上的胜负往往变幻莫测,某一方面工作的失误、运动员发挥失常或其他非正常因素的影响(如裁判误判等),都可能造成事倍功半、贻误全局的结果。

此外,高水平运动队的教练往往代表国家参加国际大赛,胜败如何,举世瞩目。许多著名教练在重大国际比赛中因失误而被淘汰,正说明了任务重、压力大、可变因素多是教练员劳动的又一特点。

(二)运动员的劳动特点

运动员是一个广义的概念,凡是进行专门训练、以竞技为目的的都是运动员。各级专业和业余运动员虽然在训练方法、训练手段方面有许多共同之处,但由于训练目的和竞技水平不同,他们之间也存在一些差别。我们这里主要研究的是高水平运动队(省、市级以上)运动员的劳动特点。

1. 科学技术水平越高,运动员的劳动强度越大

运动员的运动训练,既是紧张的脑力劳动,又是高强度的体力劳动,但是从总体看是以体力劳动为主(个别项目如棋牌类运动除外)、体脑结合的一种特殊形式的复杂劳动。

从运动训练的发展过程来看,运动员在训练过程中的劳动消耗是与科学技术发展水平成正比的。在生产社会化程度较低、科学技术比较落后的年代,人们从事体育训练,虽然也要消耗一定的体力,但由于整个运动技术水平比较低,高难度动作少,体力的消耗还不大。随着科学技术的发展和运动技术水平的提高,高难度动作越多,运动员耗费的体力和脑力就越多。因此,机械化、自动化、电子化、信息化的发展,只能实现场地、器材、设备等的现代化,管理方法和管理手段的现代化,以及训练方法和训练手段的现代化,并不能减轻或者代替运动员所从事的训练和比赛的劳动。运动技术水平的提高,高难度动作不断出现,从而造成运动员所耗费的体力和脑力也就越多。运动水平的提高,不是靠机器而是靠人才。运动竞赛也不是一场机器人"大战",而是人的一次竞赛。例如,1997年IBM公司研制的电脑"深蓝Ⅱ"以2胜1负3平的成绩战胜国际象棋大师卡斯帕罗夫;2016年,谷歌公司研制的"Alpha Go"以4∶1的成绩战胜韩国棋手李世石。电脑拥有超级强大的运算能力,甚至思辨能力。因此,"人机大战"中运动员必然要付出更多的体力和精力、穷尽怪招才有可能"出奇制胜"。

2. 运动员学习训练时间长,但"运动寿命"较短

运动员在进行专项训练前,需要进行基本技术和基本专项的训练,这种训练一般是从少年儿童抓起,这是由体育运动的特点和运动员的年龄、生理结构所决定的。

年龄结构只是成为优秀运动员的基本条件,不是唯一条件。并不是所有少年儿童都能够成为优秀运动员的,只有在身体形态、体质素质和运动技术方面的佼佼者,才能当作优秀运动员来培养。究竟谁是这方面的佼佼者,这不仅要通过科学选才,而且要通过集中学习和训练才能确定。我国目前各类少体校(包括业余的和专业的)就是承担了此项任务。这些少年儿童一般小的从3—5岁(幼儿园),大的6—7岁(小学)就开始训练。到能出成绩,一般需要10年左右的时间。如体操、跳水等项目14—15岁能成才,足球则要到20岁以上。

运动员接受专项训练的时间虽然很长,但其"运动寿命"却比较短。所谓运动寿命,是指运动员保持最佳成绩或水平的期限。国外一些世界优秀选手的运动寿命一般保持在10—15年。我国运动员的运动寿命,最短的仅3年左右,最

长的也只有20年左右,大多数运动员25岁以后就要退役。究其原因:一是急流勇退,名次、金钱、鲜花、荣誉到手后,不想练了。如在巴塞罗那奥运会上,中国游泳队"五朵金花"取得4金5银的骄人战绩,但随后其中有4人都相继引退。事实上,当时她们都处于运动生命的顶峰时期,只要训练安排得当,完全可以在亚特兰大再创辉煌。二是有一些实际困难,如伤病、成家、读书、出国等。这就需要研究和考虑两个问题:一是如何鼓励优秀运动员延长运动寿命;二是运动员不是终生职业,需要考虑优秀运动员退役后的出路问题。

3. 劳动条件差,伤残事故多

运动员的劳动是在艰苦的条件下进行的。不少运动项目(如足球、田径、冰球、滑雪、攀岩、铁人三项等)均在室外甚至在野外进行,条件差,气候恶劣,甚至有生命危险。即使是某些室内项目(如体操、篮球、排球、武术、摔跤等),也是在粉尘飞扬中进行训练,因此运动员的劳动是在艰苦的条件下进行的。

另外,由于体育运动本身的强度大、难度高、对抗性强、竞争激烈,一个运动员要取得好成绩,必须知难而进、奋力拼搏、勇于创新,走前人没有走过的路,做别人不敢做的高难度动作,这就很难避免伤害事故的发生。一般一个运动员在运动生涯中不出现伤残事故是不太可能的,而带伤进行训练、比赛则是常见的。

你知道吗?

中国运动员伤残现状的调查

1. 整体伤残情况

从表7-1中可以看出:在接受调查的3 800名运动员中,虽然致残百分比只占2.1%,但有重伤的比率已达25.2%,这意味着在运动员群体中有近1/3的运动员,对继续从事竞技运动以及个人健康方面已经产生了严重的不良影响。另外,从总受伤情况看,我国运动员有70%以上都存在不同程度的伤残情况,说明我国运动员在从事运动员职业道路上面临着严峻的伤残挑战,必须引起广大教练员和国家训练等部门的高度重视。

表7-1 运动员整体伤残情况

	致残人数	重伤人数	轻伤人数	无伤人数	合 计
人数	80	956	1 643	1 121	3 800
比重(%)	2.11	25.16	43.24	29.50	100

2. 不同层次运动员伤残情况

从表7-2不同层次运动员的伤残情况来看：在被调查的一线、二线、三线的3个不同层次的运动员群体中，虽然伤残程度的比率与运动员级别的训练强度所带来的伤害程度是一致的，即级别越高伤害的程度可能越大，但一线运动员达到重伤和致残的比率已超过30%，二线运动员达到重伤和致残的比率接近30%，三线运动员达到重伤和致残的比率已有25%，一线运动员致残和重伤比率过高，二、三线运动员的致残和重伤比率超过他们的训练水平。另外，各线运动员的伤害程度占60%—80%多，说明我国不同层次运动员的群体同样都经受着伤病的困扰，二线和三线运动员群体也难以避免致残和重伤。

表7-2 不同层次运动员伤残情况

层次	致残人数	重伤人数	轻伤人数	无伤人数	合计
一线队	15	110	188	55	368
二线队	25	281	494	276	1 076
三线队	40	565	961	790	2 356
合计	80	956	1 643	1 121	3 800

3. 不同项目运动员伤残情况

从表7-3至表7-5不同类别项目运动员伤残情况可以看出：虽然类别一项目的运动员在致残和重伤程度比率上明显高于类别二和类别三项目的运动员，但类别二项目的运动员在致残和重伤程度比率相当于三线运动员伤害程度；类别三项目的运动员在致残和重伤程度比率相当于三线运动员伤害比率。这说明运动员伤残程度与危险系数大的项目有直接关系，并与运动员训练水平层次也有一定的关系。另外，3种类别项目运动员群体的致伤比率是在65%—77%，并且各种受伤程度都存在，这说明二、三类别项目运动员群体同样也存在着致残和重伤的挑战。

表7-3 类别一项目运动员伤残情况

项目分类	致残人数	重伤人数	轻伤人数	无伤人数	合计
拳击	4	39	49	23	115
摔跤	5	46	59	28	138
柔道	3	32	43	21	99

(续表)

项目分类	致残人数	重伤人数	轻伤人数	无伤人数	合　计
跆拳道	4	41	62	31	138
体操	4	42	76	34	156
跳水	3	25	44	23	95
足球	8	60	97	43	208
篮球	5	49	83	58	195
合计	36	334	513	261	1 144

表 7-4　类别二项目运动员伤残情况

项目分类	致残人数	重伤人数	轻伤人数	无伤人数	合　计
田径	8	94	154	120	376
举重	5	50	80	57	192
击剑	3	22	38	29	92
羽毛球	3	38	81	62	184
排球	4	41	74	56	175
网球	2	23	40	33	98
乒乓球	3	41	101	85	230
合计	28	309	568	442	1 347

表 7-5　类别三项目运动员伤残情况

项目分类	致残人数	重伤人数	轻伤人数	无伤人数	合　计
射击	1	22	58	44	125
游泳	2	41	102	76	221
皮划艇	1	15	38	30	84
合计	4	78	198	150	430

资料来源：王秀香，"中国运动员伤残现状的调查与分析"，《辽宁师范大学学报（自然科学版）》，2007 年第 2 期。

4. 有效劳动不易量化

运动员是体育服务产品的直接生产者。在商品经济、市场经济条件下，体育服务除了满足人们体育消费的需要、具有价值外,还要能用于交换,具有交换价值,但体育服务价值的决定是一件困难的事。在一般条件下,人们能准确知道做一张桌子需要多少劳动量,但许多非物质产品的情况不是这样。这里达到某种结果所需要的劳动量究竟需要多少只能靠猜测。原因是:其一,不同运动项目的劳动不能比较;其二,运动员的淘汰率很高。假如以成绩名次作为有效劳动衡量的标准,那么陪练的、不能出成绩的运动员的劳动算什么?算不算劳动?如果算的话有效劳动有多少?这些都是相当复杂的问题。

二、正确评价教练员和运动员的劳动贡献

体育部门教练员和运动员所从事的劳动同其他行业的劳动相比较,具有不容置疑的特殊性,加之教练员和运动员的有效劳动又具有不易量化的特点,所以,怎样合理地评价教练员和运动员的劳动贡献这一问题有一定难度。但从教练员和运动员的分配这个角度来看,解决好这一问题又很有必要。因此,要合理、科学地评价教练员和运动员的劳动贡献,须坚持以下原则。

(一) 既要看到体育效益,又要看到社会效益

评价体育教练员和运动员劳动贡献最直观的依据是他们所创造的体育效益。所谓体育效益主要包括:体育教练员培养体育人才数量的多少(主要指输送率),所带的运动队或运动员在各种层次的比赛中的成绩和名次,对体育项目技战术的创新,以及教练员在第一线从事本专业工作的时间;运动员在各层次体育比赛中取得的成绩和名次,在有效的"运动寿命"年限内的服务时间。这些具体指标所反映出的体育效益是衡量体育教练员和运动员劳动贡献大小的主要依据。

同时,正确评价教练员和运动员的劳动贡献,还应看到他们的劳动贡献所创造的社会效益。这主要包括以下几个方面:

(1) 体育部门教练员、运动员所从事的服务生产为社会提供了一种独具风采的娱乐、休闲方式(如体育比赛、体育表演的观赏等),这种娱乐、休闲方式发展到今天已在某种程度上成为一种体育文化,对维护人们的身心健康、稳定社会、树立奋发向上的精神风气起到了重要作用。

(2) 在体育走向市场、协会走向实体的今天,体育部门教练员、运动员的劳动也会产生经济效益,如体育俱乐部制实行以后,教练员和运动员的劳动能通过体育比赛的门票、广告、电视转播权益等收益产生可观的经济效益。

(3) 由体育部门教练员、运动员的劳动所推动的体育竞技水平的提高,必将推动这些项目的体育社会化程度的提高。这对推动全民健身运动,提高全民身体素质,以至于更好地发挥体育的经济功能,都会起到不可低估的作用。

（4）体育部门教练员、运动员的劳动能为国争光，增强民族自豪感，其政治功能也显而易见。20世纪80年代中国女排的崛起大大提高了我国体育的国际地位，女排的"拼搏精神"也深入人心，政治影响卓著；我国的"乒乓外交"在20世纪70年代中美关系走向正常化过程中所起的重要作用更是体育界的美谈。

（二）既要注重可量化指标，又不能忽视无形的劳动

如上所述，一些可量化的具体业务指标是衡量和评价体育部门教练员和运动员劳动贡献的最直观、最主要的依据，但由于和一般行业的劳动相比，体育部门的劳动存在有效劳动不易量化的特殊性，因此对体育部门教练员和运动员劳动贡献的评价，不仅要注重可量化指标，而且不能忽视大量的不易量化的劳动。

一个运动队要取得优异成绩，教练员要付出大量的无形的劳动。一般而言，没有好的教练员，就没有好的运动员；一个优秀的教练员是一支优秀运动队的核心。教练员要成为运动队的榜样，不仅要有过硬的业务水平和科学文化素质，更重要的是要有奋发向上的精神风貌。从实际来看，教练员在运动场上组织运动员训练比赛，付出辛勤的劳动自不待言，而更多的劳动付出却是在运动场外。这其中，抓队伍管理和精心细致的思想政治工作会花费教练员大量心血。例如：前中国女排著名教练袁伟民率中国女排屡创佳绩的奥秘之一即是有效的思想政治工作，他曾说过："在8年中，从我手中进出的国家队员达47人次，但只要我闭目一想，每个队员的性格特征，都活灵活现地出现在我的眼前，因为从她们进队开始，我就在琢磨每个队员的个性，思考着怎么样才能把握她们的思想。"①可见对队伍的管理和思想政治工作不知花费了他多少心血。

同教练员的劳动相类似，运动员的劳动中也包含大量的无形劳动。由于当代竞技体育已发展到很高的水平，要取得好成绩，就必须超过别人，而这又意味着运动员必须向人类体能的极限挑战，为此他们常常付出超人的劳动和努力。运动员的劳动甚至超出了体育范畴，成为一种奉献精神的体现。20世纪80年代的中国女排姑娘们有一句为人熟知的口头禅是："要想取得超人的成绩，就要吃得超人的苦。"正是这种献身精神成为中国女排取得辉煌成就的根本保证。

三、体育部门工作者个人收入的分配方式

在我国逐步实行社会主义市场经济的条件下，体育部门个人收入的分配方式以按劳分配为主体，其他分配方式为补充。这种分配方式的实现形式是体育部门各类劳动者的工资、奖金和津贴，对有特殊贡献的教练员、运动员实行的重

---

① 袁伟民，"我的执教之道"，《排球》，1987年第12期。

奖，以及体育部门的经营收入和社会保障、社会福利方面的收入等。

（一）体育部门个人收入分配以按劳分配为主体、其他分配方式为补充存在的客观条件

我国正在逐步建立社会主义市场经济体制，与此相适应，体育部门也正在逐步实现与市场经济接轨。效益、效率与公平、企业化经营等是市场经济条件下的体育部门经营中的一些基本原则，这些原则在个人收入的分配中越来越明显地得以体现。

我国体育部门的主体仍是全民所有制的各类体育事业单位和体育实体，这种社会主义公有制从根本上排除了个人凭借私有的生产资料无偿占有他人劳动的可能性。体育部门劳动者共同占有生产资料、共同劳动、共同占有劳动成果，从而为实行以劳动作为分配尺度的分配方式提供了前提条件。

我国生产力发展水平同世界上一些发达国家相比还有较大差距，尚未发展到使社会产品极大丰富的程度。因此，体育部门个人收入的分配也只能采取以劳动为尺度的办法进行，其他分配方式所实现的程度和幅度也是有限的。另外，我国生产力发展还存在地区间不平衡的特点，这在体育部门个人收入的分配中也得到反映。

体育部门某些体育劳动者（如教练员和运动员）的劳动同其他经济部门的劳动相比具有特殊性。这主要是指在社会主义市场经济条件下，教练员和运动员为社会提供的劳动量与创造的价值不易量化，也不能像物质产品那样直接通过货币量来计算。由于这种特殊性的存在，体育部门教练员和运动员的劳动所得与直接提供的劳动量也不尽一致，因而国家对有特殊贡献的教练员、运动员实行重奖是正确的、必要的。

（二）处理好几种关系

从实际来看，体育部门个人收入的分配要贯彻好以按劳分配为主体、其他分配方式为补充的分配原则，必须处理好以下几种关系。

1. 物质奖励与思想教育的关系

从我国体育事业发展的过程来看，我们过去在处理这两者的关系时曾犯过两种片面化的错误：一是片面夸大思想教育的作用，认为思想教育能决定一切、代替一切，而否定必要的物质奖励；二是认为物质利益高于一切，而放弃思想教育。实践证明，正确处理好物质奖励与思想教育的关系对体育事业的发展有着重要意义。既要看到在市场经济条件下物质利益是人们从事一切社会活动的物质动因，也是社会主义生产目的的重要内容。一定的物质奖励对体育部门的劳动者而言是必要的，处理得好也是有益的。同时，物质奖励必须以思想教育为前

提。因为,思想教育主要是对体育部门劳动者进行爱国主义、集体主义等的教育,可以提高他们的精神境界,端正体育部门劳动者参加运动训练和比赛的动机,也是明确他们劳动贡献的一种手段。

从我国各地和基层的实践经验看,处理好物质奖励和思想教育的关系,必须坚持奖励适度的原则。物质奖励以能调动体育部门劳动者的积极性为适度,达到奖了一个、带动一片,而不是奖了一个、影响一片的目的。要做到这一点,必须注意两个问题:一是奖励先进不要层层加码;二要注重奖励集体。

2. 公平和效率的关系

社会公平是指如何处理社会经济中的各种利益关系,也就是所谓合理分配。效率是指人们工作中所消耗的劳动量与所获得的劳动成果的比率。处理好公平和效率的关系是体育部门个人收入分配方面所应解决好的问题。我国过去计划经济体制下体育领域内的个人收入分配方式单一,存在严重的平均主义,这种平均主义绝非"公平"。它是同按劳分配原则根本对立的,其后果是奖劣罚优,打击体育部门劳动者的积极性。

市场经济是效率经济,在体育部门个人收入的分配上也必须树立全新的观念,将公平和效率两者有机地统一起来。处理好公平和效率的关系,从总体上看,首先应打破单一的按劳分配模式和平均主义的做法,按照劳动贡献大小和能力高低拉开分配档次,对有特殊贡献的体育劳动者实行重奖。其次,个人收入分配的自主权应适度下放,国家对一些发展起来的体育实体的工资直接控制权宜适度放开,让其根据体育市场状况和自身效益状况自行决定。

四、教练员和运动员劳动报酬的具体形式

社会主义现阶段实行的是以按劳分配为主体、其他多种分配方式同时共存的分配制度。体育部门工作者由于其劳动的特殊性,其劳动报酬的形式与其他部门相比,既有相同的地方,也有不同的特点。

(一) 教练员的劳动报酬形式

1. 教练员工资制的演变过程

工资制是为实现按劳分配原则而制定的劳动报酬形式。体育部门工资制度是在1956年全国工资改革的基础上建立起来的,它经历了一个发展和演变的过程。最初在国家运动队建立运动员、教练员的等级工资制,当时的工资标准是根据运动员和教练员的专业技术水平、复杂程度、熟练程度以及各种职务责任的大小确定的。这一时期运动员、教练员的工资水平与其他行业相比大体相同。1958年以后,各省相继建立了运动队。由于新队员年龄较小,文化程度偏低,加上国家经济正处于困难时期,因此 1961 年和 1963 年,国家对体育部门的工资标准曾进行了两次调整。调整的直接结果是运动员、教练员的平均工资有所下降,与其他行业相比则明显偏低。十一届三中全会以后,随着国民经济的发展和物价上涨,党和国家政府多次提高了运动员、教练员的定级工资,重新确立了运动员、教练员的工资标准,使他们的工资水平都有所提高。但是,由于没有从工资制度方面进行根本改革,造成运动员、教练员的工资水平偏低,且平均主义严重。

国家体委总结了我国在运动队贯彻按劳分配的经验与教训,针对运动员、教练工资制度的弊端,结合教练员、运动员队伍的特点,于 1985 年对运动员、教练员的工资制度进行了改革。决定对运动员实行体育津贴制,对教练员实行以职务工资为主要内容的结构工资制。1993 年再次实行改革,对教练员实行专业技术等级工资制。

2. 教练员的专业技术职务等级工资制

教练员的专业技术职务等级工资制,在工资结构上主要分为专业技术职务工资和津贴两个部分。专业技术职务工资是教练员工资构成中的固定部分,是体现按劳分配原则的主要内容。教练员专业技术职务工资标准按照教练员专业技术职务分为:国家级教练、高级教练、一级教练、二级教练、三级教练等 5 个职务等级,其中每一职务又分别设立若干工资档次。津贴是教练员工资构成中的活的部分,与教练员所从事的实际工作数量和质量挂钩,多劳多得、少劳少得、不劳不得。对于教练员津贴的额度和发放,国家规定了指导性的意见,即按津贴在教练员工资构成中占 30% 计算。但在具体实行中允许各单位从本单位的实际情况出发,在国家规定的津贴总额内享有分配自主权,具体确定津贴项目、津贴档次及如何进行内部分配、合理拉开差距等。另外还有福利性补贴及奖金。其中,福利性补贴这一块工资外收入包括书报费、物价补贴、独生子女费等。奖金是对教练员的奖励,国家规定了三种情况:一是对有突出贡献的实行政府特殊津贴;二是对有重大贡献的实行重奖(这里的重大贡献主要指在重大国际比赛中创造了优异成绩,从而对社会主义两个文明建设与提高国家在国际上的威望作出贡献的);三是结合年度考核,年终发给的一次性奖金。

(二) 运动员的劳动报酬形式

1. 从工资制向津贴制转变

运动员过去和教练员一样,都是实行计时工资。计时工资只能反映同项目同技术等级的劳动者所支付劳动的平均量,而不能完全反映个人实际支付的劳动量。

实行运动员津贴制则能够及时反映他们所提供的劳动量的变化情况,较好地体现多劳多得、少劳少得,体现奖勤罚懒、奖优罚劣,体现技术高低、成绩好坏以及贡献大小的差别。把运动员的体育津贴和他们的运动技术水平、竞赛成绩紧密联系起来,有利于促进训练和竞赛水平的提高,有利于运动员能进能出、能上能下及人才的合理流动。因此,从1985年以后我国运动员开始实行体育津贴制。

运动员实行体育津贴制度,是根据运动员队伍的特点确定的。这些特点是:第一,运动员入队年龄小,运动年限较短,而对在役运动员的技术要求高、劳动强度大、伤残事故多,运动员是在最好的青春年华从事体育专门训练;第二,运动员不是终身职业,退役后要从事新的工作;第三,运动员的工作国际交往多、对抗性强、竞赛激烈、影响大。

所以,实行体育津贴,给予运动员略高于同龄人的报酬是应该的,也有利于运动员今后的生活和发展。

2. 体育津贴的分类

运动员的体育津贴由基础津贴和成绩津贴组成。根据1994年4月人事部、国家体委颁布的《关于体育运动员、教练员贯彻〈事业单位工作人员工资制度改革方案〉的实施意见》,体育基础津贴共分为6个档次。运动员的成绩津贴是根据运动员在国内外重大体育比赛中所取得的最高获奖名次确定的。各种国际比赛和全国性比赛前8名可享受运动员成绩津贴。省、自治区和直辖市比赛前8名的津贴标准由各地自行确定,但不得高于全国比赛的津贴标准。

对绝大多数中国运动员而言,体育津贴是他们最主要的收入来源,但是并不尽如人意。国家体育总局曾对北京、湖北等6个省市运动员的体育津贴进行了抽样调查。结果表明,在2006年7月之前,运动员基础津贴和成绩津贴的平均水平约为每月777元[①]。为提高运动员的收入水平,按照全国事业单位收入分配制度改革的整体部署,2006年11月,国家体育总局与财政部等单位联合印发了《体育运动员贯彻〈事业单位工作人员收入分配制度改革方案〉的实施意见》,调整了运动员体育津贴标准。

实施意见把基础津贴按照运动员的不同水平设置,共分为20个档次,运动员的基础津贴起点由515元调整到670元。不同的档次对应不同的津贴标准。

运动员按照运龄和工作表现套改相应的基础津贴,运动员从入队当月起,执行第一档基础津贴标准;其他工作人员改做运动员的,根据其参加工作年限确定基础津贴。

---

① 资料来源:新华网北京2008年1月7日奥运专电。

同时，规定了与运动员的成绩津贴相对应的比赛层次，将世界青年锦标赛纳入与成绩津贴挂钩的比赛范畴，将国家奖励的比赛层次由7个调整为5个，大幅度提高了运动员的津贴和奖金标准。与工改前相比，奥运冠军的成绩津贴由755元提高到2 000元。

相关链接

运动员基础津贴标准

单位：元/月

档次	一	二	三	四	五	六	七	八	九	十
标准	670	685	700	715	735	755	775	800	825	850
档次	十一	十二	十三	十四	十五	十六	十七	十八	十九	二十
标准	875	905	935	965	995	1 030	1 065	1 100	1 135	1 170

运动员基础津贴套改表

入队年限	2年以下	3年	4年	5—6年	7年	8年	9—10年	11年	12年	13—14年	15年	16年	17—18年	19年以上
津贴档次	一	二	三	四	五	六	七	八	九	十	十一	十二	十三	十四

运动员成绩津贴标准

单位：元/月

比赛层次	一	二	三	四	五	六	七	八
奥运会	2 000	1 700	1 440	1 260	1 140	1 040	950	880
奥运会项目世界锦标赛和世界杯赛	1 350	1 170	1 050	960	890	830	780	740
非奥运会项目世界锦标赛和世界杯赛、世界运动会、亚运会	1 120	1 000	900	820	760	700	660	620
奥运会项目亚洲锦标赛和亚洲杯赛	990	870	770	700	640	590	540	510
非奥运会项目亚洲锦标赛和亚洲杯赛、全运会	860	750	670	600	540	490	450	420

资料来源：人事部财政部国家体育总局关于印发《体育运动员贯彻〈事业单位工作人员收入分配制度改革方案〉的实施意见》的通知，国人部发[2006]129号。

体育津贴是一种岗位津贴,离开以后就没有。体育津贴是一个变量,它的实际数额是随技术、成绩的变化而及时调整的。运动员在待分配期间,体育津贴照发。但对于没有正当理由不服从分配的运动员,则3个月以后减发或停发体育津贴。运动员退役后,发给一次性退役费。退役后按调入单位新定岗位和职务,同时也适当参考运动成绩来确定新的工资等级。

体育津贴是一种比较灵活又能实际反映运动员劳动的数量和质量的报酬制度。体育津贴也能较好地克服平均主义和体现多劳多得的按劳分配原则,对于调动运动员的积极性,提高运动技术水平和运动成绩,都有积极的作用。

3. 职业运动员的工资收入

职业运动员的工资收入一般分为基础工资、训练津贴、比赛奖金三部分。1996年,中国足协曾经规定:足球俱乐部运动员个人月工资最高限额为1.2万元,教练员个人月工资最高限额为1.8万元;胜场次全队出场费最高限额为40万元,平场次全队出场费最高限额为15万元①。

(三) 运动员、教练员的奖励制度

1. 奖金的含义及发放依据

奖金是对劳动者的超额劳动即超过平均水平的劳动所支付的报酬,是实行按劳分配的一种辅助形式。奖金的特点是能够比较及时、准确地反映劳动者给予社会劳动量变化的实际情况,运用起来也比较灵活,所以它可以弥补工资形式的不足。我国在运动队实行运动员、教练员的奖励制度。奖金发放的客观依据是运动员、教练员向社会提供的超额劳动。衡量运动员、教练员所提供超额劳动的标准,主要是各类运动竞赛中的成绩和名次。

2. 奖金的标准

国家依据不同级别、不同名次制定了不同的奖励标准和等级,主要是重奖。1984年我国政府奖励奥运会冠军的奖金只有6 000元,2008年北京奥运会我国政府奖励奥运会冠军的奖金达到了35万元,2012年伦敦奥运会我国政府奖励奥运会冠军的奖金则上升到50万元。奥运金牌国家奖金28年间上涨80多倍,而且政府给的奖金可以免缴个人收入所得税。此外,还有社会上方方面面给的奖励。

---

① 资料来源:《新民晚报》,2002年8月16日。

你知道吗?

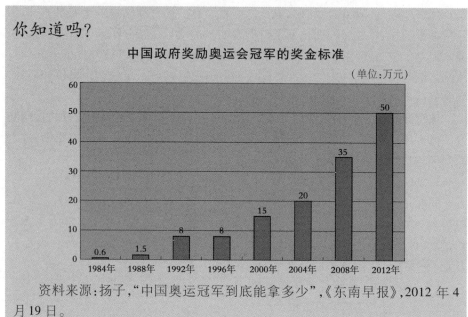

资料来源:扬子,"中国奥运冠军到底能拿多少",《东南早报》,2012年4月19日。

3. 对重奖的若干思考

应当说,对作出重大贡献的运动员、教练员实行重奖是应该的。因为运动员、教练员长期从事艰辛的超额劳动,世界大赛金牌的价值大,社会影响也大,对于社会主义精神文明建设,对提高祖国威望、弘扬民族精神作出了重大贡献,理应给予重奖。谁若犯"红眼病",则可以亲自上场比试比试,若能夺冠,政府同样给予重奖。参照其他国家的奖励,中国政府的奖金并不是最高的。

你知道吗?

2012年伦敦奥运会部分国家冠军的奖金

(1 欧元≈7.9365 元人民币)

国家	奖金	
	标准(万欧元)	约合人民币(万元)
亚美尼亚	70	555.56
新加坡	57.5	456.35

国家	奖金	
	标准(万欧元)	约合人民币(万元)
马来西亚	31.4	249.21
意大利	14	111.11
白俄罗斯	12.3	97.63
日本	10.5	83.33
俄罗斯	10	79.37
美国	2.05	16.27
德国	1.5	11.91

资料来源:王东,"伦敦奥运会冠军奖金亚美尼亚最高",http://news.xinhuanet.com/sports/2012-07/26/c_123469441.htm。

但是重奖的目的是让更多的运动员为国家的地位、名誉、声望而刻苦训练、努力拼搏、多出成绩、勇攀世界竞技体育高峰。如果思想工作不到位,奖金发放机制不完善,也会产生一些副作用和负效应:一是名利双收,功成身退;二是心态不平衡,包括队友之间、主力与非主力队员之间、主力与陪练之间、运动员与科研人员之间、社会上各行各业之间心态的不平衡。

相关链接

奖励不当,反而有害

"对于获得优异成绩的运动员给予奖励,无疑是为了激励他们去取得更大的成绩,但是如果搞不好也会起副作用。在这方面,过去由于经验不足,我们有过失误和教训。"这是中国游泳队总教练陈运鹏在谈到我国一些正处于巅峰状态的优秀游泳运动员退役时,道出的苦衷。陈教练说:在巴塞罗那奥运会上获得冠军的杨文意、庄泳等"五朵金花"载誉归来后,除了国家按照规定的奖励外,一些企业(包括一些港商)也慷慨解囊,给予她们物质重奖。这些赞助者的本意无疑是很好的,但后果却是他们也包括我自己始料不及的。重奖加重奖,使得一些人一夜之间成了"百万富翁",不但没能起到激励他们继续进取的作用,反而使得有些人认为可以就此"功成身退"了。作为教练来说,队伍也不好管理了。积极因素转化成了消极因素,这就是失误。应当说,老运动员退役的原因很多,有些人确实高峰期已过,退役十分正常。但一些正当年的选手也坚持要退役,就属于不正常了。奖励方法失当,不利于已经成名的选手延长运动寿命,确实是造成这种状况的重要原因之一。

资料来源:"奖励不当,反而有害",《今晚报》,1994年5月6日。

要加强对奖金的管理,理由是:中国绝大部分运动员都是由国家培养的,其从小到大的训练、比赛、陪练等费用均由国家承担。因此,出成绩以后获得的奖金不能全部归个人所有。奖金管理的基本原则是:国家奖的部分,原则上应归个人所有。社会上企业、个人奖的部分不能完全归运动员个人所有。奖金管理的办法主要有两种。一种办法是对于来自社会上的奖金的发放,通过国家体育总局交给有关运动项目协会,再由协会根据有关人员的贡献大小等具体情况发放给个人。例如,曾宪梓先生曾在1996年奖励亚特兰大奥运会中国冠军550克重的纯金纪念碟一个,另外还以每取得一项奥运冠军奖励50万元人民币计算,来奖励参加第26届奥运会的中国运动员和教练员。曾先生说:"全部奖金交给中国奥委会,由各单项协会统一分配。"他解释道:"这笔奖金之所以要由各单项协会统一分配,就是想改变以往'重奖一人'的负面效应,因为每一块金牌都包含着许多人的艰辛和努力,这有助于培养运动员的祖国意识。"另一种办法是把外界给予运动员的奖金统一管理起来,等获奖者到了一定年龄,再把奖金发放给他本人。这样有利于促进运动员不断积极进取,更有利于运动员的健康成长。

[本章思考题]
1. 体育部门劳动者的素质指什么?
2. 提高体育部门劳动效率有哪些途径?
3. 教练员和运动员的劳动特点有哪些?
4. 教练员和运动员劳动报酬有哪些具体形式?

[本章练习题]
1. 概述教练员和运动员劳动的主要特点。
2. 谈谈对运动员、教练员实行重奖问题的看法。

本章案例

奥运冠军至少获奖500万　相当于工薪基层年收入200倍

十年寒窗无人问,一举成名天下知——古人用这句话激励读书人刻苦读书,进而实现做大官、发大财的梦想。如今,这句并不受现代人推崇的古话已经很难再在莘莘学子身上体现,却惟妙惟肖地被中国奥运冠军们演绎。伦敦奥运会结束十多天来,中国的所有奥运金牌选手都在经历着梦幻般的庆功之旅。来自政府、企业的各类奖励名目繁多、数目巨大,政府和企业对奥运冠军的迷恋程度令人惊讶;而对获奖运动员、运动队官员和教练而言,房子、车子、金钱……所有的财富正滚滚而来,在很多普通中国人心目中,得了奥运冠军就意味着财源滚滚。

巨额奖励令人咋舌

8月21日晚,东莞市政府在当地一所学校为中国羽毛球队举行奥运凯旋联欢晚会,东莞市委和市政府向在伦敦奥运会上夺得5枚金牌的中国羽毛球队赠送100万元慰问金,当地5家企业则一共赠送了770万元奖金。仅此一晚,中国羽毛球队就收获了870万元。

自伦敦奥运会产生第一枚金牌以来,给中国奥运冠军庆功和发奖的地方政府和企业已是数不胜数,伦敦奥运会首金得主易思玲,在夺金当日就被某汽车公司赠送了一辆豪车;浙江某房地产公司奖励孙杨和叶诗文价值300万元的别墅,青岛某房地产企业奖励张继科价值300万元的海景房。

各地政府的奖励数额已经陆续出台,如陕西省奖励秦凯90万元,奖励郭文珺60万元;云南省奖励陈定100万元;江苏省奖励陈若琳60万元,南通市另外再奖励120万元;北京市对奥运冠军的奖励将不低于100万元;出手最阔绰的当属广东省,奥运冠军每人重奖500万元另加豪车一辆。

几乎每个奥运冠军在回国后的这十多天里,都在忙着参加接踵而至的庆功或颁奖活动,他们通常都会得到从国家体育总局到所在省、市、县等地方政府的多级奖励,加上各类企业的奖励,业内人士表示,保守估计,奥运冠军获得的奖励收入都在500万元以上,大约相当于中国城市工薪基层年收入的200倍。

除去动辄几十万元或几百万元的奖励外,奥运冠军们通常还会接到为数众多的企业邀请,参加各类商业代言活动。作为中国第一位男子游泳奥运冠军,孙杨如今的受追捧程度无人能及。业内人士分析,目前希望与孙杨合作的企业可能超过 200 家,孙杨的身价也水涨船高,出席一次商业活动的报价可能已达到 100 万元。不过,孙杨的父亲孙全洪日前否认了孙杨身价过高的说法。

短视行为令市场混乱

"运动员的家庭和所在的运动队,的确在培养运动员上付出了很多心血,在运动员成名后,家庭、队伍希望获得一定的经济回报也是正常的需求。"体育产业资深人士王奇近日向记者表示,"奥运会后,奥运冠军们身上的营销价值确实很吸引人,但我们不能只看到钱。"

中国的很多企业只是带着借势炒作的心态去联系奥运冠军,而奥运冠军的家属、教练和领导也只是希望趁机大赚一笔,"如果双方的眼里只有钱,在这个基础上产生的奥运营销,对奥运冠军的形象和价值都是有很大影响的。"

王奇表示:"中国出现的这种奥运冠军运动员营销热,顶多持续两个月,因为投机的成分很高。现在看到的是企业一窝蜂冲上来,但可能等国庆节一过,奥运的热度过去了,企业又会去找新的营销亮点。"

"中国的奥运营销,四年就火一次,而且时限很短。这种现象会破坏了这个产业。"

王奇表示:"关键的问题,是中国的体育经纪行业现在还很不规范,所以,一些运动员的亲属和领导都成了所谓的'经纪人',在一名运动员身上,往往他们的代言费报价会有好几种。最可怕的是,这些运动员的经纪人,往往只负责考虑运动员能从代言和参加商业活动中获得多少钱,并没有考虑如何对赞助商进行服务、如何评价选择企业的品牌形象,以及怎样让运动员参与社会公益活动和发挥对青少年的积极影响。不知道维护运动员的形象和打造运动员的品牌,对运动员本人来说,实际上是一种价值的损害。"

伦敦奥运会之后的这段时间,中国奥运冠军们忙于应付各类商业活动,但应该看到,有一些企业的投机性很重,它们是希望通过借用运动员的形象来净化自己的企业品牌,对这些企业是需要甄别的。"不是企业给钱,运动员就可以为之代言,这需要经纪人以专业知识去把握和衡量。但我们现在很多运动员的亲戚和领导,却直接当起了经纪人。体育经纪也是一门学问,不是什么人都能胜任的。"

让王奇感到最遗憾的是,很多奥运冠军的社会公益形象没有被很好地塑造和维护,反而因为过多地与金钱联系,形象受到了损害。

"奥运冠军运动员往往是很多青少年眼中的偶像,树立奥运冠军积极、良好的社会形象,可以在教育青少年方面发挥重要的积极作用。为什么伦敦奥运会的口号是'激励一代人'？因为奥林匹克跟青少年的教育是紧密相连的。但如果一名奥运冠军的形象总是和钱联系在一起，他对青少年的教育意义将如何体现？"

因为奥运营销的参与方都带着很强的功利心，这几届奥运会后，中国每一次奥运营销总是来得快去得也快，但同样是奥运营销，国际奥委会的 TOP 赞助计划却经过科学的设计，可以在 4 年的周期里，不断出现营销亮点，而且，国际奥委会对赞助企业的选择有着数量和质量的明确要求。

政府跟风奖励助长"拜金"

跟风式的奥运营销同样体现在政府层面，这进一步加重了中国奥运冠军的"拜金主义"色彩。"各级政府对奥运冠军的重奖，本质上是包含着政府自身的利益诉求。"国家奥林匹克研究中心主任、北京体育大学教授任海近日向记者表示，"政府就是通过奖励奥运冠军，来显示自己的政绩，提升自己的形象。"

但真实的社会效果是这样吗？

对奥运冠军进行奖励，应当在普通大众可接受的范围之内，尤其是政府的奖励。因为用的都是纳税人的钱，更应关注到民众的呼声，"大多数中国人现在对奥运金牌已经不像一二十年前那样看重，政府对奥运冠军进行高额奖励，甚至会引起普通民众的反感。"任海表示。奥运会结束后的这段时间，有关奥运冠军的消息几乎都与来自政府和企业的各种奖励有关。奥运冠军在接受奖励之后该如何回馈社会，这几乎成为空白。

"每一位奥运冠军的成功都离不开国家的投入，他们对国家、对社会的价值绝不是仅仅体现在夺得奥运金牌上。"任海表示，"但我们现在，把奥运冠军的价值看得太简单、太功利了。"

奥运冠军身上本应体现的社会榜样和对青少年一代健康成长的激励作用，被淹没在奥运会后疯狂的"敛金"盛宴中，奥运冠军对青少年产生的最直观影响，就是"一切为了钱，一切向钱看"。可能也正是因为奥运金牌在中国首先体现在经济价值上，社会教育意义自然就被忽视了。

资料来源：陈庆贵，"奥运冠军至少获奖 500 万　相当于工薪基层年收入 200 倍"，《中国青年报》，2012 年 8 月 26 日。

案例思考题
1. 政府、企业重奖奥运冠军的目的是什么？
2. 重奖奥运冠军会产生哪些效应？
3. 奥运冠军的价值应该如何体现？

编 后 寄 语

　　本书力求研究和揭示在我国逐步建立社会主义市场经济条件下，在体育产业化发展过程中体育产业经济活动的规律。由于我国体育产业化刚刚起步，对体育经济活动的理论和实践研究甚少，加上作者水平有限，故书中缺点和错误在所难免，衷心欢迎读者指正。

　　本书由钟天朗同志设计构架并撰编完成。参与初稿编写的有张岩同志（第一章）、邵淑月同志（第二章）、王清芳同志（第三章）、蔡军同志（第六章）、吕明月同志（第七章），其他章节及全书的修改定稿均由钟天朗同志承担。

　　本书在编写过程中，学习和继承了有关著作的一些观点和材料，吸取了有关专家、学者的最新研究成果，并得到了上海体育学院领导和同志们的大力支持，在此一并致谢。

钟天朗

2003年8月于海上东北阁

再 版 后 记

本书自2004年4月出版以后,承蒙各兄弟院校同行及广大读者的厚爱,纷纷采用本书作为教材,使本书连续印刷6次,印数高达2万多册。面对如此众多的读者,我深感自己的责任之重大。当我接到复旦大学出版社苏荣刚先生要我重新修改再版本书的消息时,更感自己担子之重。

本次再版的修改工作主要由本人负责。考虑到同行使用教材的延续性,本次再版在总体框架不变的前提下,对部分理论和观点进行了修正或发展,对绝大部分案例及资料进行了更新或充实。

随着我国社会主义市场经济体制的逐步建立以及体育产业的不断发展,从事体育经济学研究的学者、专家在不断增加,研究的领域也在不断地拓宽。因此在本书的修改过程中,学习、参考和继承了有关文献的一些观点和材料,吸取了有关专家、学者的最新研究成果,对此作者已经尽可能地注明了来源或出处。因篇幅有限,还有一些参考文献未能一一注明,在此向有关作者、出版社表示深深的歉意和谢意。

我的学生李朝刚、吴强欢、耿啸涯、柯海燕等参与了部分章节资料的搜集工作,上海体育学院以及经济管理学院有关部门的领导和同行提供了大力的支持与帮助,在此一并致谢。

最后衷心感谢复旦大学出版社盛寿云、苏荣刚副编审的鼎力相助以及为本书的再版发行所付出的辛勤劳动。

钟天朗

2009年7月于海上东北星阁

第三版后记

2010年3月,国务院办公厅发布《关于加快发展体育产业的指导意见》;2014年10月,国务院印发《关于加快发展体育产业促进体育消费的若干意见》,这对于促进我国体育部门体制改革、推动我国体育产业健康发展等方面均起到前所未有的重要作用。与此同时,也为体育经济学学科的建设、发展与研究拓展了广阔的空间。因此,有必要对本书的相关内容做必要的调整与更新。

考虑到同行使用教材的延续性,因此本次再版在总体框架不变的前提下,对部分理论或观点进行了修正或发展,对绝大部分信息资料进行了更新或充实,并增加了相关案例、案例思考题等内容。在本书第三版的修改过程中,学习、参考、借鉴和继承了有关文献的一些观点和材料,吸取了有关专家、学者的最新研究成果,对此作者已经尽可能地注明了来源或出处。因篇幅有限,还有一些参考文献未能一一注明,在此向有关作者、出版社表示深深的歉意和谢意。

本次再版修改的主要工作由本人负责,我的学生司方琪、陈淼、岳思佳、陶幸周、王雯、顾茜等参与了资料的收集工作,上海体育学院以及经济管理学院等有关部门的领导和同行提供了大力的支持与帮助,在此一并致谢。

最后衷心感谢复旦大学出版社宋朝阳编辑的鼎力相助以及为本书的再版发行所付出的辛勤劳动。

钟天朗
2016年7月于海上东北星阁

参 考 文 献

1. 鲍明晓著.财富体育论.人民体育出版社,2012.
2. 鲍明晓著.体育产业——新的经济增长点.人民体育出版社出版,2000.
3. 鲍明晓著.中国体育产业发展报告.人民体育出版社,2006.
4. [美]布拉德·汉弗莱斯等主编.体育经济学(第二卷).上海人民出版社,2011.
5. 丛湖平,郑芳主编.体育经济学(第二版).高等教育出版社,2015.
6. 国家体育总局编著.改革开放30年的中国体育.人民体育出版社,2008.
7. 国家体育总局政策法规司编.体育产业——现状、趋势与对策.人民体育出版社,2001.
8. 国家体育总局政策法规司编.他山之石——国外、境外体育考察报告选编.国家体育总局政策法规司,2000.
9. 国家体育总局政策法规司编.中国体育市场研究.国家体育总局政策法规司,2000.
10. 国务院政策研究室科教文卫司编.体育经济政策研究.人民体育出版社,1997.
11. [美]李明,苏珊·霍华斯等著.体育经济学.辽宁科学技术出版社,2005.
12. 刘忠等编著.市场经济与体育.北京体育大学出版社,2000.
13. [美]罗伯特·G.哈格斯特龙著.体育经济——纳斯卡之道.中信出版社,2000.
14. [美]迈克尔·利兹等著.体育经济学.清华大学出版社,2003.
15. [英]史蒂芬·多布森等著.足球经济.机械工业出版社,2004.
16. 王子朴编著.体育经济热点问题研究.高等教育出版社,2012.
17. 温源编著.奥运大商机——2008奥运全接触.西南财经大学出版社,2001.

18. 张忠元,向洪主编.体育资本.中国时代经济出版社,2002.
19. 钟天朗,徐琳编著.体育消费研究.复旦大学出版社,2013.
20. 钟天朗,张林等著.体育产业学科发展研究报告(2008—2011).复旦大学出版社,2013.
21. 钟天朗著.体育服务业导论.复旦大学出版社,2008.

图书在版编目(CIP)数据

体育经济学概论/钟天朗主编. —3 版. —上海：复旦大学出版社，2016.8(2024.11 重印)
(复旦博学·体育经济管理丛书)
ISBN 978-7-309-12454-5

Ⅰ.体… Ⅱ.钟… Ⅲ.体育经济学-高等学校-教材 Ⅳ.G80-05

中国版本图书馆 CIP 数据核字(2016)第 171625 号

体育经济学概论(第三版)
钟天朗　主编
责任编辑/宋朝阳

复旦大学出版社有限公司出版发行
上海市国权路 579 号　邮编：200433
网址：fupnet@fudanpress.com　http://www.fudanpress.com
门市零售：86-21-65102580　　团体订购：86-21-65104505
出版部电话：86-21-65642845
上海新艺印刷有限公司

开本 787 毫米×960 毫米　1/16　印张 14.5　字数 247 千字
2016 年 8 月第 3 版
2024 年 11 月第 3 版第 5 次印刷

ISBN 978-7-309-12454-5/G·1623
定价：39.00 元

如有印装质量问题,请向复旦大学出版社有限公司出版部调换。
版权所有　　侵权必究